Drei Länder, eine Stadt

Lutz Windhöfel

Drei Länder, eine Stadt

Neueste Bauten im grenzübergreifenden Stadtraum Basel 1992 - 1997

Herausgegeben von Ernst Spycher und Lutz Windhöfel

Birkhäuser Verlag
Basel · Boston · Berlin

Inhalt

6	Plan der Region mit Projektnummern	84	**Lernen & Bildung**
8	Vorwort		
10	Basel und die Region am Oberrhein - Geschichte, Bauten, Perspektiven	86	Diener & Diener: Ausbildungs- und Konferenzzentrum des Schweizerischen Bankvereins, Basel (14)
		92	Tadao Ando: Vitra-Konferenzzentrum, Weil am Rhein (15)
18	**Grenze, Verkehr & Zentrum**	96	Fierz & Baader: Anatomisches Institut der Universität (Hörsaal, Laboratorien, Museum), Basel (16)
20	Furrer & Fasnacht: Fahrbahnüberdachung an der Grenze Frankreich-Schweiz (Zollamt Lysbüchel), Basel / St. Louis (1)	100	Daniel Stefani, Bernhard Wendling: Haus für einen Kindergarten und örtliche Vereine, St. Louis (17)
24	Herzog & de Meuron: Lokomotivdepot und Stellwerk „Auf dem Wolf", Basel (2)	104	Diener & Diener: Vogesenschulhaus, Basel (18)
30	Furrer & Fasnacht: Haltestellen der Basler Verkehrsbetriebe (Riehen-Dorf, Kohlenberg), Riehen / Basel (3)	108	Morger & Degelo: Erweiterung der Dreirosenschule mit Wohnhaus, Basel (19)
34	Diener & Diener: Wohn- und Geschäftshaus am Barfüsserplatz, Basel (4)	112	Peter Zinkernagel: Erweiterung des Schulhauses Wasgenring, Basel (20)
38	Schaudt Architekten: Kinocafé, im Quartier „Alter Markt", Lörrach (5)	116	Ackermann & Friedli: Tagesschule am Bachgraben, Basel (21)
		120	Rolf Brüderlin: Hebelschulhaus, Riehen (22)
42	**Wohnen, Arbeiten & Glauben**	**126**	**Freizeit & Sport**
44	Günter Pfeifer: Einfamilienhaus, Lörrach (6)	128	Herzog & de Meuron: Sportzentrum Pfaffenholz, St. Louis (23)
48	Morger & Degelo: Einfamilienhaus, Dornach (7)	134	Alder + Partner: Stadion Rankhof, Basel (24)
52	Michael Alder: Wohnsiedlung Vogelbach, Riehen (8)	140	Hanspeter Müller: Jugendhaus, Binningen (25)
58	Michael Alder: Wohnanlage am Luzernerring, Basel (9)	144	Scheiwiller & Oppliger: Rheinbad Breite, Basel (26)
64	Wilhelm + Partner: Wohnanlage Stadion, Lörrach (10)		
68	Wilfrid und Katharina Steib: Wohnhaus am Unteren Rheinweg, Basel (11)		
72	Diener & Diener: Warteckhof, Basel (12)		
78	Urs Gramelsbacher: Wohnhaus mit Gemeindesaal, Basel (13)		

148 Gesundheit & Alter

- 150 Silvia Gmür (mit Kurt Nussbaumer, Toffol + Berger, Suter + Suter): Totalsanierung (Osttrakt) des Kantonsspitals, Basel (27)
- 156 Christian Dill: Heim für geistig behinderte Erwachsene, Basel (28)
- 160 Wilfrid und Katharina Steib: Alters- und Pflegeheim Marienhaus, Basel (29)

164 Verwalten & Produzieren

- 166 Frank O. Gehry: Vitra-Center, Birsfelden (30)
- 170 Bürgin, Nissen, Wentzlaff: Verwaltung der PAX-Versicherung, Basel (31)
- 174 Wilfrid und Katharina Steib: Staatsanwaltschaft und Untersuchungsgefängnis des Kantons Basel-Stadt, Basel (32)
- 180 Alvaro Siza de Vieira: Fabrikationshalle Vitrashop, Weil am Rhein (33)
- 184 Diener & Diener: Verwaltung der Basler Versicherung / Bâloise, Basel (34)
- 188 Mario Botta: Sitz Basel der UBS (Bankgesellschaft), Basel (35)
- 194 Bürgin, Nissen, Wentzlaff: Filiale und Bürohaus der Basellandschaftlichen Kantonalbank, Birsfelden (36)

198 Kultur

- 200 Silvia Gmür: Umbau eines Altstadthauses mit Modeboutique, Basel (37)
- 204 Mario Botta: Tinguely Museum, Basel (38)
- 210 Renzo Piano: Fondation Beyeler, Riehen (39)

214 Ausblick

- 216 Wilfrid und Katharina Steib: Bürgerhaus auf dem „Burghof", Lörrach (40)
- 220 Richard Meier: Bürogebäude mit Verkaufsläden „Euregio", Basel (41)
- 224 Architekten- und Ingenieurkonsortium: Rheinbrücke der Nordtangente, Basel (42)
- 228 Burckhardt & Partner: Leonhards-Schulhaus, Basel (43)
- 232 Theo Hotz: Neue Messe - Basel, Basel (44)
- 236 Herzog & de Meuron: Kantonsapotheke Rossetti-Areal, Basel (45)
- 240 Ernst Spycher: Handelsschule Kaufmännischer Verein Baselland, Reinach (46)
- 244 Giraudi & Wettstein mit Cruz & Ortiz: Passerelle im Bahnhof SBB, Basel (47)
- 248 Urs Gramelsbacher: Wohnhaus im St. Alban-Tal, Basel (48)
- 252 Rolf Brüderlin: Kunst Raum Riehen, Riehen (49)
- 256 Silvia Gmür: Altersheim Luzernerring, Basel (50)
- 260 Vischer AG; 3 F Architecture-D. Dietschy; Von Busse, Blees, Kapmann+Partner: Erweiterung Flughafen-Terminal und Neubau Fingerdock, St. Louis (51)

264 Anhang

- 266 Personenregister
- 268 Literatur zum Thema
- 270 Photonachweis
- 271 Impressum

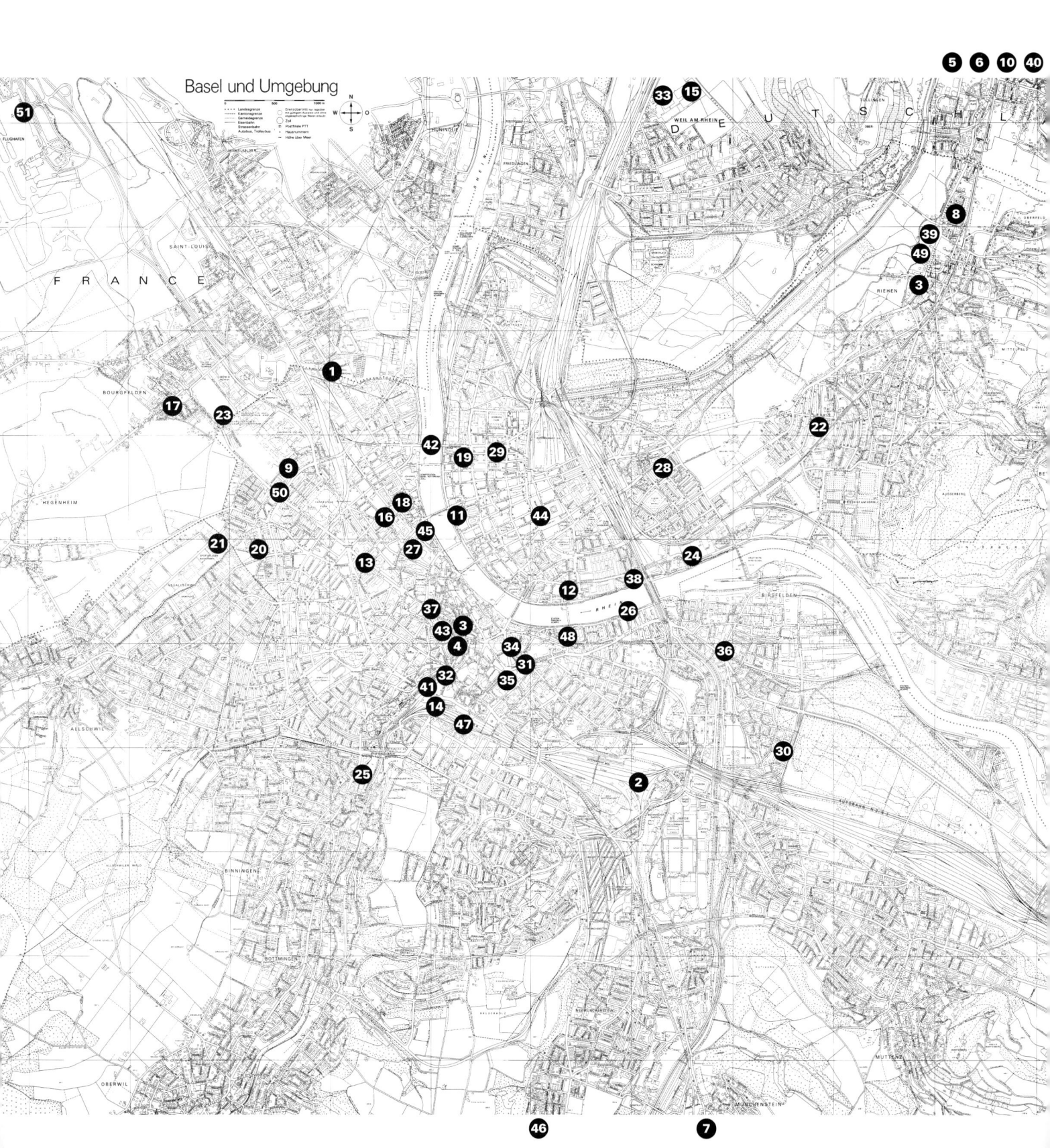
Basel und Umgebung

#	Location	#	Location
1	Elsässerstrasse 256, Basel	30	Klünenfeldstrasse 20, Birsfelden
2	Auf dem Wolf, Basel	31	Aeschenplatz 13, Basel
3	Baselstrasse bei Nr. 35 (Kirche), Riehen Kohlenberg, Basel	32	Binningerstrasse 21 Innere Margarethenstrasse 18, Basel
4	Steinenvorstadt 2, Kohlenberg 1, Basel	33	Charles-Eames-Strasse 1, Weil am Rhein
5	Basler Strasse 164 / 166, Lörrach	34	Picassoplatz 6, Basel
6	Säckinger Strasse 26, Lörrach	35	Aeschenplatz 1, Basel
7	Haus am Lehmenweg, Dornach	36	Hauptstrasse 75-77, Birsfelden
8	Friedhofweg 30-80, Riehen	37	Spalenberg 59 / Leonhardsgraben 9, Basel
9	Bungestrasse 10-28, Basel	38	Grenzacherstrasse 214a, Basel
10	Haagener Strasse / Wintersbuck Strasse, Lörrach	39	Baselstrasse 77, Riehen
11	Unterer Rheinweg 48, 50, 52, Basel	40	Herrenstrasse 5, Lörrach
12	Grenzacherstrasse 62 / 64 Fischerweg 6 / 8 / 10 Alemannengasse 33 / 35 / 37, Basel	41	Innere Margarethenstrasse 26, Basel
13	Missionsstrasse 37, Basel	42	Brücke der Nordtangente, Basel
14	Viaduktstrasse 33, Basel	43	Leonhardsstrasse 15, Basel
15	Charles-Eames-Strasse 1, Weil am Rhein	44	Messeplatz 1, Basel
16	Pestalozzistrasse 20, Basel	45	Spitalstrasse 26, Basel
17	Rue Anne de Gohr, St. Louis	46	Weiermattstrasse 21, Reinach
18	St. Johanns-Ring 17, Basel	47	Bahnhof SBB, Basel
19	Klybeckstrasse, Basel	48	St. Alban-Tal 32a, Basel
20	Blotzheimerstrasse 82, Basel	49	Baselstrasse 71, Riehen
21	Hegenheimermattweg 200, Allschwil	50	Luzernerring 116 Burgfelderstrasse 188 / 190, Basel
22	Langenlängeweg, Riehen	51	EuroAirport, St. Louis
23	Pfaffenholz, St. Louis		
24	Grenzacherstrasse 351, Basel		
25	„In den Schutzmatten", Binningen		
26	St. Alban-Rheinweg 195, Basel		
27	Spitalstrasse 21, Basel		
28	Riehenstrasse 300, Basel		
29	Horburgstrasse / Markgräflerstrasse, Basel		

Vorwort

Was ist eine Stadt? Niemand hat bisher eine Definition dieses Phänomens gewagt. Es gibt Worte wie „Städtebau" und „Stadtentwicklung" auf deutsch oder „urbanisme" auf französisch. Sie meinen den komplexen Sachverhalt von verdichtet stehenden Häusern und deren Infrastruktur mit Blick auf die Nutzer oder Bewohner und ihre Bedürfnisse, ihre Arbeit, ihre Aktivität in der Freizeit oder ihre Verkehrs- und Kommunikationsstrukturen. Eine statistische oder humangeographische Grösse wie die Einwohnerzahl hat man zum trennenden Kriterium für eine Metropole, eine Gross- oder Kleinstadt oder eben die Stadt gemacht.

Wahrscheinlich ist die Geschichte und das Wesen der Stadt in den letzten 200 Jahren zur Entwicklung der Technik und der Geschichte der Ökonomie zumindest parallel, wenn nicht identisch. Und was macht in diesem Dreieck eigentlich die Architektur, der ästhetische Ausdruck von Raum, Material und Handwerk? Möglicherweise gipfelt die Verflechtung - und entsprechende Verwirrung - des „Stadt"-Begriffs im Beruf des Stadtplaners. Denn er/sie muss - idealerweise - Demograph und Statistiker, Architekt und Politiker, Geograph und Psychologe, Philosoph und Ökonom, Künstler und Jurist in einem sein.

Unser Titel „Drei Länder, eine Stadt" meint die Stadt nur als Phänomen. Es geht um nichts anderes als die gebaute Realität, die Realien der Architektur in der Wirklichkeit. In Betracht kamen bei der Auswahl der Häuser und Projekte, die keinerlei Anspruch auf Vollständigkeit erheben, einzig jene, die in Basel selbst oder im zusammenhängend bebauten Gebiet der Stadt am Oberrhein liegen. Also auf einem Gebiet, das man von der Stadtmitte (sagen wir dem Platz vor dem Münster) zu Fuss oder dem Fahrrad erreichen kann, ohne die Welt der nebeneinander - oder der fast nebeneinanderstehenden Häuser je verlassen zu müssen.

Da die staatspolitischen Grenzen zwischen den Ländern Deutschland, Frankreich und der Schweiz bewusst ausser acht gelassen wurden, war es nur logisch, dies auch bei regionalpolitischen (zwischen den Kantonen Basel-Stadt, Basel-Landschaft, Solothurn) und lokalpolitischen Grenzen (Satelliten-Stadtteile oder eingemeindete Orte) zu tun. Da etwa die Stadtteile Brombach und Salzert zwar politisch zu Lörrach gehören, aber nur über eine Strasse und „die grüne Wiese" mit dem Stadtgebiet verbunden sind, mussten wir auf Architekturen aus den Büros von Günter Pfeifer (Wohnanlage Dreispitz, 1993), Jürgen Moser + Partner (Jugendtreff, 1996, beide Lörrach-Salzert) oder Detlef Würkert (Kinderhaus Lörrach-Brombach, 1993) verzichten. Biel-Benken ist im Süden durch ein Waldstück vom Stadtraum getrennt. Deshalb konnte auch die neue Wohnanlage von Peter Zumthor (1996) nicht Teil dieses Buches werden. Dies ist umso bedauerlicher, da der Architekt mit der Wahlheimat Graubünden erstmals in seiner Heimatregion Basel baute. Auch Neuweiler in Frankreich liegt nahe, aber eben nicht in der Stadt, sonst würde das neue Thermalbad von Sutter + Laburte (1996) in diesem Band figurieren.

Dieses Buch wurde nur durch die Hilfe zahlreicher Personen und Institutionen möglich. Am Beginn stand eine Serie mit dem Titel „Neues Bauen in der Region", die 1995 in der „Basellandschaftlichen Zeitung" erschien, was dem Interesse des zuständigen Redaktors, Herrn lic. phil. Christian Fluri, zu verdanken ist. Ohne das finanzielle und personelle Engagement der Berta Hess-Cohn Stiftung und ihres Präsidenten, Herrn lic. iur. Martin Hug, wäre eine Veröffentlichung des Buches in der vorliegenden Form nicht möglich gewesen. Von Seiten des Verlages wurde das Projekt durch den Verlagsleiter, Herrn Hans-Peter Thür, gefördert und durch das Lektorat, Herrn Dr. Ulrich Schmidt, sorgsam intellektuell betreut. Gedankt sei auch Ruedi Stutz für das überzeugende graphische Konzept, allen beteiligten Architekturbüros für die Mithilfe und den Photographen Ruedi Walti und Andreas Voegelin für die Neuaufnahmen.

Basel, im Juni 1997

Die Herausgeber

La région trinationale autour de Bâle est aujourd'hui l'un des centres d'architecture contemporaine les plus documentés en Europe. La ville, dont les divers quartiers se trouvent en Suisse, en France et en Allemagne, a des problèmes structurels assez graves. Cependant, dans un cadre tout-européen, Bâle n'a rien à envier aux autres centres urbains. DATAR, une autorité française d'urbanisme, et la Fondation européenne de la Science à Strasbourg prédisent un développement continu pour le "triangle des trois nations". Le réseau de transport (voies ferrées et transport aérien) et la Foire Internationale bénéficient d'une mise de fonds considérable. La réalisation d'un métro frontalier contribuera encore plus à l'intégration complète des trois secteurs urbains.

La Nouvelle Architecture naquit ici dans une ville ayant évoluée naturellement et sans interruption depuis un séisme au Moyen Âge (1356). La ville survécut aux deux guerres mondiales sans dommage. À Bâle, on se trouve au cœur de l'histoire de l'architecture, dont la cathédrale gothique et l'hôtel de ville de la Renaissance sont des exemples de cet assemblage d'architecture qui rend visible toutes les époques et les styles de l'art européen. L'énorme et parfois discutable volume de construction des quarante dernières années laissa sa trace en banlieue et au centre-ville. Cependant, des institutions publiques et des entreprises privées contribuèrent à l'émergence d'une grande quantité d'architecture de premier ordre au cours des quinze dernières années. Des architectes de renommée internationale, et d'autres moins connus, sont représentés à Bâle.

Basel und die Region am Oberrhein - Geschichte, Bauten, Perspektiven

Als das Büro der Architekten Jacques Herzog und Pierre de Meuron mit dem Maler, Ausstellungsmacher, Kunst- und Wahrnehmungstheoretiker Rémy Zaugg 1991/92 an einer städtebaulichen Zukunftsvision des Stadtraums Basel arbeiteten, ging man davon aus, dass die nationale Geographie unbedeutend sei. Denn man wusste, dass die Stadt in der Schweiz über zahlreiche lückenlos bebaute Strassen oder locker bebaute Wege mit Frankreich und Deutschland verbunden ist. Bekannt war auch, dass sich am Oberrhein drei nationale Eisenbahnen mit ihren Schienensystemen treffen. Nur Karten im Masstab 1 : 25 000, die jedes gebaute Objekt verzeichnen und mit denen man hätte arbeiten können, gab es nicht. Das existierende Material berücksichtigte jeweils nur den unmittelbaren nationalen Grenzverlauf. Also beschäftigten sich die Architekten als Kartographen, schnitten aus, klebten neu und hatten plötzlich eine Stadt in drei Ländern vor Augen, die man so zuvor nur aus dem Flugzeug oder einem Heissluftballon und bei gutem Wetter sehen konnte.

Ökonomie, Verkehr und Grenze

„Am notwendigsten ist die konstruktive Denkart im Städtebau", konstatierte der Basler Architekt Hannes Meyer 1926; „solange wir nicht mit der Vorurteilslosigkeit des Betriebsingenieurs an die Stadtbauprobleme herantreten, erdrosseln wir durch Ruinenkult und übernommene Vorstellungen von Strassenachsen und Blickpunkten das mondäne Leben der modernen Stadt". Knapp zwei Jahre bevor er 1928 die Nachfolge von Walter Gropius als Direktor des Dessauer Bauhauses antrat, wollte Meyer in seiner Heimatstadt ein architektonisches Zeichen wider die kulturelle „Erdrosselung durch Ruinenkult" setzen. Das mit Hans Witwer entworfene Petersschulhaus hätte der funktionalen Architektur eine demonstrative Schneise in der hochmittelalterlichen und frühneuzeitlichen Altstadt schlagen sollen, aber das bauhistorisch längst inthronisierte Projekt blieb glücklicherweise auf dem Papier. Und Meyer, wie die gesamte architektonisch-funktionale Moderne, blieben in Basel weitgehend Fremdkörper. Bis zum Tode (1954) ein bekennender Marxist, ist der Architekt und Stadtplaner bis heute weitgehend eine persona non grata in der ungeliebten Heimatstadt.

In der alten Konzils- und freien Reichsstadt am Oberrhein setzen der Doppelturm des hochmittelalterlichen Münsters und die Schornsteine der chemischen Industrie immer noch die exponiertesten optischen Akzente im Stadtbild, und sie sind gleichsam Metaphern des kulturellen und ökonomischen Seins. Und das Zitat Meyers muss man vor dem Hintergrund sehen, dass hier ökonomischer Erfolg und geistig-kulturelle Tradition zu einer seltenen Verbindung führten. Einen Mikrobiologen, der 1978 den Nobelpreis in die Stadt holte, plaziert man so mühelos neben Erasmus von Rotterdam, als sei dessen 1515 in Basel erschienenes „Lob der Torheit" noch druckfrisch, oder als käme er gerade von einer Porträtsitzung bei Hans Holbein (dem Jüngeren). Als Jacob Burckhardt und Friedrich Nietzsche einst in respektvoller Distanz unter dem Dach der Universität dozierten, erfolgte dies inmitten eines wirtschaftlich pulsierenden Lebens. 1856 wurden in der Stadt erstmals Farbstoffe produziert. 1889 begann die Pharmaproduktion. Rund zehn Prozent aller jährlich weltweit eingeführten Medikamente entstammen (1992) der Forschung der Basler Chemiekonzerne Hoffmann-La Roche, Ciba und Sandoz (letztere fusionierten 1996 zu „Novartis").

Die beiden wichtigsten Koordinaten im kulturellen und ökonomischen Bewusstsein der Stadt Basel: Blick vom Münster in Richtung Rheinhafen auf chemische Industrieanlagen.

Les marques les plus importantes du profil culturel et économique de Bâle: vue de la cathédrale sur le quartier des industries chimiques.

The two most important co-ordinates in the cultural and economic profile of Basle: view from the cathedral to the chemical industry district.

Die wirtschaftliche Situation ist heute völlig im Umbruch. Der hartnäckige Widerstand gegen die „Chemie" (wie man diesen Wirtschaftszweig in Basel nennt) und die hohen Schweizer Lohnkosten führen nun seit Jahren zu Ab- und Auswanderungstendenzen von Produktionsstätten, teilweise auch der Forschung. Die Stellenkapazität der grössten privatwirtschaftlichen Arbeitgeber wurde teilweise drastisch reduziert.

Doch dieses Krisenszenario ist in Basel nicht frei von einem Zweckpessimismus, der den Fokus gerne und ausschliesslich auf den stolzen und reichen Stadtstaat einschränkt. Denn in der elsässischen und südbadischen Nachbarschaft führte der völlige Niedergang der Textilindustrie in den siebziger Jahren zu einer weit gravierenderen Strukturkrise, und insgesamt weist die Region am Oberrhein immer noch eine überdurchschnittliche Wertschöpfung im europäischen Vergleich auf (1993). Zudem hat der Stadtkanton Basel mit knapp 200 000 Menschen nur rund 40 Prozent der Einwohner des gesamten Ballungsraumes mit etwas mehr als einer halben Million Menschen, von denen 94 000 in Deutschland und 34 000 in Frankreich leben (Stand 1992).
In knapp dreissig Kilometern Entfernung liegt mit Mulhouse der nächste grossstädtische Raum.

Von Genf und seiner nicht unähnlichen Situation abgesehen, ist Basel heute jene Schweizer Stadt, wo die Öffnung der europäischen Grenzen am intensivsten diskutiert wird und man bereits früh die Notwendigkeit eines grenzüberschreitenden Dialoges erkannte. Die 1964 gegründete „Regio Basiliensis" ist in der „Arbeitsgemeinschaft europäischer Grenzregionen" heute das älteste Mitglied. Die geographischen Koordina-

The tri-national area around Basle has become one of the most thoroughly documented locales for contemporary architecture in Europe. While the suburbs reaching into Switzerland, France, and Germany are plagued by structural problems, the city's architecture as a whole still compares favourably in an all-European context. DATAR, a French planning authority, and the European Science Foundation in Strasbourg have predicted further growth for the "three nations triangle". The transportation network (rail and air transport) and the international fair are benefiting from a healthy influx of investment. A further step towards integration is the introduction of a cross-border rail transit system.

The new architecture is based in a city that has evolved naturally and continuously ever since an earthquake in the Middle Ages (1356). The city survived both world wars intact. In Basle, we step into the history of architecture, where the Gothic cathedral and the Renaissance town hall are but two examples of the full sweep of periods and styles of European art to be experienced through architecture. The numerous, and at times questionable, building projects of the past forty years have left their mark in the suburbs and in the city centre. However, over the last fifteen years, public institutions and private enterprise have contributed to the emergence of a dense mass of first-rate architecture. Internationally known, as well as up-and-coming architects are well represented.

ten der Region am Oberrhein, in der seit über zwanzig Jahren bi- und trinationale Gremien grenzüberschreitend Fragen der Wirtschaft, des Verkehrs, der Kultur und des Unweltschutzes diskutieren und koordinieren, reicht im Süden vom nördlichen Kanton Jura bis zum Landkreis Emmendingen im Norden und zu jenem Waldshuts im Osten. In Frankreich gehören das Oberelsass mit dem Zentren Colmar und Mulhouse dazu. Doch der Grossraum Basel ist das wirtschaftliche, kulturelle Zentrum der „Regio", und er ist auch die Verkehrdrehscheibe auf einer der wichtigsten Nord-Süd-Achsen in Europa. Günstige Prognosen werden dem Dreiländereck heute von der französischen Planungsbehörde DATAR attestiert. Sie geht von einer „Entwicklungsbanane" aus, die im Norden vom Grossraum London über die Benelux-Staaten, den deutschen Westen und Südwesten zum urbanen Ballungsraum Oberitaliens führe. Und die Region am Oberrhein liegt auch im geographischen Wachstumsszenarium des „Snowbelt", den eine Arbeitsgruppe der in Strassburg domizilierten „European Science Foundation" 1992 in die Diskussion brachte (ihr gehört auch der Tessiner Ökonom Remigio Ratti an). Diese geht von einem expansiven „Schneegürtel" rund um das Alpenmassiv mit den Zentren Schweiz und Österreich und den geographischen Annexen Baden- Württemberg, Bayern, dem französischen Südosten und Oberitalien aus. In beiden Prognosen nehmen die Grenzregionen eine exponierte Rolle ein. Die politische Grenze sieht man als Membran, die Hindernis und gleichzeitig Gebiet erhöhter und intensivierter Kontaktaufnahme sei. Bei einer Grenzöffnung, so die Planer, bedürfe es hier weniger Rücksichten auf alte Strukturen, was die Ansiedlung neuer Technologien erleichtere. Zudem stützen sich die Prognosen auf die Annahme, dass die

industriellen Produktionszentren künftig innovatives Potential an mittlere Stadtagglomerationen mit zunehmendem Dienstleistungsangebot verlieren werden.

Fast so, als wolle die Praxis die Theorie bestätigen, werden im Moment am Oberrhein tatsächlich Wachstumsgrundlagen realisiert und geplant. Die Investitionen, die in die öffentliche Infrastruktur wie auch in den privaten Dienstleistungsbereich fliessen und fliessen sollen, sind beträchtlich. Die mächtigen Investitionen von staatlicher Seite gelten Ausbau und Novellierung des Verkehrsnetzes, insbesondere der Schiene.

Um den „EuroAirport Basel-Mulhouse-Freiburg", dem 1946 mit Schweizer Kapital auf französischem Boden entstandenen, binationalen Flughafen, wurde ein Quadratkilometer bisheriges Agrar- zu Bauland gemacht, wo man vornehmlich neue Technologien ansiedelt. In Weil am Rhein hat man lange brachliegende Areale der einstigen Textilindustrie reaktiviert, bereits ein „Technologie-Zentrum" errichtet und den Wettbewerb für eine weitere Baustufe abgeschlossen. In Basel will man rund um den Hauptbahnhof im Rahmen eines Masterplans 190 000 Quadratmeter neuer Dienstleistungsfläche mit über 4000 Arbeitsplätzen schaffen. Der Um-, Aus- und Neubau der Basler Messe ist beschlossen. Der Flughafen soll ein weiteres Terminal erhalten. Die Swissair-Tochter Crossair, die hier ihren Heimatflughafen hat, baut gerade ein gesamteuropäisches Binnenflugnetz auf. Allein die prognostizierten und benennbaren Investitionen liegen hier bei rund 10 Milliarden Franken. Eine etwa gleichgrosse Summe wurde und wird für den Ausbau der Verkehrsinfrastruktur ausgegeben oder veranschlagt.

Der Deutsche Bundestag hat eine Verdoppelung der Trassen zwischen zwischen Freiburg und Basel beschlossen. Der Ausbau auf vier Schienenstränge ab Karlruhe Richtung Süden ist abgeschlossen oder im Gang. Analog erhöhte man auf eidgenössischer Seite die Kapazitäten auf der Strecke Basel-Bern. Unsicherheit herrscht bei der „Neuen Alpentransversale" (NEAT), die den Gotthard-Tunnel ersetzen soll und die wegen der enormen Kosten und dem innenpolitischen Widerstand von der Schweizer Regierung auf die lange Bank geschoben wird. Unentschieden ist auch, ob Basel durch eine neue Trasse nach Mulhouse an den Train à grande Vitesse (TGV) „Rhin-Rhone" angeschlossen wird, der einst Strassburg mit Marseille verbinden soll. Aber es scheint möglich, dass am Oberrheinknie ein Zusammenschluss des europäischen Hochgeschwindigkeitsnetzes erfolgt, wie es Bundeskanzler Helmut Kohl und Staatspräsident François Mitterand im Dezember 1989 symbolisch taten, als sie mit ICE und TGV zum 25. Geburtstag der „Regio" in Basel eintrafen. Bereits 1844, als eine internationale Linie nach Strassburg eröffnet wurde, war Basel als erste Schweizer Stadt an das junge Eisenbahnnetz Europas angeschlossen. Seit 1855 verbindet die grossherzoglich-badische Linie Karlsruhe mit dem Rheinknie auf dem Schienenweg.

Dass das trinationale Agglomerat am Oberrhein quantitativ wächst und wachsen soll ist offensichtlich. Auch wenn das heterogene Gebilde, in dem heute zwei Teile zur Europäischen Gemeinschaft und einer zur Efta gehören und in dem drei Währungen existieren, seine Synergien mehrheitlich unsichtbar aus der Grenzlage zieht. Wirklich steuernde Organe gibt es über die jeweils auf Regierungsebene geplante Verkehrspolitik bisher nicht. Die Kommissionen, Ausschüsse und Arbeitsgruppen der „Regio Basiliensis" streben zwar die Vernetzung von Staat, Wirtschaft, Wissenschaft und Kultur an, erfüllen letztlich jedoch koordinierende Aufgaben mit empfehlendem Charakter. Ohne Rechtsverbindlichkeit blieb die gestalterische Qualität dieser Arbeit lange offen. Erst im Januar 1996 unterzeichneten die drei Länder einen Vertrag, der den politischen Organen der Grenzregionen mehr Autonomie und eine Art Aussenpolitik ermöglicht.

Vergleicht man das grosse Ziel mit dem Erreichten, ist die Bilanz eher bescheiden. Sicher sind seit 1960 erleichterte Grenzkontrollen, eine erhöhte wirtschaftliche Durchlässigkeit, sind maximal vierstellige Vorwahlziffern im grenznahen Telefonnetz oder die Trinationalität im Flughafenbereich durch die Benutzbarkeit aller drei Währungen durchaus Erfolge, aber kaum mehr als ein Beginn. Besondere Schwierigkeiten liegen dabei im kulturell-mentalen Bereich. Denn obwohl sich die gemeinsame kulturelle Genese am Oberrhein bis in keltische Zeiten zurückverfolgen lässt, hat die politische Geschichte der jüngeren Zeit weit prägender gewirkt. Humangeographen der Universität Freiburg (im Breisgau) stellten in einer 1987 gemachten Untersuchung fest (1988 publiziert, siehe „Literatur zum Thema"), dass Wissen und Kenntnis in bezug auf die beiden Nachbarländer jeweils mit nationaler Perspekive mehrheitlich auf den Arbeitsmarkt wie auch die Einkaufs- und Freizeitmöglichkeiten beschränkt seien. Freundschaftliche oder gar familiäre Beziehungen sind trotz 45 000 täglicher Pendler zwischen den drei Ländern eine Seltenheit. Für Südbaden und die Nordwestschweiz würde eine allfällige Öffnung der Grenzen auch die Konfron-

Noch heute ein Beispiel für den fortschrittlichen Wohnungsbau: Die Genossenschaftssiedlung „Freidorf" in Muttenz von Hannes Meyer (1919-21).

Toujours exemplaire pour le lotissement progressif: le complexe d'habitation coopérative dit "Freidorf" à Muttenz, de Hannes Meyer (1919-21).

Still today an example of progressive housing development: the Freidorf cooperative development in Muttenz, designed by Hannes Meyer (1919-21).

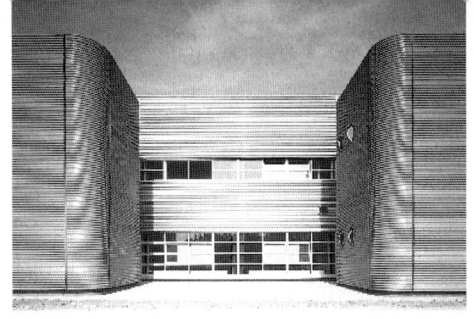

Eingang des Vitra-Bürogebäudes von Nicholas Grimshaw (1981-84).

Entrée de l'immeuble commercial de l'entreprise Vitra, créée par Nicholas Grimshaw (1981-84).

Entrance to the Vitra office building by Nicholas Grimshaw (1981-84).

tation mit der politisch heiklen Stimmung des Elsass bedeuten. Eine konfliktreiche Drogenszene in Mulhouse und ein eskalierender Rassismus haben dort der extremen Rechten in den neunziger Jahren beachtliche Stimmengewinne gebracht.

Einen wichtigen Schritt zur Integration verspricht nun die Einführung einer regionalen S-Bahn auf dem bestehenden Schienennetz, von dem man sich ein Umsteigen des täglichen Pendlerstroms erhofft, der sich weitgehend im Individualverkehr organisiert hat. Die erste Linie (eröffnet im Juni 1997) führt von Osten (in der Schweiz) nach Mulhouse (in Frankreich). Insgesamt will man das Gebiet von badischen Müllheim im Norden bis Bad Säckingen im Osten und dem Schweizer Jura im Süden im Taktfahrplan erschliessen.

Gebaute Geschichte
Völlig unabhängig verlaufen dagegen die baulichen Planungen auf deutscher und schweizerischer Seite. Im französischen und kleinsten Kompartiment des trinationalen Stadtraums, das im Zeitalter von Louis XIV, dem „Sonnenkönig", mit einer von Sébastien le Prestre de Vauban erbauten Festung seine strategische Bedeutung unterstrich, herrscht ein von Desinteresse geprägtes Bild gestalterischer Beliebigkeit. Gute Architektur ist dort noch eine Rarität. In Weil am Rhein, das erst 1929 zur Stadt erhoben wurde und als Kleinstadt lange unkontrolliert wuchs, werden Industrieansiedlung und Wohnungsbau seit den achtziger Jahren von einem Stadtplaner koordiniert. In Lörrach, dem grössten „Stadtquartier" auf deutscher Seite, hat in den achtziger Jahren ein planerisches und ästhetisches Umdenken eingesetzt.

Im zusammenhängend überbauten Raum auf Schweizer Seite, an dessen nördlicher Peripherie Basel liegt, und der sich nach Süden durch zusammengewachsene Vororte (die alle in den Kantonen Baselland und Solothurn liegen) bis an den Fuss des Juras erstreckt, hat die politisch-föderalistische Parzellierung zu den raumfressenden Wohnmetastasen der Nachkriegszeit geführt, wie man sie von jeder Grossstadt kennt. Ohne Möglichkeit der Expansion wurde dabei in Basel selbst das historische Erbe erhalten und die Stadt nach sehr moderaten Gesetzen der Moderne umgebaut. Letztmals durch napoleonische Truppen besetzt, seit einem katastrophalen Erdbeben im 14. Jahrhundert (1356) kontinuierlich gewachsen und in beiden Weltkriegen dieses Jahrhunderts praktisch unversehrt geblieben, bietet die Stadt heute ein seltenes Kontinuum. Was Hannes Meyer Ruinenkult nannte, erweist sich als eine gebaute architektonische Stilgeschichte, die vom gotischen Münster bis zur Jugendstilanlage des Badischen Bahnhofs von Karl Moser und Robert Curjel (1913) in die frühe Moderne reicht. Angewachsen sind auch Muttenz, wo Meyer 1922 die genossenschaftliche Siedlung „Freidorf" fertigstellte, oder Dornach, wo 1928 das zweite Goetheanum nach den Plänen Rudolf Steiners eröffnet wurde (der Bau war jedoch unvollendet). Die funktionale Moderne ist neben Karl Mosers erster Stahlbetonkirche in der Schweiz (1927) mit mehreren Privathäusern und im Wohnungsbau anzutreffen. Die moderate Moderne hat mit Industriebauten (für F. Hoffmann-La Roche) und einer Kirche von Otto Rudolf Salvisberg Beispiele von internationalem Niveau. Basel war auch ein Zentrum der marxistisch-funktionalen Architekturdiskussion. Das „ABC", eine der radikalsten Zeitschriften dieser Debatte in den zwanziger Jahren, wurde

Frank O. Gehrys erstes Haus in Europa: Das Vitra-Design-Museum (1989).

Le premier bâtiment de Frank O. Gehry en Europe: le Musée Vitra Design (1989).

Frank O. Gehry's first building in Europe: the Vitra Design Museum (1989).

direkt neben dem Münster redigiert. Aber die Stadt verweigerte sich mehrheitlich einer politischen Vereinnahmung der Baukunst. Die Versuche, Le Corbusier im Wettbewerb des Kunstmuseums-Neubaus in den dreissiger Jahren zu lancieren, waren gegen Rudolf Christ und Paul Büchi (Christ war Schüler von Paul Bonatz) ebensowenig erfolgreich, wie der Kontakt zu Mies van der Rohe für den Neubau des Stadttheaters zu Beginn der sechziger Jahre nicht über Skizzen hinauskam.

Für die jüngere Architekturgeschichte ist der Stadtraum am Oberrhein jedoch im Begriff, neben den Regionen Amsterdam / Maastricht und Lissabon / Porto einer der exponiertesten Orte zeitgenössischer, internationaler Baukunst in Europa zu werden. Eine zwar parallele, aber Synergie spendende Tätigkeit von staatlicher und privatwirtschaftlicher Seite floss hier zusammen: Die umsichtige Arbeit des Basler Kantonsbaumeisters und der ästhetische Anspruch der Design-Firma Vitra.

Ein Bauwunder und seine Urheber
Das 1984 eröffnete Architekturmuseum war das erste Institut seiner Art in der Schweiz. Seit 1980 organisiert Werner Blaser die Basler Architekturvorträge, die fast alle international bekannte Namen der Gegenwartsbaukunst in die Stadt brachten, aber auch originellen Newcomern eine Chance boten. Als Carl Fingerhuth 1979 Kantonsbaumeister von Basel-Stadt wurde (bis 1994), machte er den raren Versuch ehrlicher Baupolitik. Er wollte die Leistung fördern, zum öffentlichen Wohl den von ihm verantworteten Teil der öffentlichen Bauverwaltung optimieren. Nun erlebte das Wettbewerbswesen einen Aufschwung. Juroren, die zu entscheiden hatten, wurden zunehmend Fachleute mit Stil. Die Sache und ihre Ästhetik rückte in den Vordergrund. Mächtige Interessenverbände (Rotarier, Zünfte, Gewerkschaften) spielten kaum mehr eine Rolle.

Bei Rolf Fehlbaum waren die animatorischen Beweggründe andere. Als Miteigentümer der im Basler Vorort Birsfelden ansässigen Firma Vitra musste er für seine Pläne nur vergleichsweise geringe Rücksichten nehmen. Auf dem Gelände im deutschen Weil am Rhein war das 1934 in Basel gegründete Unternehmen zunächst gar nicht zu Konzessionen an die gebaute Geschichte gezwungen. Erst nachdem Nicholas Grimshaw Fabrikations- und Verwaltungsbauten und Frank O. Gehry ein Design-Museum errichtet hatten, ging es für die weitere Architektur auch um den Kontext. Und bei Alvaro Sizas neuer Fabrik wurde deutlich, wie stark das Vitra Gelände in Weil am Rhein an die riesigen Gleisanlagen der Deutschen Bundesbahn angebunden ist.
Im Gegensatz zu Fingerhuth, der eine Art unsichtbarer, mehr geistig-mentaler Bauherr blieb, konnte Fehlbaum selbstbewusst in dieser Rolle auftreten. Er tat dies als Hersteller von international führendem Büromöbeldesign, sorgte in fünf Jahren für drei europäische Premieren international bekannter Architekten (Frank O. Gehry, Zaha M. Hadid, Tadao Ando) und schuf eine der interessantesten architektonischen Unternehmenslandschaften der Alten Welt.

Betrachtet man den heutigen Stadtraum genau, so wird er nicht nur durch drei nationale Grenzen geteilt, sondern - besonders auf Schweizer Seite - durch zahlreiche lokalpolitische Eigenheiten. Und der Kanton Basel-Stadt - allein für dessen öffentliches Bauen war Fingerhuth zuständig - ist nur das grösste Stadtquartier.

Claes Oldenburgs und Coosje van Bruggens Plastik „Balancing Tools" (1984) vor dem Museum.

La sculpture „Balancing Tools" (1984) de Claes Oldenburg et Coosje van Bruggen devant le musée.

Claes Oldenburg's and Coosje van Bruggen's sculpture „Balancing Tools" (1984) in front of the museum.

Am Ende der Blickachse steht ein Wohnhaus von Michael Alder (1987), das durch Umbau eines Arbeiterwohnhauses mit Räumen der Papierfabrikation entstand.

Au bout de la rue on peut voir la maison de Michael Alder (1987), qui transforma d'anciens appartements ouvriers et une partie de l'ancienne papeterie.

At the far end of the street, a glimpse of a residential house by Michael Alder (1987), created by converting workers' housing and sections of the former paper mill.

Eine ehemalige Papierfabrik wurde von Wilfrid und Katharina Steib zum Museum für Gegenwartskunst umgebaut und erweitert (1975-81).

Wilfrid et Katharina Steib convertirent et agrandirent une ancienne papeterie en musée de l'art contemporain (1975-81).

Wilfrid and Katharina Steib converted and expanded a former paper mill into a museum for contemporary art (1975-81).

In Basel-Stadt wurden in den achtziger Jahren Wohnungsbauten errichtet, die Universität vielfach umgebaut und erweitert, ein Passagierterminal für die Rheinschiffahrt gebaut oder den Haltestellen (noch nicht allen) der Basler Verkehrsbetriebe eine unverwechselbare Note in konstruktiver Eleganz gegeben. Daneben wurden mehr als 40 Häuser in der Altstadt saniert, in einem Kleintheater hinterliess Santiago Calatrava seine Spuren. Fast parallel dazu verlief die Sanierung des ältesten Rheinquartiers durch die öffentlich-rechtliche Christoph Merian-Stiftung. Mit Bauten und Umbauten von Diener & Diener, Michael Alder oder Wilfrid und Katharina Steib ist dieses fast auf Flussniveau gelegene Terrain, auf dem seit über 1000 Jahren gebaut wird, heute in der Schweiz der dichteste Ort, wo das einfache, sachlich und handwerklich präzise Bauen in der „historischen Stadt" erlebt werden kann.

Entscheidend für das atmosphärische Biotop, in dem Fingerhuth animatorisch und planerisch wirkte, wurde die Sorgfalt, die er seinem heterogenen Aufgabenbereich widmete. Denn ein neues Wohnhaus in einem Hinterhof war ebenso wichtig wie ein Kindergarten; der kommunale Wohnungsbau stand gleichberechtigt neben dem repräsentativen Lehr- und Forschungstrakt des universitären „Wirtschaftswissenschaftlichen Institutes".

Ab 1981 plante mit Nicholas Grimshaw erstmals ein international bekannter Name ein Vitra-Gebäude. Der grösste Umbau und die aufwendigste Sanierung im historischen Teil Basels erfolgten 1988-90 (federführend) durch Silvia Gmür in einem Gebäudekomplex aus dem 14. Jahrhundert, wo im Jahr 1500 ein Frieden zwischen Frankreich, Deutschland und der Eidgenossenschaft geschlossen wurde. Bauen in und an der jahrhundertealten Stadt oder Bauen auf dem freien Feld der Geschichte: dies ist der spannungsvolle Rahmen, in dem der Architekt und ETH-Zürich-Absolvent Fingerhuth und der Ökonom und promovierte Sozialwissenschaftler Fehlbaum agierten, und dies auch heute noch tun. Fingerhuth, dem das Basler Bauwunder deshalb (federführend) gelang, weil er die Wettbewerbsgremien hochkarätig besetzen konnte, ist selbst ein gefragter Juror geworden. Fehlbaum wird in naher Zukunft erfahren, wie die Bauten von Tadao Ando (Konferenzzentrum), Zaha M. Hadid (Feuerwehrhaus, wurde zu einem weiteren Museum umgenutzt), Alvaro Siza (Fabrikgebäude) und Frank O. Gehry (Vitra-Center in Birsfelden-Basel) im Blick auf das qualitative Wachstum des Unternehmens funktionieren.

Sensation des Alltäglichen

Wunder entstehen nicht voraussetzungslos. In den achtziger Jahren setzten Diener & Diener mit zwei grossen, rechtsrheinischen Wohnkomplexen einen noch heute beachteten Akzent. Und Wunder haben die Sensation des Alltäglichen. Herzog & de Meuron und Diener & Diener, die bekanntesten (weil international erfolgreichsten) Büros aus Basel, konnten in den vergangenen zwei Jahren mehrere wichtige Bauten in ihrer Heimatstadt fertigstellen. Michael Alder gehört mit Wilfrid und Katharina Steib oder Silvia Gmür durch eine konstante Bautätigkeit auf hohem bis höchsten Niveau zum seriösen Fundament der architektonischen Kultur am Oberrhein. Und neben einer grossen Anzahl lokaler Architekturbüros wie auch der Vitra-Aktivitäten wurde 1995 eine Bank und 1996 ein Museum nach Plänen von Mario Botta bezogen. In Riehen (gehört politisch zu Basel-Stadt)

Eines der am häufigsten publizierten Schweizer Häuser der achtziger Jahre: Das Wohnhaus in einem Hinterhof an der Hebelstrasse von Herzog & de Meuron (1984-88).

L'immeuble de Herzog & de Meuron dans une cour sur la Hebelstrasse (1984-88) est l'un des bâtiments les plus documentés.

One of the most published buildings of Switzerland in the 1980s: the apartment building by Herzog & de Meuron in a courtyard on Hebelstrasse (1984-88).

steht das Beyeler-Museum von Renzo Piano vor der Fertigstellung (Eröffnung im Oktober 1997). Gleiches gilt für ein grosses Bürohaus von Richard Meier am Schweizer Hauptbahnhof. Cruz & Ortiz, das Büro aus Sevilla, hat einen grossen Auftrag beim Umbau des Schweizer Bahnhofs.

Das wichtigste Projekt in der trinationalen Erschliessung des Stadtraumes am Oberrhein aber liegt im Brücken- und Strassenbau. 1995 begann man nach jahrelangem und zähem, politischem Kampf mit dem Bau der Basler Nordtangente. Sie ist das Verbindungsstück zwischen den Autobahnnetzen Frankreichs und der Schweiz und wird mit einer doppelstöckigen Brücke über den Rhein geführt. Dann ist vielleicht auch eine ringförmige Verkehrsführung möglich, wie sie Herzog, de Meuron und Zaugg mit einer neuen Rheinbrücke zwischen Frankreich (Huningue) und Deutschland (Weil am Rhein) vorschlugen. Ende 1992, als die Studie vorlag, lehnte der Stadtplaner in Weil diese Idee vehement ab, weil 7000 der 28 000 Pendler, die täglich von Frankreich zur Schweizer Arbeitsstätte fahren, eine Ausweichroute über Weil nahmen und die Luft der Stadt entsprechend belasteten. Er nahm kaum zu Unrecht an, dass eine neue Rheinbrücke dieses Problem vergrössern würde. Mit der Nordtangente in Basel wird es in Zukunft wahrscheinlich nicht mehr existieren. Auch am Oberrhein wird „Europa" nur über die mühevolle Arbeit am Detail wachsen.

In diesem Quartier am Rhein wird seit über 1000 Jahren gebaut: Die Stadtmauer aus dem 14. Jahrhundert (links) und die Wohnhäuser mit Gewerberäumen von Diener & Diener (1984-86).

On construit dans ce quartier le long du Rhin depuis mille ans: le mur de la ville (à gauche) date du 14ème siècle; les immeubles et bureaux sont de Diener & Diener (1984-86).

Building has been going on in this quarter along the Rhine for more than a thousand years: the city wall (left) dates from the fourteenth century; the apartment buildings with offices are by Diener & Diener (1984-86).

Grenze, Verkehr & Zentrum

An der Grenze:
Zahlen sind noch keine Zukunft
20 Furrer & Fasnacht

Auf Europas Nord-Süd-Schiene
24 Herzog & de Meuron

Warten unter der Ellipse
30 Furrer & Fasnacht

Die Fassade als Konzept
34 Diener & Diener

Das Glashaus im Kern
38 Schaudt Architekten

Projekt
Umbau Zollstation und
Projekt Fahrbahnüberdachung an der Grenze
Frankreich - Schweiz (Zollamt Lysbüchel)
Elsässerstrasse 256
4056 Basel

Bauherr
Amt für Bundesbauten
Baukreis 3
Effingerstrasse 20
3003 Bern

An der Grenze: Zahlen sind noch keine Zukunft

Bâle se joignit à la Confédération Suisse en 1501. Depuis cette époque, la ville a des frontières avec la France et l'Allemagne. La vision d'une Europe unifiée remet ces frontières en question. Toute construction frontalière à Bâle est influencée par cette situation complexe, par exemple le projet de Furrer & Fasnacht au carrefour des quartiers français et suisse, au bord du Rhin supérieur. Là, les architectes rénovèrent un bâtiment de douane et dessinèrent un toit en "aile de papillon" pour la circulation, qui pourrait servir à des tramways à l'avenir. Pour l'instant, le financement de ce projet est encore contesté.

Basle joined the Swiss Confederation in 1501. Since then, it has shared borders with France and Germany. The vision of a unified Europe puts these borders in question. This complex situation affects all building projects in the border areas, among them the Furrer & Fasnacht project at the convergence of the French and Swiss quarters on the Upper Rhine. At this location, the architects have converted a customs post and designed a butterfly roof for traffic that could be used for local transportation, such as trams, in the future. However, financing is unresolved.

Wer früher über Le Perthus Frankreich verliess und nach Spanien fuhr, musste sich mitunter kilometerlang an Lastwagen aus aller Herren Ländern vorbeizwängen. Und in der grossen Sommerhitze, wenn sich die Luft mit den benzingeschwängerten Abgasen der Dieselmotoren auflud, stank es fürchterlich. Aber die Durchfahrt in den südöstlichen Pyrenäen war für Auto- und Schienentransport die wichtigste, und dies bereits bereits lange vor dem Spanischen Bürgerkrieg und der Diktatur Francos.

Im Osten Frankreichs, am nördlichsten Punkt der Grenze mit der Schweiz, war es ähnlich. Bevor die Autobahn (A 35) gebaut war, fuhr man in St. Louis über die Rue de Bâle in die Elsässerstrasse und in die Eidgenossenschaft. Oder, nachdem die grossen Strassen Frankreichs und Deutschlands am Oberrhein verbunden waren, überquerte man die Grenze auch in Weil-Otterbach. Zwar gab und gibt es hier keine Temperaturen wie am Mittelmeer, aber eine Grenzpassage zu Fuss war älteren Menschen oder solchen mit Atemproblemen häufig nicht zu empfehlen. Über die Nordwestschweiz drängte es das nordwestliche Europa Richtung Gotthard, das Tessin und Italien.

Die Grenze ist seit jeher ein Fluch und ein Segen für die Stadt. Seit Urzeiten war Basel das nördliche Tor Helvetiens, und bevor man 1501 der Eidgenossenschaft beitrat, lebte man noch mehr nach Norden. In Speyer sass das Reichskammergericht, wo sich Basilius Amerbach, der Erbe des Erasmus von Rotterdam, die juristischen Sporen abverdiente. Und der Professor der Jurisprudenz an der Universität Basel war auch Berater der Herzöge von Württemberg. Die Süd- Orientierung der Nordwestschweiz setzte erst nach den napoleonischen Kriegen ein. Interessant ist hier der Blick auf die Geistesgeschichte und die Auswirkungen der deutschen Revolution des Jahres 1848. Denn die heutige Stadt am Oberrhein, die es damals noch lange nicht gab, spielt darin eine kleine Rolle. Von einem Fenster in Lörrach rief Gustav von Struve 1848 die Deutsche Republik aus.

Jacob Burckhardt mochte seinen revolutionär gesinnten Zeitgenossen nicht folgen. Aber er war auch kein Jurist wie der Münchner von Struve, sondern Geschichtler, Philosoph und wertkonservativer Basler. Bis 1848 hatte der Jungakademiker (der mit 1818 das Geburtsjahr mit Karl Marx teilt) noch für eine Zeitung in Köln geschrieben. In Anbetracht der politischen Ereignisse von 1848 (deutschnationale Revolution; Erscheinen des Kommunistischen Manifestes von Marx und Engels) wandte sich Burckhardt nun ganz der Kultur Italiens zu und schrieb seine berühmten Bücher. Ein Generalkonsulat betreut am Schaffhauser Rheinweg in Basel heute rund 30 000 italienische Staatsbürger in den beiden Kantonen Basel-Stadt und Basel-Landschaft, womit sich am Oberrhein eine der grösseren italienischen Kleinstädte nördlich der Alpen befindet. Bedenkt man, dass man ab 1856 in Basel Farbstoffe produzierte und man 1889 mit der Pharmaproduktion begann, so waren Burckhardts Bruch mit dem Fortschrittsethos der mitteleuropäischen Geschichte (1848) oder seine ersten grossen Bücher über Italien (Cicerone, 1855) oder die Renaissance (1860) der ökonomischen Vision der chemischen Industrien zeitlich zumindest ebenbürtig wenn nicht voraus. Vergleicht man die grossen wissenschaftlichen Bücher mit der Fertigstellung des Gotthard-Tunnels, so besitzt Burckhardt einen Vorsprung von gut zwanzig Jahren. Man sollte also die

Architekt
Rolf Furrer Architekten ETH BSA SIA
Riehentorstrasse 15, 4005 Basel
François Fasnacht Architekten ETH BSA SIA
Spalenvorstadt 8, 4003 Basel

Tragwerksplanung
Andreas Zachmann
Bauingenieur ETH SIA, Basel

Termine
Umbau Hauptgebäude: 1993
Projekt Fahrbahn-
überdachung: 1990
Ausführung: offen

Im „Berner Stil" der Jahrhundertwende erbaut: Die Zollstation „Lysbüchel" auf der Schweizer Seite (oben links). Daneben ein elegantes Schutzdach, dessen Finanzierung zwischen Frankreich und der Schweiz umstritten ist (oben Mitte). Modell (unten).

Construit dans le style de Berne de Fin de Siècle: le bâtiment de douane Lysbüchel du côté Suisse (en haut, à gauche). À côté, le toit élégant, dont le financement est encore contesté entre la France et la Suisse (en haut, au centre). Modèle (en bas).

Built in the Berner Style of the turn of the century: the Lysbüchel customs post on the Swiss side (top left). Next to it is an elegant protective roof, whose financing is still disputed between France and Switzerland (top centre). Model (below).

Geisteswissenschaften nicht gering schätzen. Ökonomische Zahlen sind noch keine Zukunft.

In diesem komplexen Bereich liegt heute das Bauen an der Grenze. Die Schweiz hat im Dezember 1992 den Beitritt zum EWR (Europäischer Wirtschaftsraum) abgelehnt. Die beiden Basler Kantone waren mehrheitlich dafür. Für die Schweizer Zollkreisdirektion bedeutet dies, die Infrastruktur zu verbessern und die Substanz zu erhalten. Das Zollamt Lysbüchel, wo eine Strassenbahnlinie aus der südlichen Stadtperipherie an der Grenze mit Frankreich endet, bauten die Architekten Rolf Furrer und François Fasnacht 1994 um. Es entstanden zeitgemässe Büros und Festhaltezellen, Wohnungen auf drei Etagen sowie neue Garagen. Auch die Fassade und das Dach wurden mit elementaren, einfachen Mitteln saniert. Sollte die Grenze einmal nicht mehr existieren, bliebe die Nutzung gleich. Eine Investition ohne Risiko, aber für die Zukunft.

Eine „Amtsplatzüberdachung" für den Grenzübergang „Lysbüchel" am Ende der Elsässerstrasse entwarfen die Architekten 1990 aus Stahl und Glas. Zwei Beine der dynamischen Metallkonstruktion sollen in Frankreich, zwei in der Schweiz stehen. Die Grenze, die hier diagonal über die Strasse verläuft, soll durch eine Linie sichtbar sein und würde gleichzeitig den binationalen Publikumsbereich teilen, den die Architekten in einem flachen Kubus unter einem „Flügeldach" plazieren wollen. Die Kosten von 1,2 Millionen Franken, die von beiden Ländern paritätisch getragen werden sollen, sind umstritten.

Doch es wäre schade, sollte das ökonomische Argument alleine entscheiden. Denn der Entwurf von Furrer & Fasnacht, der die Grenze als Einladung und nicht als Blockade versteht, ist von einer konstruktiven Feinheit und Eleganz, wie es die Rheinbrücke von Santiago Calatrava geworden wäre (das Projekt wurde in einer Volksabstimmung abgelehnt). Und die Architekten haben auch geschickt eine spätere Nutzung mitbedacht. Sollte die Strassenbahn, wie früher schon einmal, wieder nach St. Louis in Frankreich fahren, wäre die „Amtsplatzüberdachung" so hoch, dass hier modernstes Rollmaterial halten könnte. Mit 25 Metern Länge würde wohl eine der grössten Haltestellen des innerstädtischen Nahverkehrs in Europa entstehen. Und, wagen wir zu behaupten, auch eine der schönsten. Und es will uns nicht in den Sinn, warum zwei Länder, die 1946 in Bâle-Mulhouse den ersten binationalen Flughafen der Welt eröffneten, eine solch vergleichsweise kleine Baumassnahme an der Grenze nicht realisieren sollen. Visionen kann man nicht errechnen. Zahlen sind noch keine Zukunft.

Termine:
Baujahr: 1903
Umbau Hauptgebäude: 1993

Die Zollstation nach dem Umbau: einfache Wegführung und Materialien in klaren Formen.

Le bâtiment de douane après la rénovation: un design simple et des matériaux de forme claire.

The customs post after conversion: simple layout and materials in clear forms.

Projekt
Lokomotivdepot SBB
Auf dem Wolf
4052 Basel

Bauherr
Schweizerische Bundesbahnen
Sektion Hochbau Kreis II
Landenbergstrasse 35
6005 Luzern

Auf Europas Nord-Süd-Schiene

Les activités de construction autour de la gare Suisse sont intenses. Vers l'est, Herzog & de Meuron construisèrent une installation d'aiguillages impressionnante ainsi qu'un hangar à locomotives. Les architectes proposent de construire une autre installation, aussi avec des claires-voies recouvertes de cuivre. La gare de triage, jusqu'alors peu définie, située sur l'axe de chemin de fer ouest-européen principal entre le sud de l'Angleterre et le nord de l'Italie, fut transformée en un lieu plein d'urbanisme et de qualité.

Construction around the Swiss railway station is intense. To the east, Herzog & de Meuron have created an impressive interlocking plant and an engine depot. The architects plan another interlocking tower and this, too, will have a copper-clad louvered façade. The previously nondescript switching-yard, situated on the most important western European transportation axis between southern England and northern Italy, is becoming more urban and sophisticated in appearance.

Das neue Stellwerk mit einer Aussenhaut aus Kupfer hat eine Präsenz wie eine mächtige Plastik von Richard Serra oder die Kaaba in Mekka. Der schlanke Kubus ist herausfordernd und steht in Basel einen Steinwurf von einem Friedhof entfernt, den man 1872 nach Plänen von J.J. Awengen einweihte. Die nobelste Grablege der Stadt hat jetzt das 21. Jahrhundert zum Nachbarn. Denn das neue Stellwerk, das Herzog & de Meuron für die Schweizerischen Bundesbahnen bauten, besitzt neueste Computer-Technologie und soll mit einem weiteren Stellwerksturm, der näher am SBB-Personenbahnhof liegen soll (Baubeginn 1997), einst alle Bewegungen auf dem riesigen Gleisfeld koordinieren, das auf der wichtigsten Nord-Süd- Transportachse Westeuropas liegt. Neben dem eleganten Bau mit der kupfernen Lamellenfassade liegt das neue Lokomotivdepot, das seinen Charakter als Industriearchitektur weit offensichtlicher zeigt. Das Depot von Herzog & de Meuron hat bis zu 10 Meter hohe Betriebsremisen, eine Dieselwerkstatt, einen 90 Meter langen Waschkanal und einen Verwaltungsbau, dessen Personalrestaurant im dritten Stock eine Panoramasicht bietet. Blickt man hier von der Terrasse nach Westen, schaut man gegen Frankreich und die Gebäude des Schweizer Bahnhofs. Schaut man nach Norden, wird es so wie früher. Denn das Erdreich zwischen den alten Gleisfeldern, dass die Biologen einst als schützenswert bezeichneten, hat man sorgfältig abgeschürft und auf das neue Dach verteilt, das bis zu 107 Meter breit und 240 Meter lang ist. Ein wildwachsendes Idyll hat man einfach auf einer höheren Ebene plaziert.

Die arbeitsfreundliche Atmosphäre setzt sich auch in den stützenlosen Hallen fort. Die grösste ist 24 Meter breit, 220 Meter lang und 7 Meter hoch. Ein beeindruckendes Raumvolumen, das in Basel mit jenem der Sporthalle St. Jakob, der Messe, den grossen Stadtkirchen oder dem Foyer des Stadttheaters (von Schwarz und Gutmann, 1970-75) vergleichbar ist.

An den Aussenwänden haben Herzog & de Meuron 4 mal 4 Meter grosse Fenster eingepasst. Hier wird das neue Rollmaterial der Regio S-Bahn untergebracht. Die 206,5 Meter langen Züge werden durch die fünf Meter hohen Falttore in ganzer Länge hineinfahren können. Zu den grossen Seitenfenstern kommen Lichtbalken an der Decke, die dem Raum arbeitsphysiologisch optimales Tageslicht geben. Eine analoge Wirkung strebten die Architekten mit der sensiblen Dachbegrünung an.

Aber die ästhetische und psychologische Qualität von Stellwerk und Depot sind ein Aspekt. Denn das städtebaulich ausfransende Gebilde im Südosten der Stadt wird durch den Neubau urban und ästhetisch enorm aufgewertet. Vielleicht - und mehrere nichtschweizerische Planungsstudien und Entwicklungsszenarien neigen zu dieser Sicht - liegen Depot, Stellwerk wie auch der 30 Meter hohe Turm des Zentralstellwerks (für das Herzog & de Meuron 1994 einen Wettbewerb gewannen) in fünf bis zehn Jahren in einer der wichtigsten Regionen für den Verkehr in Europa. Sollten die Schweizer Bundes- und die Französischen Staatsbahnen den Train à grande vitesse (TGV) einst über Basel nach Zürich fahren lassen, würden - mit dem ICE der Deutschen Bundesbahn - hier zwei Hochgeschwindigkeitsstrassen gebündelt und in Richtung Österreich und Italien kanali-

Architekt
Herzog & de Meuron Architekten AG
Rheinschanze 6
4056 Basel
Verantwortliche Partner: Jacques Herzog,
Pierre de Meuron, Harry Gugger
Projektleitung: Harry Gugger

Sonderfachleute
Bauleitung: Burckhardt & Partner AG, Basel
Stahlbau: Jakem AG, Münchwilen
Statik: Proplan Ing. AG, Basel
Elektroplanung: Selmoni, Basel
HLK-Planung: Sulzer Energieconsulting AG, Liestal
Sanitär-Planung: Balduin Weisser AG, Basel
Generalunternehmer: Marti AG, Basel
Baumeister: Marti AG, Basel

Termine
Vorprojekt: Oktober 1997
Ende Vorarbeiten: Januar 1993
Baubeginn: Februar 1993
Inbetriebnahme: November 1995

220 Meter tief: Mit der ganzen Länge von über 200 Metern können hier die Regiozüge hineinfahren

Des trains régionaux de plus de 200 m peuvent entrer entièrement dans la gare d'une profondeur de 220 m.

Even regional trains of more than 200 metres in length can fully enter the 220-metre-space.

Der Verwaltungstrakt mit der Terrasse der Kantine im obersten Geschoss.

L'aile administrative avec cafétéria et terrasse au dernier étage.

The administration wing with cafeteria and outdoor patio on the top floor.

Süd- (oben) und Nordfassade mit Ost-West-Schnitt (unten).

Les façades vers le sud (en haut) et le nord avec section est-ouest (en bas).

South (above) and north façades with east-west section (below).

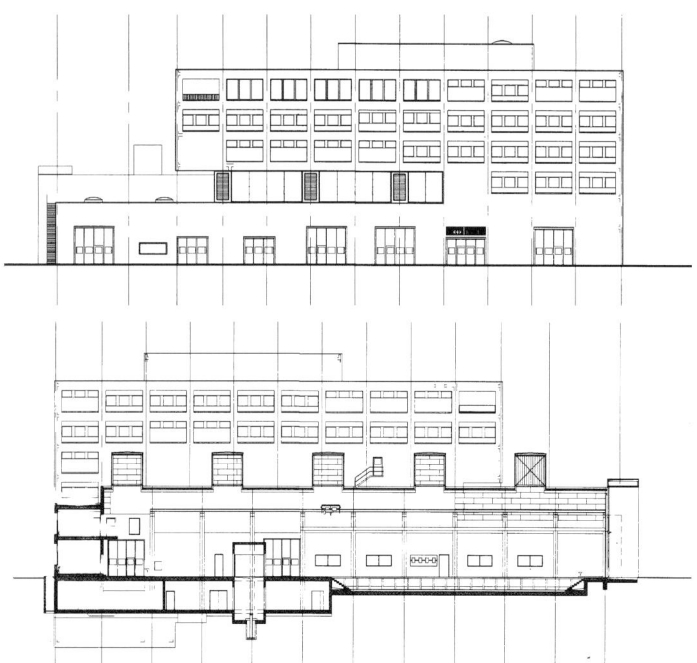

siert. Damit würde sich eine Vision erfüllen, die mit dem Bau der Basler Rheinbrücke begann, 1844 mit der ersten Eisenbahn von Strassburg nach Basel eine moderne Erweiterung erhielt (die erste Schienenverbindung der Eidgenossenschaft mit dem Ausland) und ab 1882 über den Gotthard bis Italien führte. Diese verkehrstechnische Infrastruktur ist bis heute grundlegend für die ökonomische Existenz der ganzen Region. Die Deutsche Bundesbahn, der im Stadtgebiet von Weil am Rhein 138 Hektar Land gehören, legt die riesigen Gleisanlagen an der Grenze zur Schweiz immer mehr still; die Rangierbahnhöfe auf Schweizer Seite (auch jener Auf dem Wolf) werden wohl das zentrale Transportscharnier zwischen Südengland und Oberitalien. Für den Gütertransport über die Alpen gehört der Schiene die Zukunft.

1997 beginnen Herzog & de Meuron mit dem Bau des Zentralstellwerks. Es soll ebenfalls eine Kupferfassade erhalten, womit das Hochhaus des Lonza-Konzerns eine elegante Nachbarschaft und der biedere Chic des Turms der „Bank für internationalen Zahlungsausgleich" eine wohltuende visuelle Konkurrenz bekommen.

Auf der anderen Seite der Münchensteinerbrücke ist der Bürokomplex des neuen Bahnhofs-Ost (von Zwimpfer & Partner) im Bau, an dessen Planungen noch der US-amerikanische Minimal-Künstler Donald Judd beteiligt war. Im Westen Richtung Frankreich ist das Bürohaus von Richard Meier bald bezugsbereit (siehe Ausblick, Nr.41).

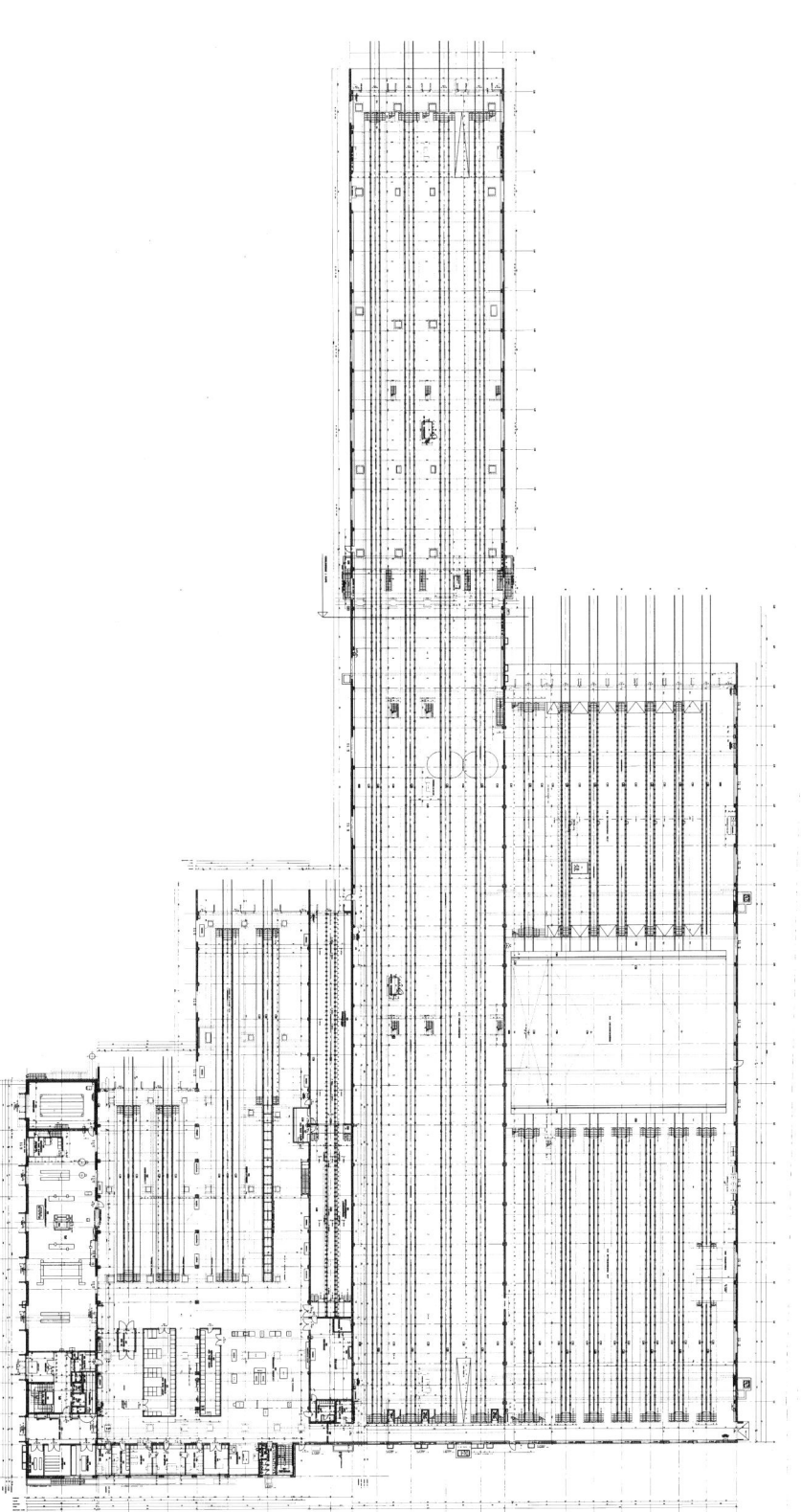

Grundriss des Erdgeschosses.

Plan du rez-de-chaussée.

Floor plan of ground floor.

Blick von der Terrasse der Betriebskantine auf die Hallen und den Turm des Stellwerks im linken Bildhintergrund. Die Lamellenkonstruktion des Stellwerks (ganz oben).

Vue de la terrasse de la cafétéria des halles et de l'installation d'aiguillages en arrière-plan à gauche. Détail de la construction à claire-voie de l'installation d'aiguillages (en haut).

View from cafeteria patio onto halls and interlocking tower, left, in the background. Detail of the louvered construction of the interlocking plant (above).

Durch 4 mal 4 Meter grosse Fenster fällt im Süden das Tageslicht (links). Über grosse Balken auf dem Dach erhält der Hallenkomplex Oberlicht (unten).

La lumière passe à travers ses fenêtres de 4 x 4 m sur le côté sud (à gauche). Le hall reçoit de la lumière indirecte à travers les grandes poutres du toit (en bas).

Daylight enters through 4 x 4 m windows on the south side (left).
Skylights allow indirect light into the hall (below).

Projekt
Tram-Wartehalle Riehen Dorf
Baselstrasse bei Nr. 35 (Kirche)
4125 Riehen

Bauherr
Basler Verkehrs-Betriebe BVB
Claragraben 55, 4005 Basel
Gemeindeverwaltung Riehen, Abteilung Tiefbau
Wettsteinplatz 1, 4125 Riehen

Warten unter der Ellipse

On a commencé à remplacer les arrêts actuels des tramways à Bâle. Pour ce projet, les concurrents furent départagés en compétition. Plus d'un quart des arrêts ont déjà été réalisés. Les architectes Furrer & Fasnacht travaillèrent avec six types différents de design correspondant aux topographies locales. Dans la banlieue de Riehen, la topographie les inspira à créer une construction elliptique. La salle d'attente au centre convexe du quartier est élégante et ouverte: elle met en valeur le cœur de la banlieue.

The current tram shelters in Basle are being replaced with newly designed structures. The commissions were assigned through competition. More than one quarter of the shelters have already been remodelled. Architects Furrer & Fasnacht worked with six types of design appropriate to local topographies. In the suburb of Riehen, the local setting inspired an elliptical construction. The elegant and open waiting-room is located at the convex town centre, accentuating and restoring value to the area.

Lange nahm man sie kaum wahr. Inzwischen sind sie ein Teil der visuellen Kultur im Bereich des öffentlichen Nahverkehrs geworden. 1985 schrieb man den Wettbewerb für die Neugestaltung der Haltestellen aus. Es gewannen Rolf Furrer und Peter Stiner. Dann gab es einen Partnerwechsel im Architekturbüro. Die Architekten Rolf Furrer und François Fasnacht bauten rund 60 der total 230 Haltestellen der Basler Verkehrsbetriebe um. 1995 nahm man die Haltestelle „Riehen-Dorf" zwischen Landgasthof und Kirche in Betrieb. Rolf Furrer führt diese Arbeit inzwischen alleine weiter.

Mit 16 Metern Länge hat die Tramwartehalle in Riehen, nahe der Grenze mit Deutschland, nicht ganz die Dimension der Haltestelle „Heuwaage" (18 Meter) und ist das zweitgrösste Objekt des Unternehmens. Eine Dimension, der Riehen als bevölkerungsstarker Vorortsgemeinde ebenso gerecht wird, wie der künftigen Funktion. Denn für die Besucher des Beyeler-Museums von Renzo Piano (Kultur, Nr.39), die zum grössten Teil von der Stadt aus anreisen, wird „Riehen-Dorf" wahrscheinlich der Strassenbahnhalt werden.

Furrer & Fasnacht nutzen durch die geschwungene Führung der Baselstrasse in Riehen die Möglichkeit, die Zweckarchitektur sinnlich zu gestalten. An der Heuwaage erlaubte der schmale Inselstreifen zwischen Bahntrasse und Strasse nur eine schlanke, im Grunde karge Konstruktion. Die innerstädtische Haltestelle „Kohlenberg", die bisher auffälligste Architektur des Projektes, schufen die Architekten in der ungewöhnlichen Topographie mit kubischen Elementen, die sie an den Hang schoben. In der räumlich komfortablen Situation von Riehen-Dorf entstand eine elegante Ellipse, die den gebauchten Raum des Dorfkörpers, den Tram und Auto hier geteilt haben, markant zentriert und urban aufwertet.

Wie die anderen Haltestellen, so ist auch jene in Riehen denkbar einfach. Metallprofile tragen das Dach und die horizontalen Glasstreifen, die die Wartenden vor Wind, Regen oder dem Spritzwasser der Autos schützen. Die Sitzbank ist aus Eiche. Beleuchtet wird mit Neonröhren. Das Licht fällt diskret und indirekt durch einen Schlitz an der Schnittstelle von Dach und vertikaler Schutzwand.

Die ungewöhnliche Form des Dachs erlaubte auch eine freiere Gestaltung. Das Grundelement von Furrer & Fasnacht war bisher ein Wandelement von drei Metern, das sich wie ein Modul der jeweiligen Raumsituation anpasste. In Riehen-Dorf folgt dieses nun der ellipsoiden Form des Daches und beschreibt eine geneigte Kurve wie die fliehenden Kraftlinien eines elektromagnetischen Feldes. Die Konstruktion bekommt hier eine plastische Qualität wie Tadashi Kawamatas Projekt „Zerstörte Kirche" bei der documenta in Kassel von 1987. Das Dach, welches den Eindruck eines gerade gelandeten Ufos vermittelt, wird zudem ein Oberlicht erhalten. Massstäblich verkleinert, wandert die Ellipse so ins Zentrum und wird für Licht und Sonne transparent.

Die neue Haltestelle in Riehen erweitert das Typenspektrum von Furrer & Fasnacht auf nunmehr sechs. Für sehr enge räumliche Situationen - wie etwa der Haltestelle „Totentanz" - planten sie schmal. Eine Bushaltestelle in einem Wohngebiet mit vergleichsweise geringer Benutzerfrequenz wurde eine runder Typ. An Verkehrsknotenpunkten konnte man mit dem Normelement nach Bedarf vergrössern. Der Platz in Riehen bot - neben dem Kohlenberg - die bisher grosszügigsten gestalte-

Architekt
Rolf Furrer Architekten ETH BSA SIA
Riehentorstrasse 15, 4005 Basel
François Fasnacht Architekten ETH BSA SIA
Spalenvorstadt 8, 4003 Basel

Sonderfachleute
Andreas Zachmann
Bauingenieur ETH SIA, Basel

Termine
Projekt: 1992
Ausführung: 1995

Die neue Mitte: Die Dach-Ellipse der Tramwartehalle Riehen-Dorf zentriert den Platz zwischen der Kirche (links) und dem Landgasthof (rechts). Beide nicht sichtbar.

Le nouveau centre: le toit elliptique de l'arrêt des tramways à Riehen-Dorf met en valeur l'espace ouvert entre l'église (à gauche) et le Landgasthof (à droite); les deux bâtiments sont hors champ.

The new centre: the elliptical roof of the tram stop at Riehen-Dorf gives focus to the open space between the church (left) and the Landgasthof (right), neither of which are visible.

Projekt
Tram-Wartehalle mit Telefonkabinen
Kohlenberg
4051 Basel

Bauherr
Basler Verkehrs-Betriebe BVB
Claragraben 55
4005 Basel

Tramwartehalle Riehen-Dorf: Seitenansicht (oben links), Querschnitt (oben rechts) und Grundriss.
Tramwartehalle Kohlenberg: Seitenansicht zur Strasse (unten links), Querschnitt in Bergsicht (unten rechts) und Grundriss (ganz unten).

L'arrêt des tramways à Riehen-Dorf: vue de côté (en haut, à gauche), section (en haut, à droite), et plan.
L'arrêt des tramways à Kohlenberg: vue du côté de la rue (en bas, à gauche), section, côté montant (en bas, à droite), et plan (en bas).

The Riehen-Dorf tram stop: side view (top left), cross-section (top right), and ground plan.
The Kohlenberg tram stop: side view to street (bottom left), cross-section, uphill (bottom right), and ground plan (bottom of page).

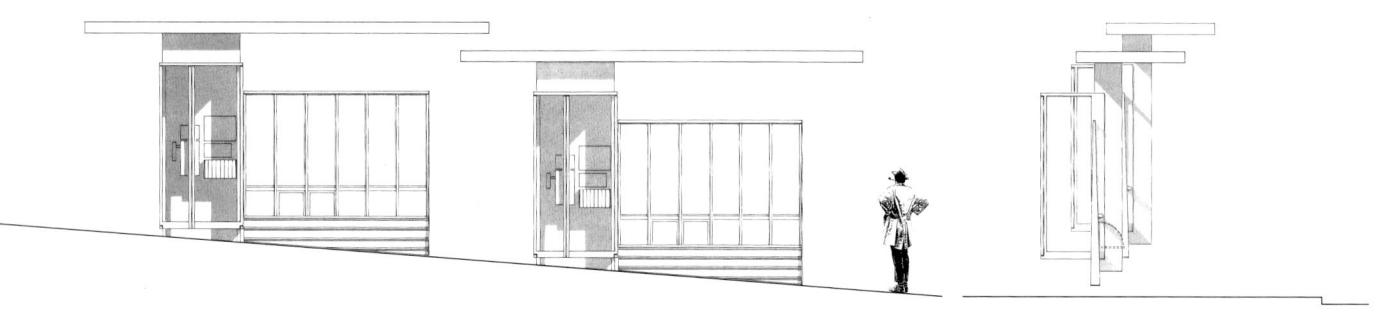

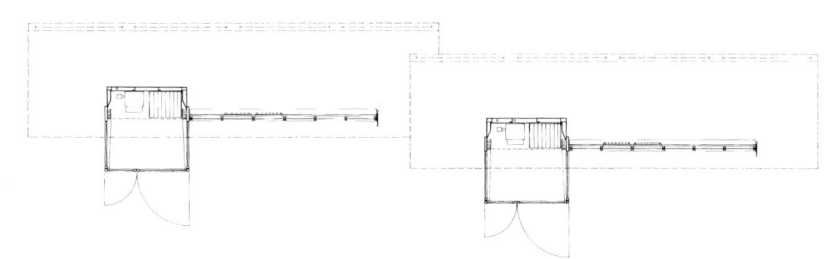

Termine
Projekt: 1992
Ausführung: 1993

rischen Voraussetzungen. Eine ähnliche Form schlugen die Architekten auch für die neue Haltestelle der Schifflände am Haus „Lällekönig" von Hans Bernoulli vor. Doch das Projekt direkt am Rhein wurde nicht realisiert.

Nutzarchitektur mit plastischem Charakter in der Innerstadt: Die Tramwartehalle Kohlenberg.

Architecture utilitaire à caractère sculpturel au coeur de la ville: l'arrêt des tramways à Kohlenberg.

Utilitarian architecture with sculptural character in the inner city: the Kohlenberg tram stop.

Projekt
Neubau Laden-, Büro- und Wohnhaus
Steinenvorstadt 2, Kohlenberg 1
4051 Basel

Bauherr
Marcus Diener

Die Fassade als Konzept

Sur la Barfüsserplatz à Bâle, Diener & Diener construisirent un immeuble pour des magasins, des bureaux et des appartements. Il fut nécessaire de démolir une maison à deux étages à cet emplacement central et historique, ce qui provoqua un tollé général. Le nouveau bâtiment est contemporain et plein d'assurance. La façade s'inspira de l'art conceptuel: voici un îlot de calme dans le brouhaha urbain des slogans et des affiches.

On Barfüsserplatz in Basle, the architects Diener & Diener have erected a retail, office, and apartment building. There was a public outcry when a two-storey house on this central and historic site was demolished to make way for the new structure. Self-assuredly contemporary, the new building has a façade inspired by conceptual art and has proved to be an element of calm amidst the urban clamour of slogans and posters.

Der schlanke Geschäfts- und Wohnbau, den das Büro Diener & Diener am Barfüsserplatz, dem innerstädtischen Herz Basels (was den Verkehr betrifft), 1995 fertigstellte, repräsentiert Direktheit und ein differenziertes architektonisches Denken.

Auf sechs Geschossen haben die Baumeister eine urbane Situation auf einer Parzelle realisiert, deren urkundliche Spuren noch vor das Erdbeben von 1356 zurückreichen. Eine geschichtliche Dimension, die man sonst als architektonische Spur fast nur am Totentanz, am Heuberg und auf dem Münsterhügel findet. Man musste für den Bau ein zweigeschossiges Haus abreissen, was öffentliche Proteste hervorrief. Doch so richtig - und wichtig - der behutsame Umgang mit der gewachsenen Stadt und deren Geschichte ist, so wenig bleibt diese stehen. Das Haus von Diener & Diener steht an einem Ort, der vor mehr als 600 Jahren in einer Stadt mit mehreren tausend Einwohnern lag. Damals eine der grössten in Europa. Heute wohnen über eine halbe Million Menschen im Stadtraum am Oberrhein. Vor rund 100 Jahren lag die Ecke am Kohlenberg fast am Ufer des Birsig, der unkanalisiert durch die Stadt floss, das Abwasser ungeklärt mitführte und im Sommer entsetzlich gestunken haben muss. Friedrich Nietzsche erlebte die Stadt in den Jahren 1869 bis 1879 noch ohne Elektrizität. Als Jacob Burckhardt 1897 starb, war die Elektrifizierung bereits im Gang. Wer über das Bauen in der historischen Stadt nachdenkt, muss solche Sachverhalte, die erst ein modernes - und weit angenehmeres - Leben möglich machten, mitdenken.

In diesem geschichtlichen Kontext muss das Haus von Diener & Diener gesehen werden. Und unter dieser Perspektive ist es eine neue und mutige Architektur in einem Stadtraum, der sich im Blick auf die europäische Integration zu öffnen beginnt. Denn das visuelle Disneyland um den Barfüsserplatz kann nur einer optisch unsensiblen Fernsehgesellschaft gleichgültig sein. Gegenüber den Neonschriften, Fensterbeklebungen, den Transparenten von Verkaufsaktionen und dem Patchwork der Fassadenfarben wirkt Heinrich Pellegrinis pathetisches Fresko am 1941 bezogenen Stadtcasino (schräg vis à vis) schon angenehm ruhig. Und die sandfarbenen Gussbetonplatten, die Diener & Diener vor ihr neues Haus montieren liessen, tun dies erst recht. Das gleiche Material und eine ähnliche Farbe wollen die Architekten auch für den Erweiterungsbau des Centre Pasqu'Art in Biel und jenen der Schweizer Botschaft in Berlin verwenden, für die sie 1994/95 die Wettbewerbe gewannen. Ruhig und überlegt präsentiert sich auch die Durchfensterung der schlanken Kubatur: am Kohlenberg wechselt der Fensterrhythmus im ersten Geschoss für zwei Etagen bündig zur Eingangstüre an die rechte Hauswand. Dann nimmt er wieder die Linie des Schaufensters im Parterre auf. An der Steinenvorstadt wurde das dritte Obergeschoss nach links versetzt. Das Fensterband blieb ansonsten unverändert. Ein architektonischer Trick aus der Konzeptkunst, mit dem die Wahrnehmung irritiert werden soll. Bei diesem Haus, dessen Steinfassade die Farbe des Sandes und dessen Fenster mit bräunlichem Metall und getöntem Glas die Farbe der Erde aufnehmen, wirkt die gekonnte Verschiebung der Fensterachsen lustbetont und belebend. Gleichzeitig signalisieren die Farben Herkunft und Selbstbewusstsein des Baues, der aus der Erde gewachsen zu sein scheint. So einfach und kreativ kann Architektur selbst bei serieller Planung sein. Und so subtil kann die Sprache einer Fassade sein, denn die Materie der Erde

Architekt
Diener & Diener Architekten
Henric Petri-Strasse 22
4010 Basel

Termine
Baueingabe: Mai 1994
Bauzeit: Juli 1994 bis
März 1995

Ruhig und souverän im „Patchwork" der übermöblierten Innerstadt: Das Eckhaus von Diener & Diener.

Calme et assuré au milieu du "brouhaha" de la ville surchargée: le bâtiment au coin de Diener & Diener.

Calm and confident amidst the "patchwork" of the overcrowded inner city: the corner building by Diener & Diener.

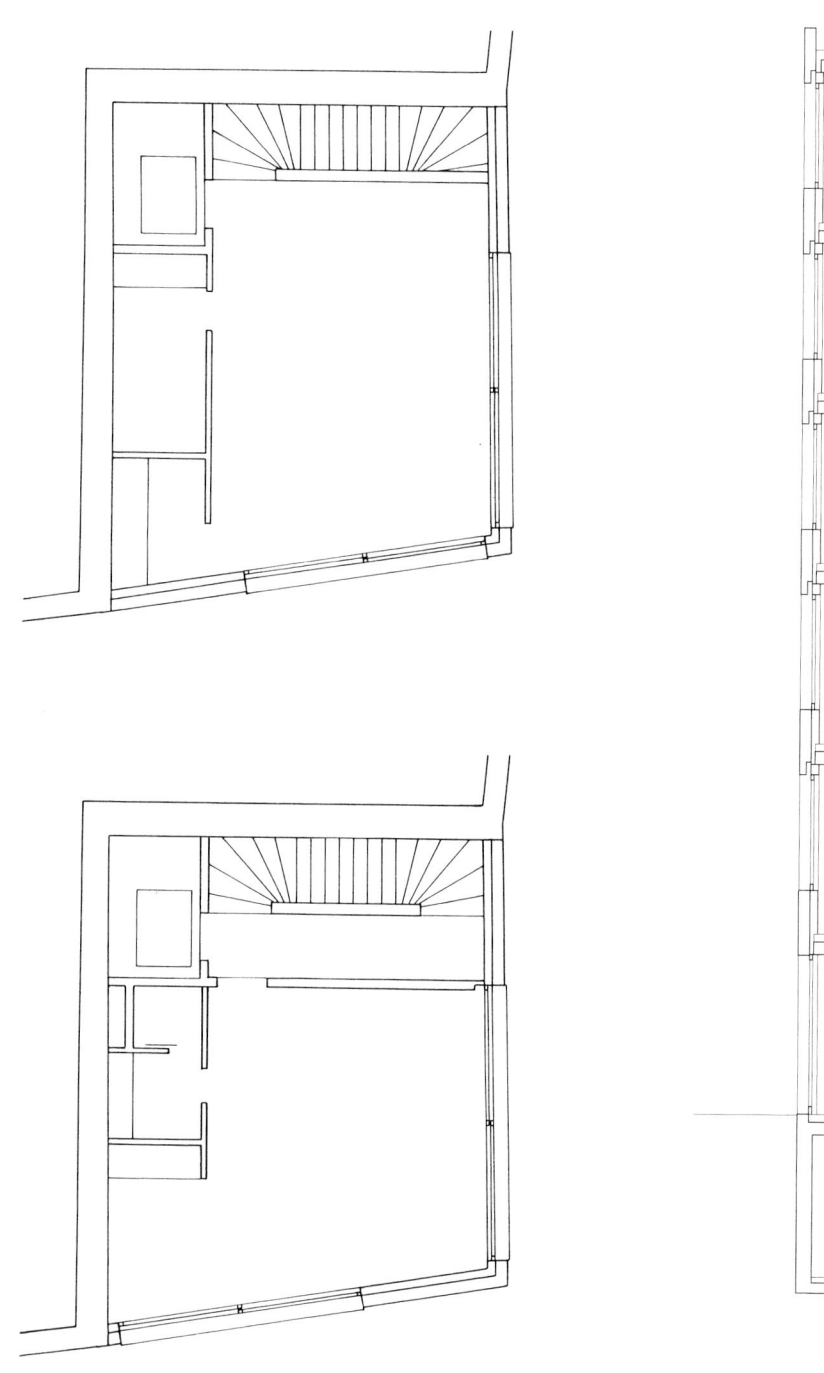

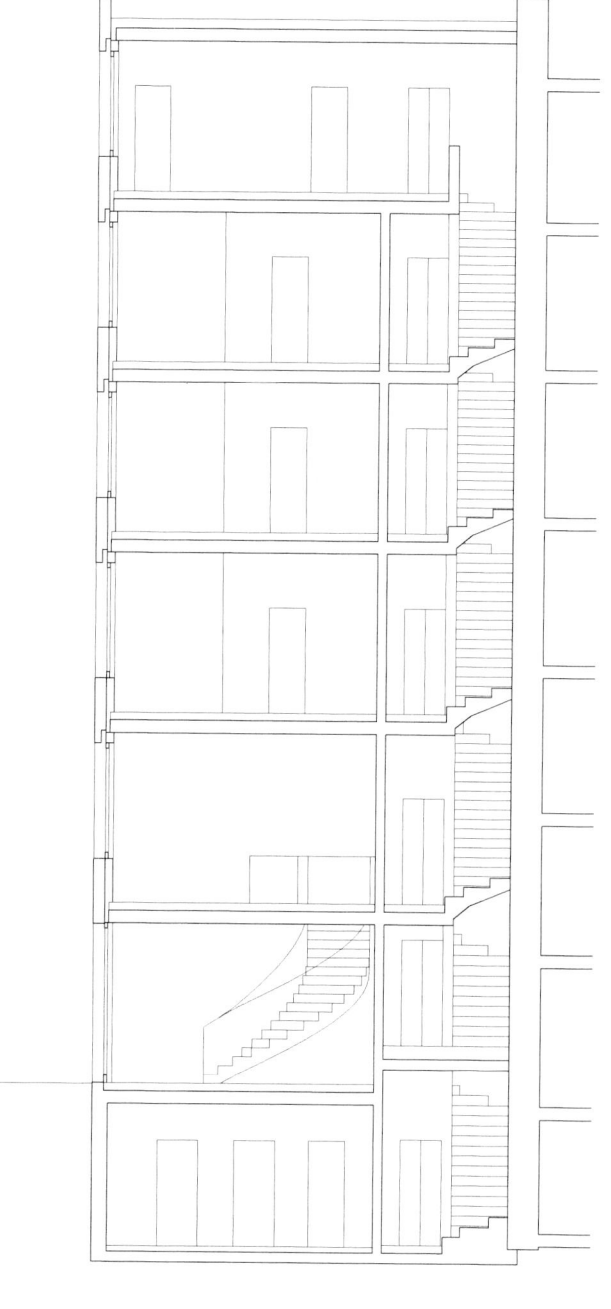

Grundrisse des Parterres (oben links), des 3. bis 5. Obergeschosses (unten links) und Schnitt aus Sicht des Kohlenbergs.

Plan du rez-de-chaussée (en haut, à gauche), du troisième au cinquième étages (en bas, à gauche), et section vue du Kohlenberg.

Floor plans of ground floor (top left), third to fifth floor (bottom left), and cross-section as seen from the Kohlenberg.

ist ein Symbol für die Dauer der Geschichte. Das neue Haus am Barfüsserplatz hat zwei Ladengeschosse, darüber Büroräume und unter dem flachen Dach ein Wohnstudio. Die Grundrisse sind durchdacht und die Räume äusserst hell. Die Ladenebenen hat man mit einer Wendeltreppe erschlossen.

Vom Barfüsserplatz aus gesehen, präsentiert sich die Fassade mit den verschobenen Fensterachsen wie eine Skulptur der Minimal-Art.

À partir de la Barfüsserplatz: la façade aux fenêtres redentées a l'apparence d'une sculpture minimaliste.

Seen from Barfüsserplatz, the façade with its stepped windows appears like a Minimalist sculpture.

Projekt
Bauvorhaben Storchen
am Alten Markt
Baslerstrasse 164 / 166
79539 Lörrach

Bauherr
Bauherrengemeinschaft Storchen:
Verlagshaus Oberbadisches Volksblatt, Dr. Jaumann
Sparkasse Lörrach
ÖVA Mannheim

Das Glashaus im Kern

À Lörrach, le quartier "Alter Markt" fut rénové, reconstruit et assaini entre 1993 et 1996 avec un budget d'environ quatre-vingt-dix millions de marks. L'innovation la plus frappante dans ce quartier fut la construction en verre et en acier, par les architectes Schaudt, d'un café et de l'entrée d'un cinéma. Ce bâtiment, bien que petit, changea malgré tout considérablement l'apparence et la structure de ce vieux quartier, un symbole d'ouverture et d'urbanisme.

The "Old Market" quarter in Lörrach received a 90-million-mark facelift between 1993 and 1996, which included renovation, new construction, and restructuring. The café and cinema foyer, a glass and steel construction by Schaudt architects, is the most striking upgrade to the area. The relatively small building stands in contrast to the parcelled layout of the old city, setting a standard of openness and urbanity.

Mit dem Kanton Basel-Stadt ist Lörrach im äussersten Südwesten Deutschlands heute der grösste politisch autonome Stadtteil des urbanen Gebildes am Oberrhein. Für das südliche Baden ist die Stadt ein mittleres Zentrum und ihr baulicher Charakter ist mehrheitlich kleinstädtisch. 1848 lag das Rathaus noch an der Unteren Wallbrunnstrasse und Gustav von Struve rief aus einem seiner Fenster die Deutsche Republik aus. Seit 1976 amtet die öffentliche Verwaltung Lörrachs in einem Hochhaus am nördlichen Rand der Innerstadt gleich neben dem Bahnhof.

Mit dem Entscheid für den Turmbau des Rathauses machte Lörrach 1965 einen Schritt der urbanistischen Öffnung. Und hinter dem geschichtsträchtigen Vorgängerbau des Rathauses kam das Quartier „Alter Markt" in den siebziger Jahren unter wachsenden Sanierungsdruck. Die nun einsetzenden Planungen, Diskussionen und Widerstände hatten das moderne Leben zum Ziel, wollten das Vertraute jedoch nicht aufgeben. Eine Quadratur des architektonischen Kreises, dem die Frischluft fehlte.

Als sich die Stadt Lörrach 1992 mit dem Schweizer Migros-Konzern und der städtischen Sparkasse zu einem eingeladenen Wettbewerb für den Bereich des „Alten Marktes" entschloss, ging es rasch voran. Man vergab zwei Preise. Der 1995 eingeweihte Migros-Markt von Meyer & Schmidlin (der ersten Filiale des Lebensmittel-Konzerns in Deutschland) wurde ein klarer Baukörper, der mit viel Glas und einem mächtig auskragenden Dach ein kompaktes, urbanes Zeichen in der kleinteiligen Altstadt setzte. Der weitere Preis ging an Schaudt Architekten, die in unmittelbarer Nachbarschaft an der Basler Strasse das traditionsreiche Haus „Zum Storchen" historisch rekonstruierten und ein Stück von „Alt Lörrach" neu bauten.

Doch mit dem Kinocafé „Alt Stazione" auf der gegenüberliegenden Seite der Rumpelgasse bekannten sich die Architekten auch mutig zur Zeitgenossenschaft. Die schlanke Glas- und Metallkonstruktion ist knapp vier Meter breit, über 20 Meter lang und rund 10 Meter hoch. Sie respektiert die Proportionen ihrer Umgebung und existierende Blickachsen. Der Bau schafft eine Disharmonie, nur dass sich seine ausgewogenen Proportionen so einsichtig präsentieren, dass ihre städtebaulichen Qualitäten nicht abstossen sondern anbinden. In der meist dreigeschossig bebauten Umgebung wirkt das transparente Haus abweisend und einladend zugleich. Abweisend und urban, weil es keine gestalterische Konkurrenz sucht, aus einem modularen Raster aufgebaut ist und das Selbstbewusstsein eines solitär stehenden Hauses hat. Einladend, weil es durch die durchgehende, gläserne Aussenhaut völlig transparent ist. Im Innern zeigt sich diese Offenheit durch die Einbeziehung der Brandmauer. Die Architekten haben ihre schmucklose Konstruktion direkt an den Nachbarbau angeschoben, die Brandmauer lediglich gestrichen und so die Atmosphäre eines permanenten Provisoriums erzeugt.

Die grosse Tiefe der Architektur ergibt sich aus der Doppelfunktion von Café und Kinofoyer. Hinter dem Gastronomiebereich liegt die Eingangspassage für drei abgesenkte Kinosäle, die teilweise auch als Theaterräume benutzbar sind: das Haus ist eine grosse funktionale Hülle. Mit der mächtigen Sandsteinfassade auf der gegenüberliegenden Strassenseite von 1904, die den Bürgerstolz der Zeit repräsentiert, rahmt das 1996 bezogene Glashaus fast genau dieses Jahrhundert. Gleich daneben hat Günter Pfeifer an der Basler Strasse ein Kaufhaus der Jahrhundertwende materialgerecht und nutzungsfreundlich

Architekt
Schaudt Architekten BDA
Hafenstrasse 10
78462 Konstanz

Tragwerksplanung
Ingenieurbüro Flösser, Bad Säckingen
Ingenieurbüro Öhler und Partner, Lörrach

Termine
Wettbewerb: November 1992
Planung: Dezember 1993
Baubeginn: August 1994
Fertigstellung: August 1996

Der Blick auf die Geschichte: Im obersten Geschoss des Glashauses an der Baslerstrasse in Lörrach sieht man das „Haus zum Schwanen" von 1904.

Perspective historique: vue de la maison Haus zum Schwanen (1904) de l'étage supérieur de la maison vitrée sur la Baslerstrasse à Lörrach.

A view into history: looking across at the Haus zum Schwanen (1904) from the top floor of the glass house on Baslerstrasse in Lörrach.

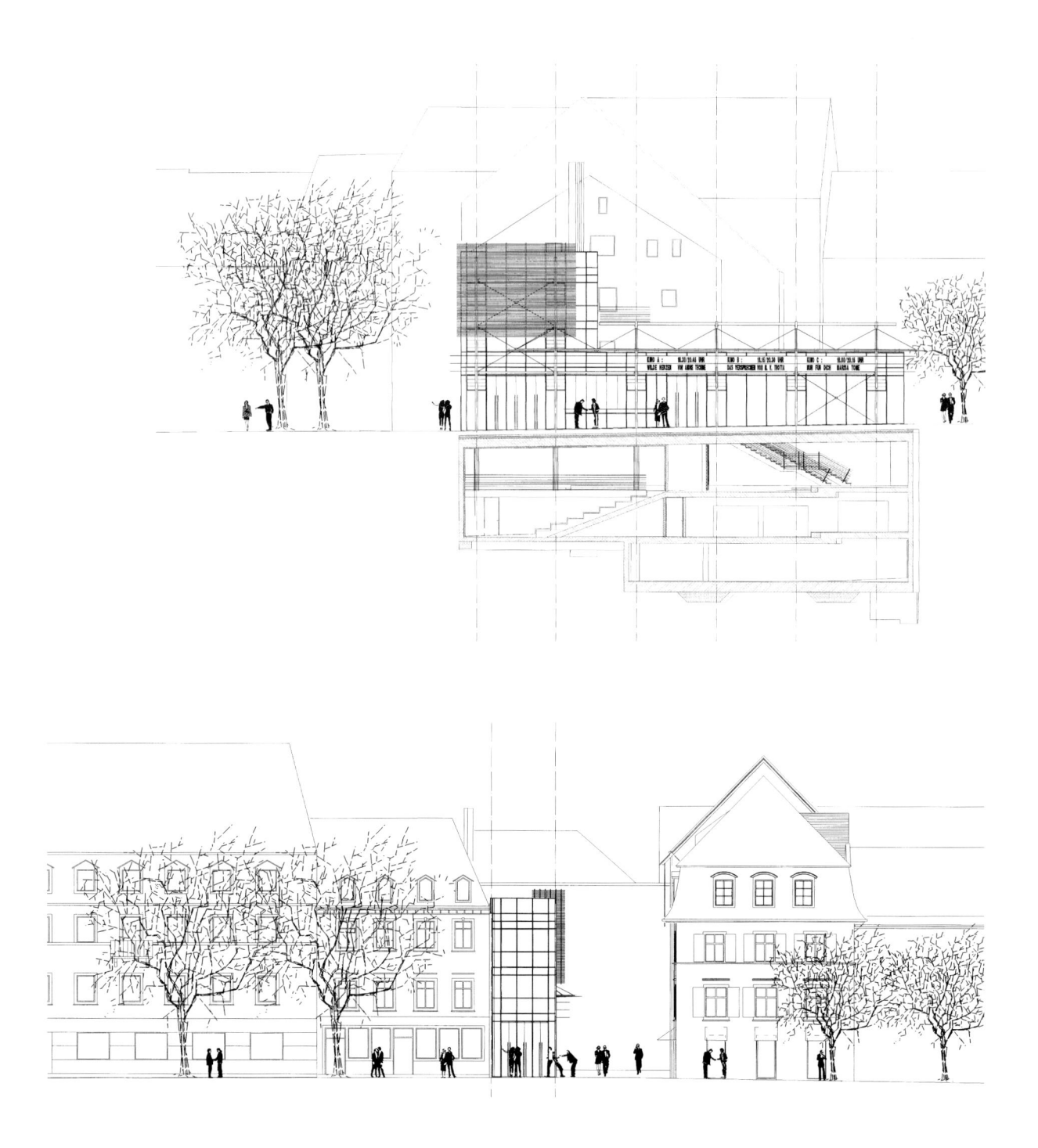

Das Kinocafé „Alt Stazione" an der Rumpelgasse im Schnitt (ganz oben) und die Fassadenansicht an der Baslerstrasse.

Section du cinéma-café Alt Stazione sur la Rumpelgasse (en haut) et la façade sur la Baslerstrasse.

Cross-section of the Alt-Stazione cinema café on Rumpelgasse (top) and view of façade on Baslerstrasse.

zur Stadtbibliothek umgebaut. In der Eingangspartie hat er zwischen Ausleihe und Lesebereich eine Ellipse aus schwarzem Metall eingebaut, die visuell und akustisch trennt, aber durch begehbare Passagen verbindet. In unmittelbarer Nachbarschaft entsteht gerade das neue Stadthaus von Wilfrid und Katharina Steib (Ausblick, Nr.40). Zum Beyeler-Museum von Renzo Piano (Kultur, Nr.39) ist es von hier ein Spaziergang.

Das Glashaus im Kern.

La maison vitrée au centre de la ville.

The glass house in the town centre.

Wohnen, Arbeiten & Glauben

Blick auf die Ebene
44 Günter Pfeifer

Eine bescheidene Kiste
48 Morger & Degelo

„Neues Bauen", nur besser
52 Michael Alder

Unter dem Philosophenweg
58 Michael Alder

Das Dorf in der Stadt
64 Wilhelm + Partner

Am Ufer des Rheins
68 Wilfrid und Katharina Steib

Die Brauerei wird zum Quartier
72 Diener & Diener

Glauben als abstraktes Zeichen
78 Urs Gramelsbacher

Projekt
Haus Lorenz, Lörrach

Bauherr
Herbert Lorenz
Säckinger Strasse 26
79540 Lörrach

Blick auf die Ebene

Sur le Dinkelberg à Lörrach, Günter Pfeifer réalisa une maison pour un docteur et sa famille. La maison bénéficie d'une orientation vers le soleil et donne, à travers un terrain plat, sur une vue spectaculaire du bord du Rhin supérieur. Les deux parties de l'ensemble ont des toits à une seule pente et sont composées de géométries euclidiennes avec des volumes cubiques légers et précis. Le béton est sans peinture et l'enduit blanchi. Les surfaces de bois extérieures sont en mélèze et en chêne, les surfaces intérieures sont en érable. Un mur étonnant, long de dix-huit mètres, sépare la maison de la propriété voisine.

Günter Pfeifer and associates have built a new family home for a doctor on the Dinkelberg in Lörrach. It is optimally orientated towards the sun and offers a spectacular view across the plain on the Upper Rhine. The two sections of the building have monopitch roofs and are composed of Euclidean geometries; the proportions are light and clean. The concrete is untreated, the plaster whitewashed. The wood materials are larch and oak on the outside and maple on the inside. An eye-catching, 18-metre-long wall separates the house from the neighbouring property.

Der Blick ist weit. Denn das Grundstück am Hang des Dinkelbergs in Lörrach liegt nach Süden und Südosten. Man steht in Deutschland und schaut nach Frankreich und der Schweiz. Günter Pfeifer hat mit seinem Partner Roland Mayer hier das Wohnhaus für einen Arzt errichtet. Neben dem Raumbedarf der 4-köpfigen Familie musste eine künftige Praxis berücksichtigt werden. Man tat dies in Form von zwei funktional getrennten Baukörpern, die in Südost-Nordwest-Richtung in den Hang gelegt wurden. An der Bergseite (die auch Strassenseite ist) plazierte man die Nutzungsräume und ein Gästeappartement. Das parallel liegende Wohnhaus, welches man über einen rechteckigen, offenen Innenhof erreicht, steht in unverbauter Lage und liegt optimal zum Stand der Sonne.

Die Architekten bauten die Wohnanlage innen und aussen auf euklidischen Geometrien auf. Die mit Pultdächern abgeschlossenen Hausriegel haben klare, schlanke Kubaturen. Eine Entscheidung, die auch bei der Organisation der Innenräume fortgesetzt wurde.

Monumentales architektonisches Zeichen des Hauses ist eine 18 Meter lange Mauer. Sie schliesst das gebaute Volumen nach Nordwesten ab, ist durch eine eingepasste Lamellenwand lichtdurchlässig und wird so in ihrer Hermetik aufgebrochen. Die freistehende Wand schafft entlang den Gebäuden den Durchgang für eine Person. Die Konstruktion aus Sichtbeton reicht hier im ersten Stock bis auf Brüstungshöhe. So ist ein weiterer Weg auf Eichenbohlen entstanden, der jenen des Erdgeschosses deckt und in eine Art Laubengang verwandelt. In der Höhe des Innenhofes wurden diese Passagen zu offenen Terrassen verbreitert: im Parterre gedeckt, darüber zum Himmel offen.

Der Eingang ist eine schlitzartige Passage, die den ersten Riegel durchschneidet und in direkter Linie zum Wohntrakt führt. Ein Flur mit rhythmisch durchbrochener Wand zur Talseite erschliesst den Wohnbereich, der vom Esszimmer über eine Treppe erreichbar ist. Hier bündelten die Architekten die Zugänge. Auf beiden Seiten ist dieser Bereich bodenlang verglast.

Formal arbeiteten Pfeifer und Mayer, die während der Realisierungszeit des Wohnhauses (1989-92) auch die Vitra-Bauten von Tadao Ando, Zaha M. Hadid und Alvaro Siza betreuten, mit einer Ästhetik des Konkreten. Die Wände aus Sichtbeton oder weissgetünchtem Putz reagieren inzwischen schon sichtbar auf den Lauf der Jahreszeiten. Besonders die Hölzer im Aussenraum (Lärche und Eiche) zeigen ihre Vergänglichkeit. Das Parkett aus Ahorn schafft im Innern hingegen eine Stimmung eleganter Solidität.

Von Aussen wirkt das Ensemble schlicht. Auf der Talseite, wo dem Terrassengang vor den Zimmern des Obergeschosses Holzlamellen vorgeblendet wurden, hat die Witterung schon derart gewirkt, dass für Augenblicke fast der Eindruck von nordamerikanischer Siedlerarchitektur entsteht.

Architekt
Günter Pfeifer
Freier Architekt BDA/DWB
Industriestrasse 2
79541 Lörrach

in Partnerschaft mit Roland Mayer
(Pfeifer & Ass., 1989-1993)

Sonderfachleute
Statik: Greschik + Falk, Lörrach / Berlin
HS: Ing.-Büro Behringer, Todtnau
Elektro: R. Tscheulin, Zell i. W.

Termine
Fertigstellung 1992

Die Fassade nach Südwesten ermöglicht einen Panoramablick auf die Ebene am Oberrhein. Die Mauer links ist 18 Meter lang.

La façade sud-ouest donne une vue panoramique du terrain plat au bord du Rhin supérieur. Le mur à gauche est d'une longueur de 18 mètres.

The south-west façade offers a panoramic view of the plain on the Upper Rhine. The wall to the left is 18 metres long.

Axonometrie und Grundriss des Erdgeschosses.

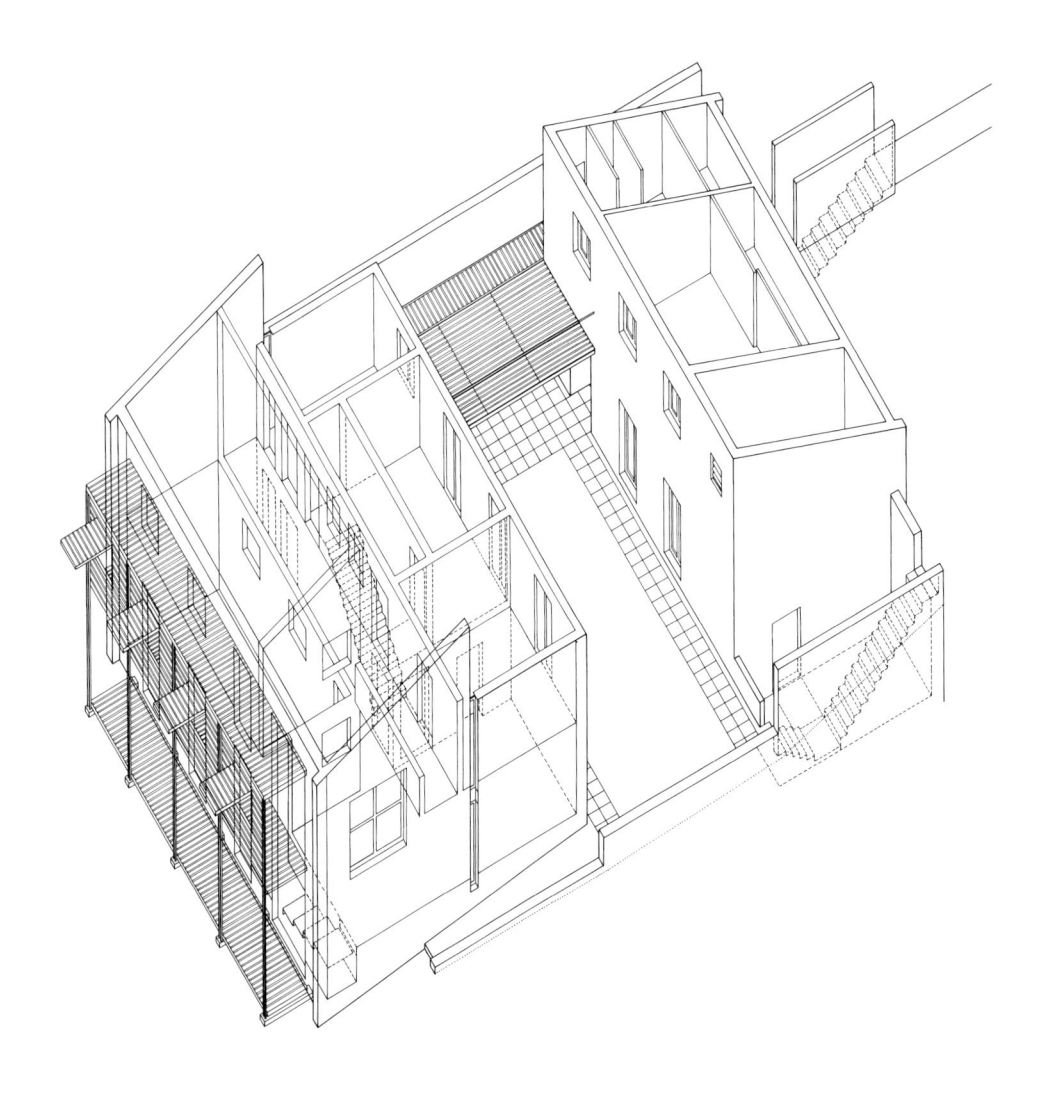

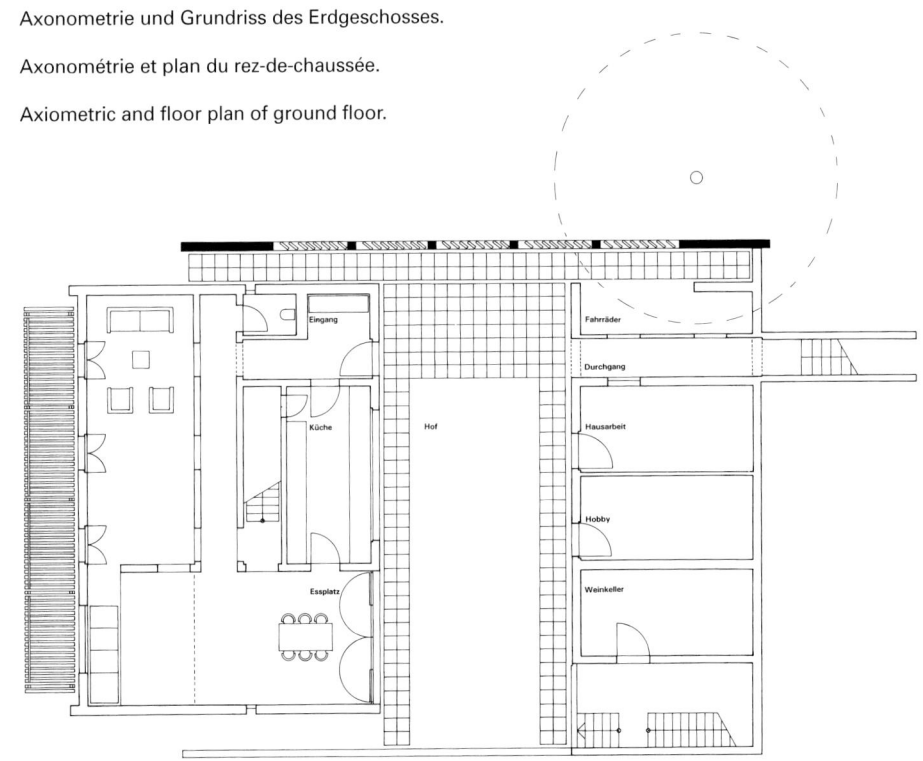

Axonométrie et plan du rez-de-chaussée.

Axiometric and floor plan of ground floor.

Blick von Nordosten auf die zweiflüglige Anlage und den Innenhof.

Vue nord-est de la construction en deux parties et de la cour.

View from the north-east of the two-wing construction and the courtyard.

Projekt
Haus am Lehmenweg
4143 Dornach

Bauherr
A. + Ch. Nadolny

Eine bescheidene Kiste

À Dornach au sud de la région métropolitaine de Bâle, les architectes Morger & Degelo construisirent une maison unifamiliale. Non loin du fameux Goetheanum de Rudolf Steiner, ils réalisèrent une architecture réfléchie, à laquelle la façade en cèdre du côté nord donne l'aspect d'une boîte. Les murs à claire-voie vers le sud, l'est et l'ouest, ouvrent la construction en bois vers le paysage et la lumière. Au rez-de-chaussée, un sol en ardoise sépare visuellement et physiquement les pièces communes de la zone privée du premier étage revêtue de parquet.

In Dornach on the southern edge of the Basle metropolitan area, architects Morger & Degelo have built a single-family home. Within walking distance of Rudolf Steiner's famous Goetheanum, theirs is a sober architecture: the unbroken cedar façade to the north gives the house a box-like appearance. Generously proportioned windows to the south, east, and west open the complex wood construction to landscape and light. Parquet flooring, used upstairs in the private areas of the house, contrasts both in texture and visually with the slate floor of the communal spaces on the ground floor.

Das Haus ist eine Kiste. Allerdings eine, die von der Hand eines erfahrenen Schreiners für eine paar kostbare Havanna-Zigarren gezimmert wurde. Das Wohnhaus für ein kinderloses Ehepaar in Dornach, am südlichen Ende des Stadtraumes am Oberrhein, liegt in ansteigender Hanglage. Das Grundstück erhebt sich über der Gabelung von Lehmen- und Schlossweg mit einer Terasse, und der Blick, den man bei klarem Himmel des Tags wie des Nachts haben kann, ist ungewöhnlich.

Die rund 200 Quadratmeter Wohnfläche haben die Architekten Morger & Degelo auf zwei Stockwerken untergebracht. Im Parterre ist alles offen, und keine geschlossene oder abschliessbare Wand hindert den Erkundungsblick. Im Obergeschoss liegt der Privatbereich. Auf dem Betonfundament, dessen Grundfläche zur Hälfte unterkellert ist, entstand eine raffinierte Holzkonstruktion aus verleimten, massiven Bodenplatten, aus Stützelementen und horizontalen, statischen Trägern. Die Tatsache, dass sich das Haus quasi durch seine Aussenhaut, durch seine Geschossdecke und sein Dach selbst trägt, schuf grosse Freiheit bei der Innenraumgestaltung, bei der Plazierung der Fenster ebenso wie bei den Türen oder der Gesamtform.

Der mit Zedernholz verkleidete Kubus, der nur wenige hundert Meter Luftlinie vom Goetheanum Rudolf Steiners entfernt liegt, wirkt von Norden wie ein rhythmisiertes Brett. Der Hauseingang, der auf dieser Seite des Hauses liegt, ist bündig in die Fassade eingelassen und hat kein Schutzdach. Einzige Öffnung ist der Schlitz des Panoramafensters in der Küche. Sonst ist die Wand völlig geschlossen. Würde das Dach nicht ein wenig vorkragen, könnte man diese Seite für eine Kulisse in einem Filmstudio halten.

Das Haus öffnet sich nach Süden mit einer Glasfront im Parterre und mit grossen Fenstern im Obergeschoss sowie nach Westen und Osten mit funktionalen und sinnlichen Aussichtspartien. Die Lösung, die die Architekten auf der Restparzelle eines existierenden Einfamilienhauses fanden, überzeugt auf den ersten Blick. Das Haus geht zur Nachbarschaft auf lustbetonte Distanz (das ist legitim). Es öffnet sich der Natur und dem Licht (das ist benutzerfreundlich). Und es wirkt grosszügig ohne die Spur der Verschwendung (das ist ökonomisch und sinnlich). Der Boden im Parterre ist aus Schiefer, der Rest aus Parkett.

Interessant ist die Konstruktion der Fensterpartien. Die Isolierverglasung hat die Stärke der Zedernbretter und ist bündig in die Ebene der Fassade gelegt. Öffnen lassen sich die Glaspartien mit Fenstern in nachtblauen Holzrahmen, die im Parterre auch eine tragende Funktion haben. Sie gliedern die Fassade zudem mit skulpturaler Finesse.

Morphologisch orientiert sich der Bau an der einfachen Holzarchitektur, die es in Oberdornach bei bäurischer Architektur (etwa Ställe und Speicher) noch gibt. Aber schaut man auf den Grundriss, so haben die Architekten das Haus aus zwei rechten Winkeln konstruiert, die sie so ineinander geschoben haben, dass sich ein kaum wahrnehmbares Trapez ergibt. Subtiler - und zeitgenössischer - kann man den Impuls der geometrisierten Organik, wie sie Rudolf Steiner vorschwebte, kaum umsetzen. 68 Jahre nach seiner Eröffnung antwortet dem mächtigen Goetheanum eine bescheidene Kiste.

Architekt
Morger & Degelo
Architekten BSA/SIA
Spitalstrasse 8
4056 Basel
Mitarbeit: Nadja Keller

Sonderfachleute
SKS Ingenieure, Zürich

Termine
1995 - 1996

Vom Eckfenster der Ostfassade blickt man in die offene Situation des Parterres.

À partir de la fenêtre au coin de la façade est, on constate l'aspect ouvert du bâtiment.

From the corner window on the east façade one can see the open character of the building.

Die Fassade im Süden mit der Glasfront im Parterre.

Façade sud avec face vitrée au rez-de-chaussée.

South façade with glass front on ground floor.

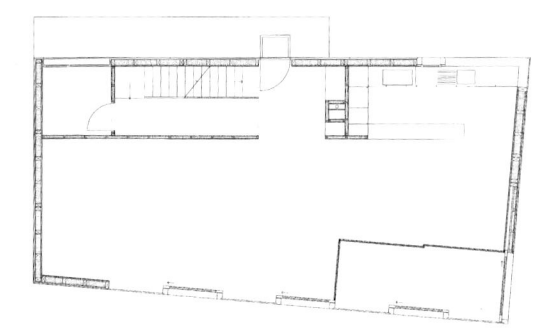

Die Küche im Parterre ist übereck verglast. Das Gewächshaus (hinten links) stand bereits auf der Parzelle.

La cuisine au rez-de-chaussée est complètement vitrée de ce côté. La serre en arrière-plan était déjà sur place.

The kitchen on the ground floor is fully glazed on this corner. The greenhouse in the background was already on site.

Das Erdgeschoss (links) und das Obergeschoss (rechts) im Grundriss.

Plan du rez-de-chaussée (à gauche) et du premier étage (à droite).

Floor plans of ground floor (left) and first floor (right).

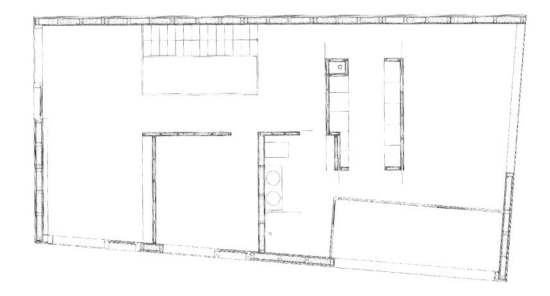

8

Projekt
Wohnüberbauung „Vogelbach"
Friedhofweg 30 - 80
4125 Riehen

Bauherrschaften
Wohngenossenschaften HERA + Kettenacker
Friedhofweg
4125 Riehen

„Neues Bauen", nur besser

Près de la frontière allemande, Michael Alder a construit un complexe d'habitation coopérative à Riehen. Pendant la période baroque, cette banlieue de Bâle se caractérisait par des résidences d'été bourgeoises, certaines avec des jardins rappelant ceux de châteaux. Depuis 1920, la construction dans ce quartier devint de nature coopérative. Paul Artaria et Hans Schmidt, deux pionniers de l'Architecture Nouvelle, y ont laissé leur empreinte. Michael Alder continua cette tradition. L'architecte groupa différents volumes cubiques autour de cours intérieures. Les balcons, les terrasses, et tous les autres espaces extérieurs du complexe bénéficièrent d'une orientation méridionale et ensoleillée. Le design d'Alder est délibérément urbain, contrastant avec l'ensemble voisin créé par Hans Schmidt après guerre, dont le caractère est beaucoup plus champêtre.

Close to the German border, Michael Alder has designed the Vogelbach co-operative housing development in Riehen. In the Baroque period, this suburb of Basle was the home of bourgeois summer residences, some with formal, park-like gardens. Since the 1920s, the suburb has been the site of many co-operative building projects. Paul Artaria and Hans Schmidt, two pioneers of the New Architecture, have left their mark. Michael Alder continues the tradition. The architect has grouped the differentiated cubical volumes of the new development around courtyards. Balconies, patios, and all other outdoor spaces of the complex face south and benefit from optimal sunshine. Alder's design is deliberately urban in contrast to the neighbouring - and more rural - ensemble by Hans Schmidt, a development built in the post-war period.

„Sagen, was man denkt, und tun, was man sagt" ist Michael Alders Devise. Da sich der Architekt für soziale Anliegen engagiert, sind der genossenschaftlich organisierte Wohnungsbau oder ein Stadion für einen traditionellen Arbeiter-Sportclub (in dem es heute auch Tennisplätze gibt) in den letzten Jahren die markantesten Arbeiten von Michael Alder gewesen. Seit 1995 heisst das Büro „Ateliergemeinschaft".

In Riehen, wo das Basler Patriziat und später das Grossbürgertum in den letzten Jahrhunderten grosse Sommersitze mit Parks baute oder schlossähnliche Anlagen auch ganzjährig bewohnte, gibt es aus diesem Jahrhundert auch umfangreichen sozialen (genossenschaftlichen) Wohnungsbau. Die erste Siedlung dieser Art entstand in den zwanziger Jahren nach Plänen von Jean Mory („Niederholz", 1923). Dann bauten Paul Artaria und Hans Schmidt („In den Habermatten", 1924-26), wobei der Bruder des Kunstmuseumsdirektors Georg Schmidt noch in der Nachkriegszeit in Riehen tätig war („ARBA", 1945-47). In dieser Tradition steht Michael Alder, und in der Siedlung Vogelbach sieht man dies auch gleich. Der lange, gedeckte Verbindungsgang, der parallel zur Strasse durch die 200 Meter lange Anlage läuft ist mit einer eigens gestalteten Lampe beleuchtet. Sie könnte aus Hannes Meyers vielpubliziertem Coop-Interieur (1924) stammen.

Die ganze Siedlung mit ihren 42 Wohneinheiten (Geschosswohnungen, Maisonettes und Studios) atmet mit formaler Askese, klaren Kubaturen, grosszügigen Fenstern und flexibel nutzbaren Grundrissen ganz den Geist, dem das Dessauer Bauhaus (1925-32) seine kulturhistorische Einzigartigkeit verdankt.

Alder konnte mit seiner flachgedeckten, spiegelachsialen Anlage (die Wohnungen gehören zwei Genossenschaften) das realisieren, was Hans Schmidt mit der Siedlung ARBA vielleicht auch gerne gemacht hätte. Diese beginnt genau auf der anderen Strassenseite und verläuft parallel zum Riehener Friedhof. Ihr Ende berührt fast die Grenze mit Deutschland. Schmidt hatte sein freistehendes Häuserensemble (der erste Auftrag nach seiner Rückkehr aus der Sowjetunion) mit sanft geneigten Satteldächern versehen, so wie alle radikalen Pioniere aus den zwanziger Jahren im biederen Geist der europäischen Nachkriegszeit bauen mussten.

Diese Rücksichten fielen bei Michael Alder nun weg. Obwohl das Grundstück von viel Grün in Form von Wiesen, Feldern und einem kleinen Park umgeben ist, hat er den dreigeschossigen Baukörper urban verdichtet, mit grossen Innenhöfen funktionale Erholungsräume für die Bewohner geschaffen und den Hauptriegel mit seiner Südlage optimal besonnt. Am Friedhofweg, der Zufahrtsstrasse, deren leichte Krümmung der ganze Komplex in seiner Längsachse aufnimmt, glaubt man sich in die zwanziger Jahre nach Rotterdam, Frankfurt/Main, Breslau, Berlin, Stuttgart oder Karlsruhe zurückversetzt, wo die grossen Siedlungen des „Wohnens für das Existenzminimum" entstanden sind. Alders Komposition der Aussenräume (die erdgeschossige Laubenerschliessung, der rhythmische Wechsel von engen und weiten Höfen und das Schliessen der Innenhöfe mit Veranden) ist effizient und sinnlich zugleich. In der räumlichen Konzeption werden auch die gedeckten Velo-"Parkplätze" hofbildend eingesetzt. Für den zentralen Innenhof hat Guido Nussbaum einen grossen Brunnen geschaffen. Die grossen

Architekt
Michael Alder Architekt BSA & Partner
St. Alban - Vorstadt 24
4052 Basel
Partner: Roland Naegelin, Architekt HTL

Bauingenieur
Walther Mory Maier
Bauingenieure AG, Basel

Landschaftsarchitekt
Dieter Kienast, Zürich

In dieser formalen und freundlichen Atmosphäre muss sich 1927 die Weissenhofsiedlung in Stuttgart präsentiert haben: Die Wohnüberbauung „Vogelbach" zu Beginn der 1990er Jahre.

L'atmosphère accueillante bien que formelle fait penser au lotissement Weissenhofsiedlung à Stuttgart en 1927: ici, le lotissement Vogelbach en 1992.

This formal yet friendly atmosphere is reminiscent of the Weissenhofsiedlung in Stuttgart in 1927: here, the Vogelbach development in 1992.

Termine
Wettbewerb: Herbst 1989
Baubeginn: Frühjahr 1991
Bezug: Herbst 1992

Nutzungen
18 4-Zimmer-Geschosswohnungen
14 5-Zimmer-Maisonettes (3 - geschossig)
2 3-Zimmer-Maisonettes (2 - geschossig)
2 2-Zimmerwohnungen
4 1-Zimmer-Studios

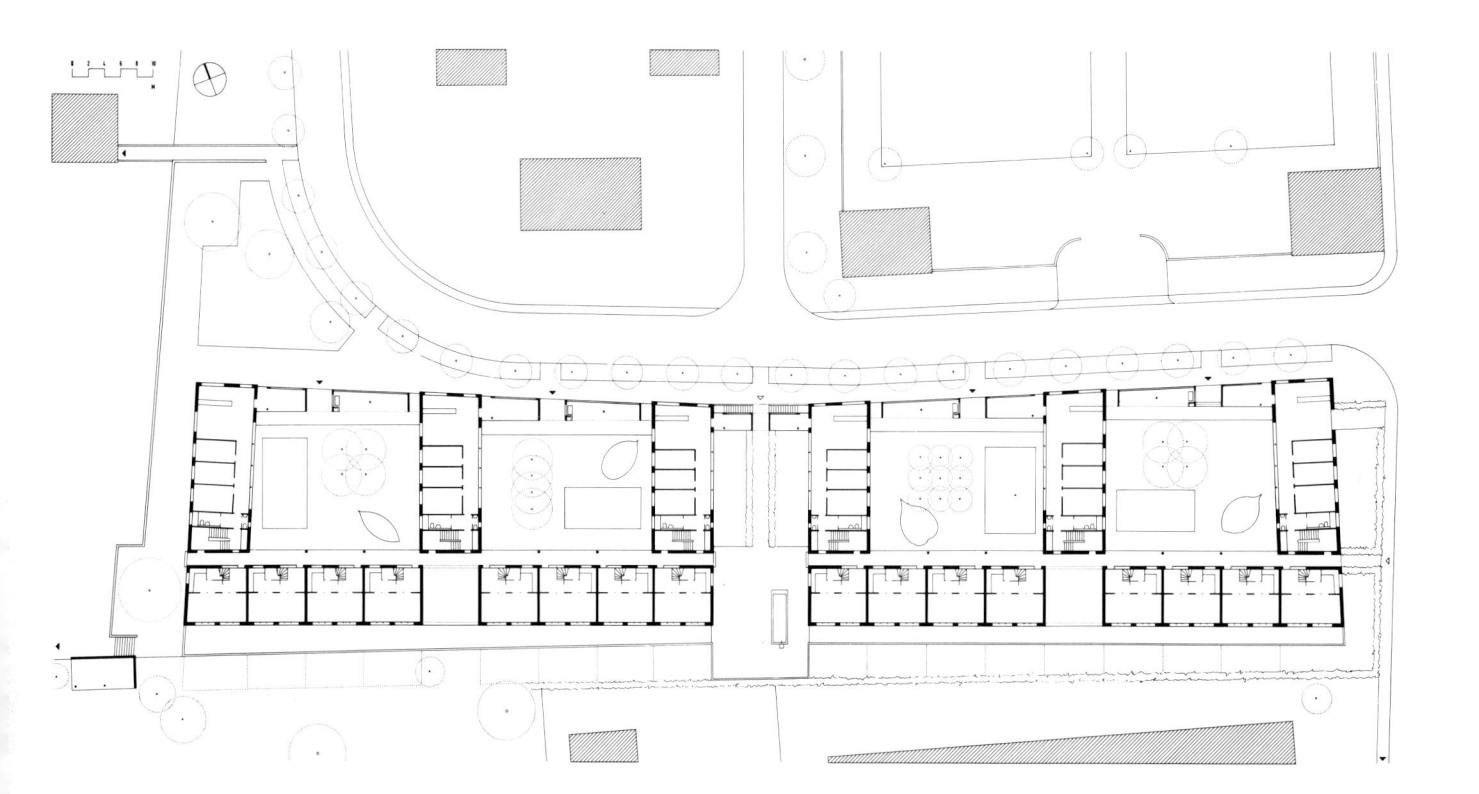

Balkone sind mit flachen Fensterbändern verglast. An den Schnittstellen von Wohnung und Aussenraum haben die Bewohner einen gedeckten Freiluftkorridor: durch eine portalhohe Öffnung ist hier ein Eingang entstanden. Auch diese Veranden sind mit einer Südlage optimal besonnt. Und die Bewohner können in wenigen Minuten zum Beyeler-Museum von Renzo Piano (Kultur, Nr.39) laufen.

Grundriss der 200 Meter langen Anlage mit den fünf Innenhöfen.

Plan du développement de 200 mètres de longueur avec cinq cours.

Floor plan of the 200-metre-long development with five courtyards.

Ein Innenhof mit den zur Strasse verglasten, zur Hofseite offenen Veranden.

Une des cours: les terrasses sont vitrées du côté de la rue et ouvertes vers la cour.

View of one courtyard: the patios are glazed towards the street and open onto the courtyard.

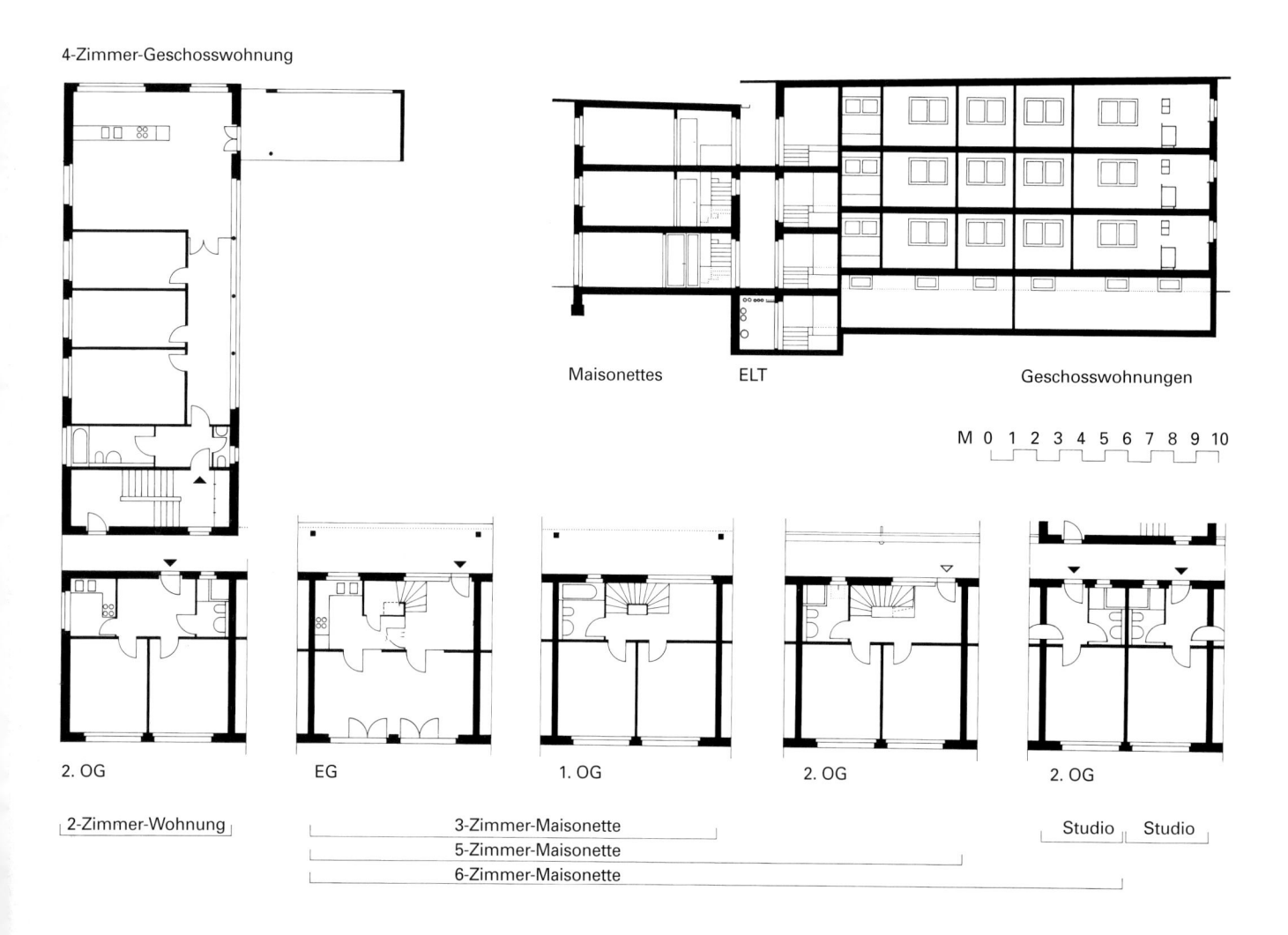

4-Zimmer-Geschosswohnung

Maisonettes   ELT   Geschosswohnungen

M 0 1 2 3 4 5 6 7 8 9 10

| 2. OG | EG | 1. OG | 2. OG | 2. OG |

2-Zimmer-Wohnung

3-Zimmer-Maisonette
5-Zimmer-Maisonette
6-Zimmer-Maisonette

Studio   Studio

Süd-Nord-Schnitt (oben) und Grundrisse der Etagen- und Maisonettewohnungen (links oben und unten).

Section nord-sud (en haut) et plans d'appartements sur un niveau et sur plusieurs niveaux (en haut, à gauche et en bas).

North-south section (top) and floor plans of single and multi-level apartments (top left and bottom).

Der zentrale Innenhof führt zum Brunnentrog (nicht sichtbar).

La cour centrale mène au bassin de fontaine (hors champ).

The central courtyard leads to the well-basin (not visible in image).

Projekt
Wohnüberbauung Luzernerring
Bungestrasse 10 -28
4055 Basel

Bauherrschaften
Bungestrasse 10 -18
Pensionskasse des Basler Staatspersonals, Basel
Bungestrasse 20 -28
Neue Wohnbaugenossenschaft Basel

Unter dem Philosophenweg

Entre Luzernerring et Bungestrasse, Michael Alder construisit un bâtiment de cinq étages, long de 200 mètres. Chacun des cent appartements a 20 m² d'espace extérieur (balcons, terrasses, petits jardins), donnant à chaque pièce un accès à l'extérieur. Les six cubes et les appartements qu'ils contiennent sont placés en rangées (et non symétriquement autour d'une partie centrale) et bénéficient de meilleures conditions d'ensoleillement. Le rez-de-chaussée et la cour contiennent les services communautaires (tables et chaises, des porte-bicyclettes, et une cuisine par unité appartement). Le long du toit allongé, l'architecte a dessiné un chemin légèrement en pente, une sorte de promenade du philosophe avec une belle vue sur le vieux Bâle et sur le paysage au bord du Rhin supérieur.

Between Luzernerring and Bungestrasse, Michael Alder has designed a 200-metre-long, five-storey building. The 100 apartments each have 20 square metres of outdoor space (balconies, patios, small gardens), providing access to the outside for every room. Since the six cubages and their apartments are set in rows (and not arranged around a central core), the entire complex benefits from optimal sun and light conditions. The ground floor and the courtyard house the communal facilities (tables and chairs, bicycle stands, one kitchen for each apartment unit). On the long roof the architect has created a gently rising path: a kind of philosopher's walk with a beautiful view of Basle's Old City and the landscape of the Upper Rhine.

Michael Alder hat sich intensiv mit einem Topographieplan von Basel beschäftigt: den Gebäudehöhen, dem Verlauf des Bodens oder den Blickachsen in der und auf die Stadt oder auf die Landschaft. Bei der Wohnüberbauung am „Luzernerring", genauer, zwischen dem „Ring" und der Bungestrasse, wurde diese Arbeit fruchtbar. Das von Südwesten nach Nordosten um drei Meter abfallende Terrain erhielt von Alder ein grosses Häuserensemble mit 100 Wohnungen. Auf dem Dach kann man in ganzer Länge über eine Kaskadentreppe und einen Weg im sechsten Stock flanieren. Am höchsten Punkt hat man eine Rundsicht auf die Stadt, den Jura, das Elsass und den Schwarzwald. Dies ist das eine.

Das andere ist sozialer Wohnungsbau von durchdachter, sorgfältiger und grosszügiger Qualität. Der Baukörper ist eine Einheit und ist dennoch zweiteilig (es gibt zwei Bauherrschaften). In seiner Mitte führt eine Strasse durch ein Tor. Auf der Seite der sonnenintensiven Bungestrasse liegen je eine Terrasse und ein Balkon pro Wohneinheit (im Parterre ein kleiner Garten). Auf der Rückseite, zur Wohnstrasse von Ernst Spycher, hat Alder seine Recherchen im Handwerker- und Arbeiterquartier des rechtsrheinischen Kleinbasel eingebracht. In den gereihten „Innenhöfen", die den entsprechend plazierten Wohnhäusern zugeordnet sind, gibt es ein Velodach, welches an der Kante des Grundstücks in Form einer Laube plaziert. ist. Es gibt einen Abstellraum, einen Obstbaum pro Haus sowie einen Sandkasten und eine Schaukel. „Man kann das als spiessig bezeichnen", sagt Alder, „aber das sind die Gewohnheiten der Menschen, die wir berücksichtigen, basta!".

Die Benutzerfreundlichkeit setzt sich auch im Eingangsbereich der „Wohnanlage Bungestrasse" fort. Jede Wohnung hat hier neben dem Briefkasten einen kleinen Aufbewahrungsschrank als persönliches Depot an der Schnittstelle von Innen und Aussen. Von hier führt je eine Treppe und ein Lift nach oben. Im Erdgeschoss öffnet sich zudem ein Gemeinschaftsraum zum Hof, der mit einer Küche, Tischen und Stühlen ausgestattet ist. Ein gemeinschaftliches Freizeitleben ist so jederzeit möglich.

Die Grundrisse sind alle gleich strukturiert, nicht spiegelachsial oder in einer Drehung um den Kern gelegt, sondern gereiht. Diese serielle Anordnung führt zu gleicher Besonnung aller Aussenräume, die mit insgesamt 20 Quadratmetern pro Wohnung üppig ausfielen. Auf der Hofseite der nach Nordwesten orientierten Anlage führen diese über die gesamte Geschossbreite. Die Fenster sind hier Türen, und schiebbare Läden mit Lamellen bieten Licht- und Sonnenschutz. Auf der Strassenseite gibt es eine wintergartenähnliche Veranda für Küche, Ess- und Wohnbereich. Der Balkon des Badezimmers liegt genau gegenüber, wodurch eine geschlossene und private „vis à vis-Situation" entsteht. Von jedem Raum der Wohnung kann man auf einen der Balkone gelangen. Eine Idee, die Tadao Ando auch beim Konferenzzentrum der Firma Vitra in Weil am Rhein realisiert hat.

Bei aller planerischen Finesse (man unterschritt den Kostenvoranschlag um 10 Prozent) kam das gestalterische Element bei der grossen Kubatur nicht zu kurz. Für die Promenade auf dem Dach verweist Alder auf die Bilder Giorgio de Chiricos in der Zeit seiner „Pittura Metafisica": auf grosse, leere, offene und einladende Räume. Für

Architekt
Michael Alder Architekt BSA & Partner
St. Alban - Vorstadt 24
4052 Basel
Partner: Hanspeter Müller, Architekt BSA

Bauingenieur
Schmitt + Partner, Bauingenieure AG, Basel

Termine
Wettbewerb: Herbst 1989
Baubeginn: Herbst 1991
Bezug: Sommer 1993

15 Meter über dem Boden und über die gesamte Länge der „Wohnüberbauung Luzernerring": Der Philosophenweg auf dem Dach.

Située 15 mètres au-dessus de terre et le long du lotissement Luzernerring: la promenade du philosophe sur le toit.

Located 15 metres above ground and running the full length of the Luzernerring development: the philosopher's walk on the rooftop.

Nutzungen
36 4½-Zimmerwohnungen
36 3½-Zimmerwohnungen
19 4-Zimmerwohnungen
 7 Loft's

seine Freitreppe weist er auf Alberto Liberias Lösung für die „Casa Malaparte" auf Capri. Da das Grundstück die sanfte Biegung eines Kreises aufweist, haben die Architekten das lange Haus tangentiell zur Kante gelegt. Für den genauen Blick ergibt sich so ein rhythmische Verschiebung der gebauten Masse. Die Höhendifferenzen des Grundstücks werden kaum wahrnehmbar durch kleine Treppen in den Erschliessungstürmen überbrückt.

Auf dem Dach ist die Mauer der Fassade auf eine Höhe verlängert worden, die auch grossgewachsenen Menschen nie das Gefühl von Unsicherheit oder Schwindel vermittelt. Alders Ziel, hier ein Gehen wie im Erdgeschoss zu ermöglichen, ist erreicht. An der Grenze zu Frankreich ist rund 15 Meter über dem Boden ein kleiner Philosophenweg entstanden.

Grundrisse einer 4 1/2 Zimmer- (links) und einer 3 1/2 Zimmer-Wohnung (rechts). Die Grundrisse ordnen sich seriell (und nicht spiegelachsial) um den jeweils erschliessenden Treppen- und Liftturm (oben rechts, neben der Mitte).

Plans d'un appartement à 4 1/2 pièces (à gauche) et d'un appartement à 3 1/2 pièces (à droite). Les plans sont en rangée autour des tours de l'escalier et de l'ascenceur.

Floor plans of 4 1/2 room apartment (left) and 3 1/2 room apartment (right). The floor plans are in rows around the access shafts of stairwell and elevator.

Die Hoffassade mit den Gemeinschaftsräumen im Parterre und der durchdachten Gartenbepflanzung.

Façade du côté de la cour avec les pièces communales au rez-de-chaussée et jardins.

Façade to courtyard with common rooms on ground floor and landscaped gardens.

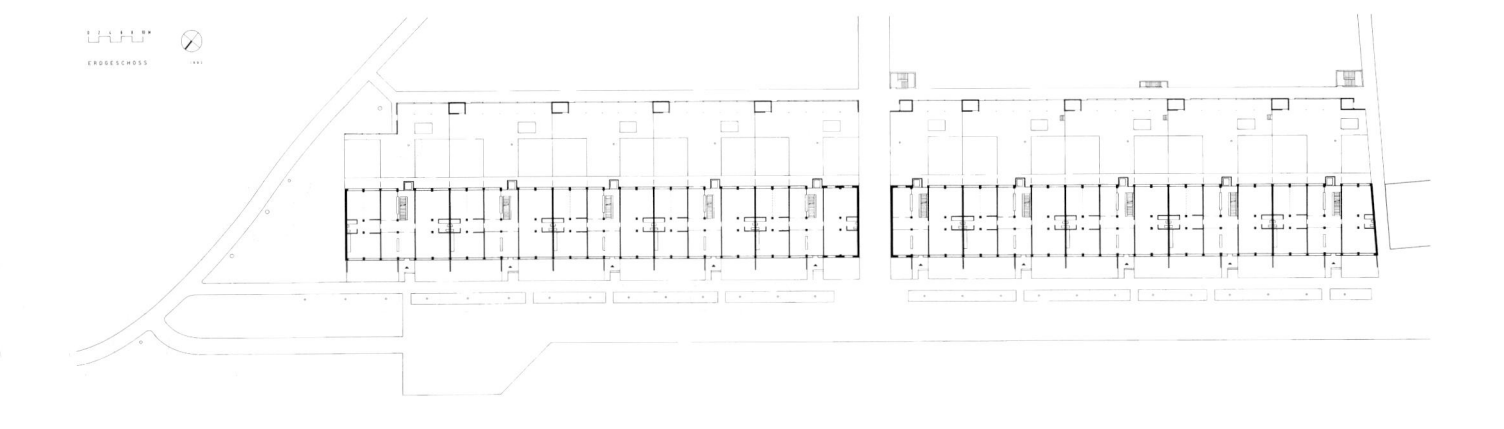

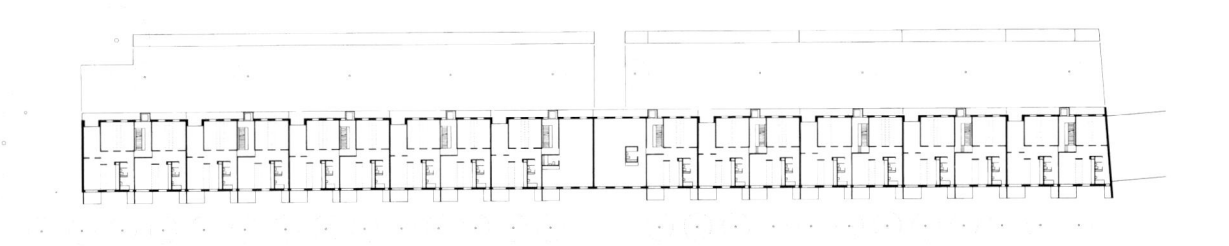

Grundrisse des Erdgeschosses (oben) und des 2. bis 4. Obergeschosses (unten).

Plans du rez-de-chaussée (en haut) et du deuxième jusqu'au quatrième étages (en bas).

Floor plans of ground floor (top) and second through fourth floors (bottom).

Situationsplan mit den Wohnhäusern von Michael Alder an der Bungestrasse (unten). Am Luzernerring (oben rechts) entsteht das Altersheim von Silvia Gmür (Ausblick, Nr.50). Dazwischen liegt die Wohnstrasse von Ernst Spycher.

Plan d'emplacement avec immeubles de Michael Alder sur la Bungestrasse (en bas). L'asile des vieillards de Silvia Gmür est en construction sur le Luzernerring (en haut, à droite; *Ausblick*, No. 50). Le lotissement résidentiel de Ernst Spycher est au centre du plan.

Site plan with residential buildings by Michael Alder on Bungestrasse (bottom). The retirement home by Silvia Gmür is under construction on Luzernerring (top right; *Ausblick*, No. 50). Residential development by Ernst Spycher (centre).

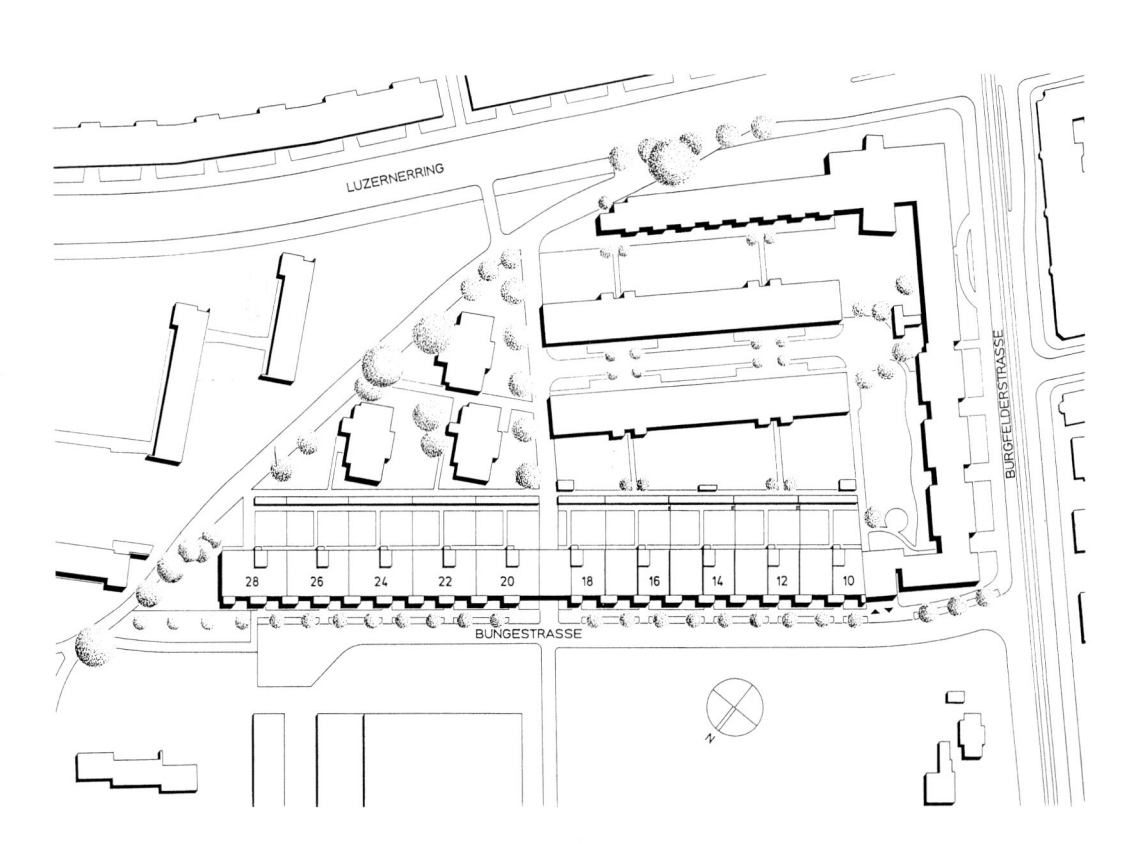

Alle Wohnungen in den Obergeschossen haben zur sonnigen Strassenseite eine Veranda und einen Balkon.

Les appartements des étages supérieurs ont des terrasses et balcons donnant sur la rue ensoleillée.

All apartments on the upper floors have a patio and balcony facing the sunny street side.

Projekt
Wohnanlage „Stadion"
Haagener Strasse
Wintersbuck Strasse
79539 Lörrach

Bauherr und Eigentümer
Städtische Wohnbaugesellschaft Lörrach GmbH
Schiller Strasse 4
79540 Lörrach

Das Dorf in der Stadt

Au nord de la ville, au bas de la Forêt Noire, les architectes Wilhelm + Partner réalisèrent le lotissement Stadion avec 220 unités. Le terrain ovale d'un ancien stade donna sa forme au plan général. Le complexe se compose de deux demi-cercles, de deux bâtiments allongés en rangée, et de huit maisons cubiques individuelles dans la cour centrale. Ce lotissement a un illustre précurseur: le complexe dit Hufeisensiedlung, réalisé par Bruno Taut et Martin Wagner dans les années vingt à Berlin. Nous avons ici un symbole courageusement urbain au sein d'un terrain périphérique dépouillé.

To the north of the city, at the foot of the Black Forest, architects Wilhelm + Partner have designed the Stadion housing development with 220 units. The oval of a former athletic field served as the basis for the overall plan. The complex consists of two half circles, two elongated buildings, and eight cube-shaped houses located separately within the centre court. This housing development has a famous predecessor in Bruno Taut's and Martin Wagner's Hufeisen development, which dates back to the twenties in Berlin. It is a brave urban statement in the midst of an otherwise despoiled area on the outskirts of the city.

Am nördlichen Rand der Stadt am Oberrhein, wo der Schwarzwald zum Greifen nahe ist, liegt ein reines Wohngebiet. Siedlungen in Blockzeilen oder freistehende Ein- und Mehrfamilienhäuser prägen hier das Bild. Daneben existiert eine Infrastruktur aus - wenigen - Läden und Schulen. Zum Zentrum Lörrachs sind es wenige Gehminuten. An der Schnittstelle zwischen Zentrum und „Nordstadt" gibt es noch repräsentative Gebäude des Jugendstils oder der Jahrhundertwende.

Inmitten dieser Wohngegend lag einst ein Leichtathletik-Sportfeld mit kleinen Stadiontribünen. Hier haben die Architekten Wilhelm + Partner eine verdichtete „Wohnmaschine" errichtet. Der mächtige Komplex nimmt das Oval des Stadions auf, und die Namensgebung der Siedlung erfolgte fast von selbst. Die „Wohnanlage Stadion" hat mit der „Hufeisensiedlung" Britz in Berlin einen berühmten Vorgänger. Bruno Taut und der nachmalige Berliner Stadtbaurat Martin Wagner schufen dort ab 1925 insgesamt 1964 Wohnungen und leisteten eine Pioniertat im sozialen Wohnungsbau. Das haben Wilhelm + Partner in Lörrach auch getan, auch wenn das Raumprogramm mit 220 Zwei- und Dreizimmer-Wohnungen weit bescheidener ausfiel.

Die komplexe architektonische Struktur ist nur aus der Luft vollständig wahrnehmbar. Das auf den Längsseiten leicht abgeplattete Oval hat in seinem Innenhof acht freistehende Gebäude. Sie verteilen sich in Form von zwei Quadraten auf eine Fläche, die eine Sportanlage inmitten des 400-Meter-Laufrings hat. Die Gebäudehöhen differieren zwischen drei und vier Geschossen.

Die „Wohnanlage Stadion" ist über ein rechtwinkliges Strassen- und Wegekreuz mit Torhäusern an der Breitseiten und Durchfahrten in den Rundungen erschlossen. Die Wohnungen in den beiden Halbkreisen reichen alle über die gesamte Gebäudetiefe und sind durch je einen Hof- wie einen Aussenbalkon enorm hell. Die Grundrisse verjüngen sich nach Innen entsprechend der Stadionform.

Die Siedlung in Lörrachs Nordstadt ist ländlich und urban zugleich. Ländlich, weil die Architektur mit ihrem räumlichen Volumen den Bewohnern ein Eigenleben ermöglicht, das mit Gärten, Spielzonen und Zirkulationsräumen (über der Tiefgarage) einen dörflichen Charakter hat. Urban, weil die grosse Architektur die ausfransende Wohnmetastase der gebauten Umwelt zusammenfasst, kompakt macht und ihr ein städtisches Gesicht gibt.

Um die Wohnsiedlung von Wilhelm + Partner herum zeigt sich ein Problem der ganzen oberrheinischen Stadt: für den inzwischen beträchtlich besiedelten Raum ist die Architektur zu wenig verdichtet, und ein Zentrum ist zu wenig ausgeprägt. Die landschaftsfressende „Horizontale" wird gegenüber der effizienten „Vertikalen" von der Planern immer noch favorisiert. Die Siedlung in der Nordstadt ist deshalb ein mutiges Zeichen.

Architekt
Wilhelm + Partner
Freie Architekten
Barbara Wilhelm Dipl. Ing. BDA/DWB
Fritz Wilhelm Dipl. Ing. BDA/DWB
Am Unteren Sonnenrain 4
79539 Lörrach

Wohnfläche
14'570 m² in 220 Wohneinheiten

Termine
Baubeginn: 1990
Fertigstellung: 1994

Ein „Dorf", das die Stadt verdichtet: Die Wohnanlage „Stadion" in Lörrach von Südwesten.

Ville en guise de village: le lotissement Stadion à Lörrach, vue du sud-ouest.

The city as a village: the Stadion development in Lörrach, as seen from the south-west.

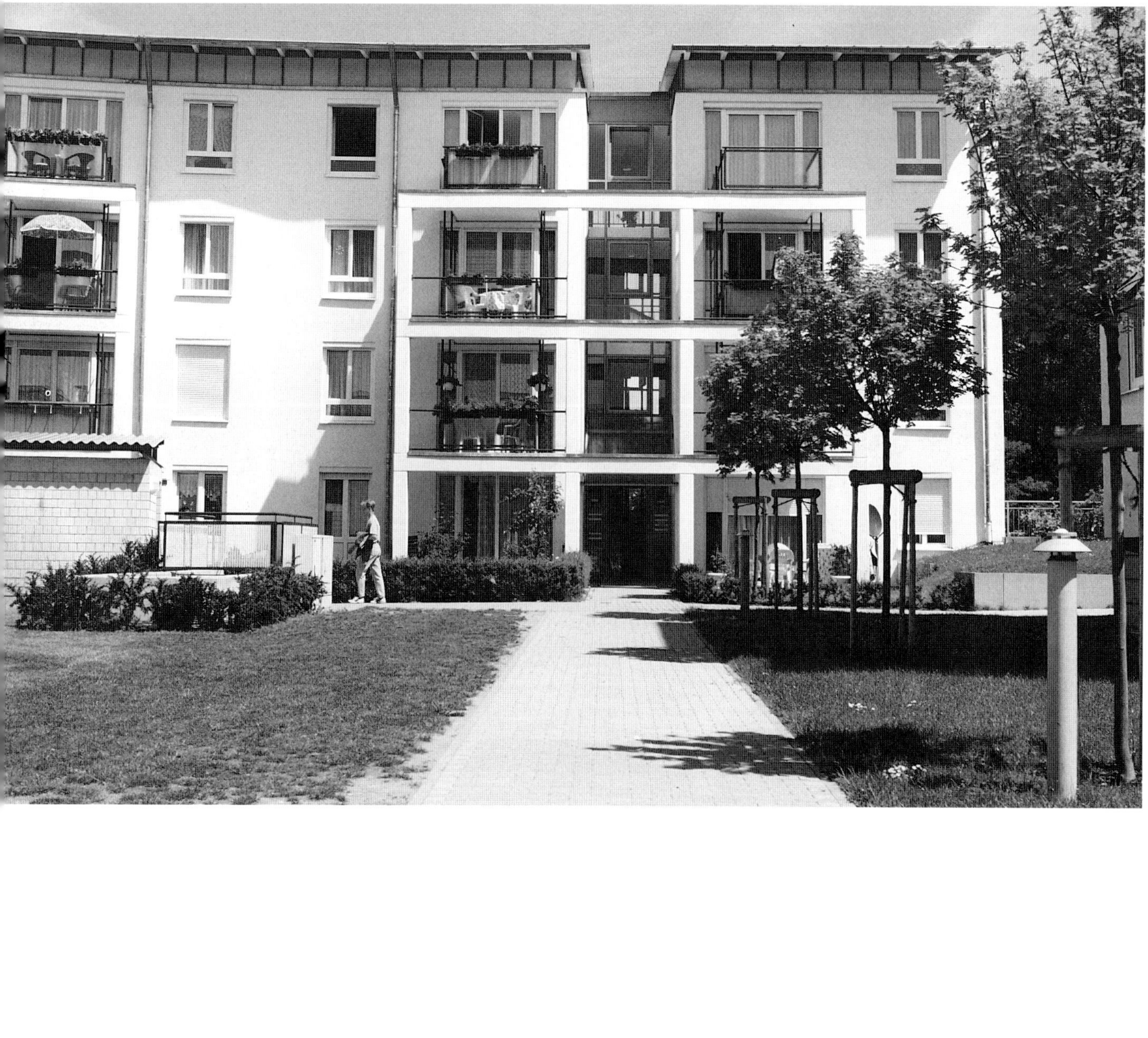

Ein eigener Garten im Parterre; ein durchdachtes Netz der Wege; Spielplätze und grosszügige Balkone für die Sozialwohnungen im „Stadion".

Jardins privés, des chemins variés, terrains de jeux, et balcons spacieux de la coopérative Stadion.

Private gardens, intelligently varied paths, playgrounds, and generous balconies in the Stadion social housing development.

Projekt
Mehrfamilienhaus
Unterer Rheinweg 48, 50, 52
4057 Basel

Bauherr
Erbengemeinschaft Unterer Rheinweg

Am Ufer des Rheins

Sur la propriété d'une ancienne villa au bord du Rhin, Wilfrid et Katharina Steib construisirent un bâtiment allongé de quarante-cinq étages. La façade donnant sur le fleuve et celle qui fait face au parc sont complètement vitrées. Les appartements sont de la profondeur du bâtiment et ils sont extrêmement lumineux. Le cadre des fenêtres donnant sur le Rhin est en pin d'Amérique: elles ont une orientation optimale vers le sud et protègent presque complètement du bruit. Une grande maison de style Art Nouveau se trouve à côté de ce bâtiment. L'ancien parc demeura largement intact.

Wilfrid and Katharina Steib have erected a six-storey elongated building with forty-five apartments on the site of a former villa on the Rhine. The façade on the riverside and the front facing the park are fully glazed. All apartments stretch across the full depth of the building and are extremely bright. The windows are framed in Oregon pine, face onto the Rhine with an optimal southern exposure, and provide almost complete noise protection. The new building stands next to a house in the Art Nouveau style and is surrounded by a canopy of large trees.

Das neue Wohnhaus am Unteren Rheinweg mit den völlig verglasten sechs Geschossen kann auf eine 122-jährige Geschichte zurückblicken. Als man 1862 die Numerierung der Häuser nach Strassen in Basel einführte, lagen an dieser Stelle noch grosse Gärten, die von der Klybeckstrasse bis zum Rhein reichten. 1878 konnte A. Raillard hier eine prächtige Villa beziehen. Ähnliche Häuser baute man zu jener Zeit an der St. Jakobs-Strasse, im Gellert, teilweise auch im Quartier „Am Ring" auf der anderen Seite des Rheins oder im ebenfalls rechtsrheinischen Riehen. Die Architekten Müller & Rieder realisierten das grossbürgerliche Wohnhaus auf einer über 5000 Quadratmeter grossen Parzelle, wie es in der hektischen Zeit nach dem Schleifen der Stadtmauer und der Tore (1861-1878) für die tonangebenden Kreise üblich war. Doch diese Wohnkultur ist seit langem eine antiquierte Lebensform, und sie passt vor allem nicht in die urbane Situation einer Stadt. Zudem wandert das Grundstück am rechten Rheinufer seit rund 40 Jahren immer mehr ins Zentrum. Betrachtet man den aktuellen Stadtraum, so ist die Parzelle heute fast ein Teil der Innerstadt. Bereits um 1910 baute E. Mutschler ein grosses Wohnhaus auf dem Nachbargrundstück der Raillard'schen Villa und setzte ein Zeichen des Jugendstils in der wachsenden City. Zu Beginn der neunziger Jahre riss man die schöne, aber anachronistische Architektur der Villa ab, und Wilfrid und Katharina Steib bauten einen mächtigen Gebäuderiegel, der die Höhe des Jugendstilensembles aufnimmt, sich schlank in die grüne Lunge des privaten Parks einpasst und den würdigen Baumbestand weitgehend erhält.

Die Architekten haben die insgesamt 45 Wohnungen (zwischen 3 und 5 1/2 Zimmern sowie 3 Wohnungen im Attikageschoss) in drei Baukörpern untergebracht, die eine homogene Fassade zum Rhein wie zum rückwärtigen Park haben, aber mit Treppen- und Liftturm je separat erschlossen sind. Die Wohnungen führen alle über die gesamte Tiefe des Baues und haben über diese Distanz von 15 Metern (mit den auskragenden Veranden 17 Meter) mindestens - und je -eine Blickachse. Diese Lichtkanäle, die durch eine bodenlange Verglasung und den Einbau von Schiebetüren aus Glas erreicht wurden, ermöglichen selbst bei bedecktem Himmel in der Wohnungsmitte eine Zeitungslektüre ohne Kunstlicht. Bei Sonnenschein sind die Räume, deren Rheinfront unverbaut nach Süden blickt, wohl die hellsten der gesamten Innerstadt. Mit Langriemenparkett aus Ahorn und kleinen Fensterbändern, die mit der Decke zwischen Küche und Wohnraum bündig verlaufen, wird dieser Sachverhalt unterstrichen. Von allen Räumen oder Raumgruppen ohne Türen kann man die Freifläche der Balkone betreten. In den oberen Geschossen ist der Lärm von der Johanniterbrücke nur in den Stosszeiten eines Arbeitstages wirklich störend. Schliesst man die Fenster aus Oregon Pine (ist mit dem Holz der Eiche verwandt) wird es fast still. Der zu erwartenden Sommerhitze haben die Architekten mit dezenten Storen aus Stoff unter der Balkondecke und dem Handlauf der Gitterbrüstungen vorgebeugt. In den unteren Geschossen sind die Bäume der Rheinpromenade zudem schattenspendend.

Von der alten Villenbebauung blieben die Mauer und der Metallzaun erhalten. Die Steine der alten Pflasterung sammelte man ein, und sie wurden für Zugänge und Wege neu verwandt. Im Park steht noch der grosse Mammutbaum - sequoiadendron gigantum, wie er im Linnéschen Pflanzensystem heisst.

Architekt
Wilfrid und Katharina Steib
Architekten BSA/SIA
Leimenstrasse 47
4051 Basel

Tragwerksplanung
Ingenieurgemeinschaft:
WGG Ingenieure SIA / ASIC, Basel
Cyrill Burger & Partner
Ingenieure SIA / ASIC, Basel

Termine
Eingeladener Wettbewerb:
Juni 1993
Baubeginn: Juli 1994
Bezug: Mai 1996

„Sequoiadendron gigantum": Der grosse Mammutbaum überragt das neue Wohnhaus beim Blick von der linken Rheinseite.

Sequoia giganteum: l'arbre géant surpasse le nouveau bâtiment; vue de la rive gauche du Rhin.

Sequoiadendron giganteum: the mammoth tree peeks over the new building; view from the left Rhine shore.

Das Haus im Blick von der Rheinpromenade.

Le bâtiment vue de la promenade le long du Rhin.

The building as seen from the Rhine promenade.

Nord-Süd-Schnitt (rechte Seite) und die Grundrisse der ersten fünf Obergeschosse.

Plans des cinq premiers étages supérieurs et section nord-sud (page en face).

Floor plan of the first five upper storeys and north-south section (facing page).

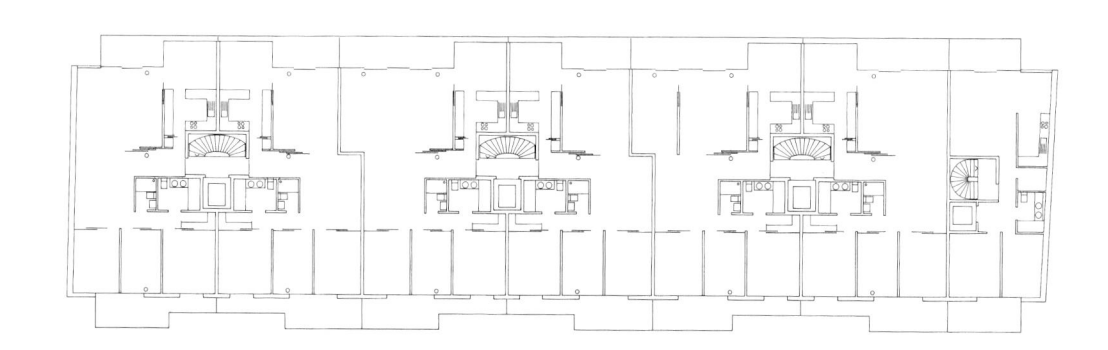

Alle Wohnungen haben Lichtkanäle.

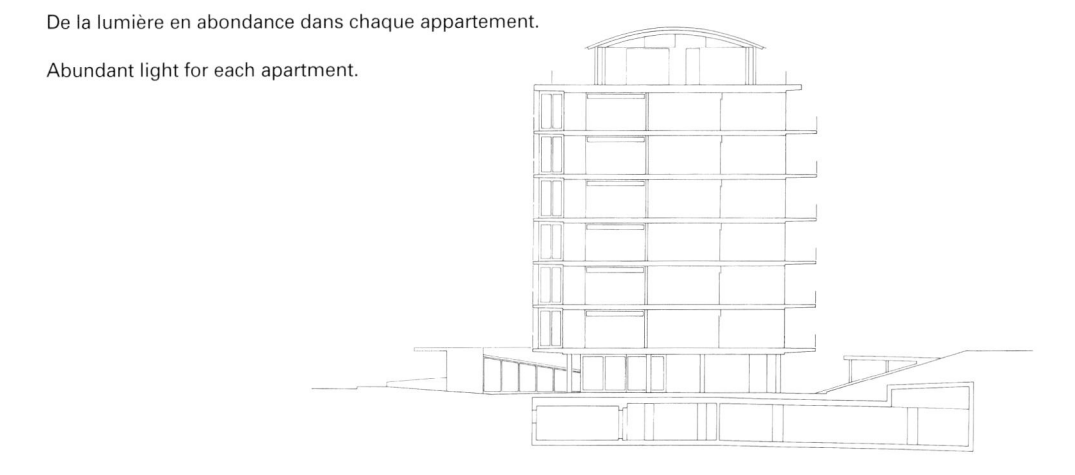

De la lumière en abondance dans chaque appartement.

Abundant light for each apartment.

Projekt
Überbauung Warteckhof
Grenzacherstrasse 62 / 64
Fischerweg 6 / 8 / 10
Alemannengasse 33 / 35 / 37
4058 Basel

Bauherr
Warteck Invest AG

Die Brauerei wird zum Quartier

L'ancienne brasserie Warteck fut rénovée par Diener & Diener, qui y ajoutèrent un ensemble d'habitations et un bâtiment commercial. Une façade de briques établit le dialogue avec l'architecture industrielle du dix-neuvième siècle. En même temps, les nouveaux édifices agrémentèrent les vieux bâtiments de la brasserie et créèrent un mouvement constant entre les espaces ouverts, les passages et les axes visuels. Ce complexe fut transformé en un quartier vivant où la vie citadine concentrée et la verdure clairsemée proclament son urbanisme.

The former Warteck brewery has been renovated by Diener & Diener, who added a housing complex and a business building. The architects used a brickwork façade to establish a dialogue with the industrial architecture of the nineteenth century. At the same time, the new buildings complement the ensemble of historic brewery buildings by creating a built scape that changes from open squares to passages to visual axes. The block of buildings has been transformed into a quarter where urban space is condensed and where the sparingly planted surroundings proclaim its urbanity.

1981 wurde ein grosser Wohnungsblock im rechtsrheinischen Kleinbasel von Diener & Diener fertiggestellt. Man baute für Familien, Alleinstehende, Künstler und für stilles Gewerbe. Gebaut wurde auf dem Gelände einer ehemaligen Fabrik, wo 1978, kurz vor dem Abbruch, die vielbeachtete „Hammer-Ausstellung" des Kunstvermittlers Felix Handschin stattfand. Das neue Wohnhaus von Diener & Diener zog weit überregionales Interesse auf sich. Direkt daneben - durch eine Strasse getrennt - realisierten die gleichen Architekten 1985 den Wohnkomplex „Hammer II". Bereits hier näherten sich Diener & Diener mit den mächtigen Kubaturen um einen Innenhof der Fassadenaskese einer Industriearchitektur an. Und bei der Überbauung „Warteckhof", die 1996 fertiggestellt wurde und ebenfalls im Kleinbasel liegt, wurde dieser Charakter schliesslich durch gestalterische Disziplin, serielle Fassadenraster, die präzise Setzung der Häuser und ihre urbane Dichte unterstrichen.

Von der ehemaligen Brauerei Warteck blieb in einem Strassenblock in der Nähe des Rheins das Gebäude mit dem alten Sudhaus, der mächtige Turm und der Schornstein stehen. In einer Ecke des Grundstücks erhielt man auch das Wohnhaus mit der Brauereigaststätte. Diener & Diener ergänzten die historischen Zeugen mit einem U-förmigen Wohnteil, der 81 Wohnungen (bis zu 5 Zimmern) sowie Wohnateliers (im Parterre) umfasst. Das Ensemble wird mit einem freistehenden Haus für Praxen, Büros und einem Supermarkt ergänzt.

Die Ausgangslage war für die Architekten nicht einfach, denn die ehemalige Brauerei - in klassischem hellbeigem und rotbraunem Ziegelmauerwerk errichtet - liegt gleichermassen in einem Industrie-, Gewerbe und Wohngebiet. Etwas weiter östlich beginnt des Firmenareal des Hoffmann-La Roche-Konzerns. Nach Süden gegen den Rhein liegt eine Wohnzone mit teilweise villenartigen Häusern.

Diener & Diener suchten die Korrespondenz und den Rhythmus. Sie orientierten sich an den erhaltenen Kubaturen des nahezu quadratischen Grundstücks und nahmen mit braunem Klinker für den Wohnteil die vorhandene Fassadensprache auf. Brauerei und Neubau schliessen das Ensemble nach Süden nun streng ab und sind in ihrem Nutzungsunterschied sofort zu erkennen, sie stehen sich topographisch nah und behaupten gleichzeitig und selbstbewusst eine Distanz. An die Grenzacherstrasse (der Hauptzufahrtsstrasse) stellten die Architekten neben die Gaststätte das Geschäftshaus mit arhythmischen Fensterbändern, grünen Gussbetonplatten und grossen Glaspartien in Parterre. Obwohl die Altbauten und die Eingangsfassade des Geschäftshauses den Blockrand beachteten, haben die Architekten mit einer leicht verschobenen Plazierung des Wohnungskomplexes den gebauten Ort rhythmisiert. Zwischen den Häusern an der Grenzacherstrasse gibt es einen Fussweg für zwei bis drei Personen in der Breite einer mittelalterlichen Gasse. Das Innere der Anlage ist von jeder anderen Seite des Grundstücks auch für den Motorverkehr zugänglich. Die unterschiedlich Grösse der vier Bauvolumen ergibt nun einen Wechsel von Plätzen, Durchgängen und Blickachsen. Die Intimität dieser Räume lässt die Qualität eines Quartiers entstehen. Das

Architektengemeinschaft
Diener & Diener Architekten
Henric Petri-Strasse 22
4010 Basel
Suter + Suter Planer AG, Basel

Sonderfachleute
Landschaftsarchitekt: August Künzel

Termine
Baubeginn: Januar 1994
Bauzeit: 2 Jahre
Bezug:
Wohnhaus 1. Januar 1996
Geschäftshaus 1. April 1996

In den Wohnungen mit Blick nach Westen kann man die Industriearchitektur der alten Brauerei sehen.

Vue de l'ancienne brasserie des appartements du côté ouest.

View of the former brewery from the apartments on the west side.

Nutzung Wohnhaus
12 Ateliers
81 Wohnungen EG - 4. OG
32 Dachterrassenabteile
Keller / Bastelräume 1. UG

Nutzung Geschäftshaus
Läden EG + 1. UG
Büros 1. - 4. OG
Altersheim 3. + 4. OG

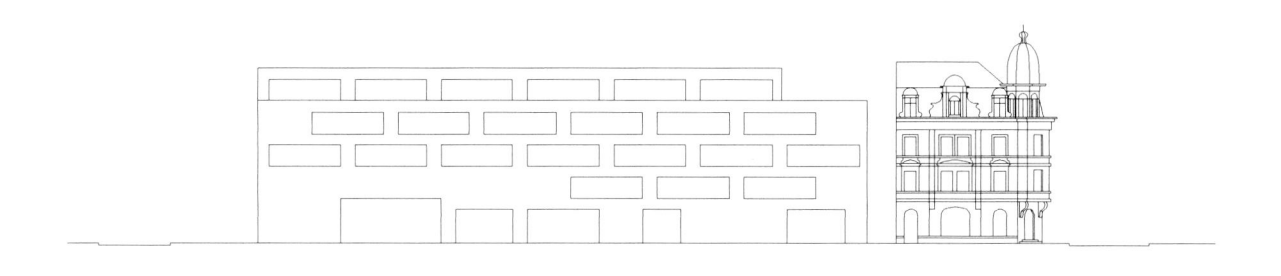

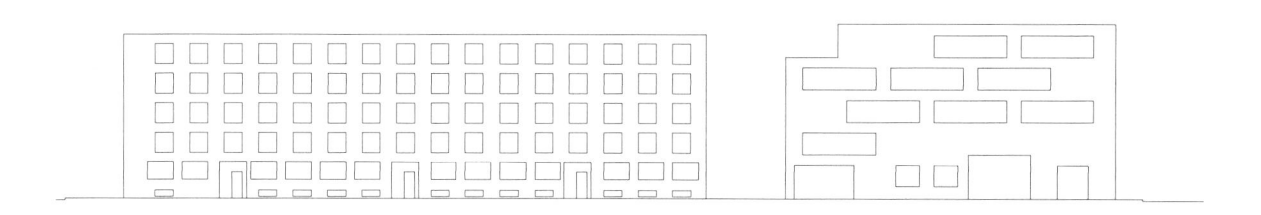

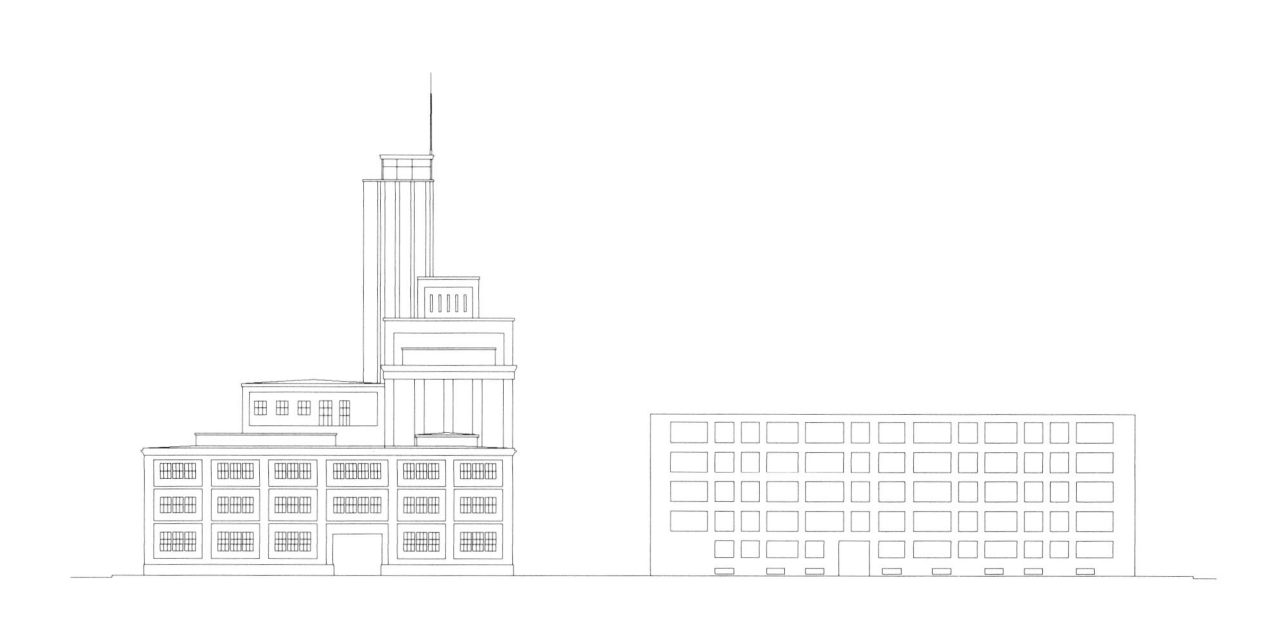

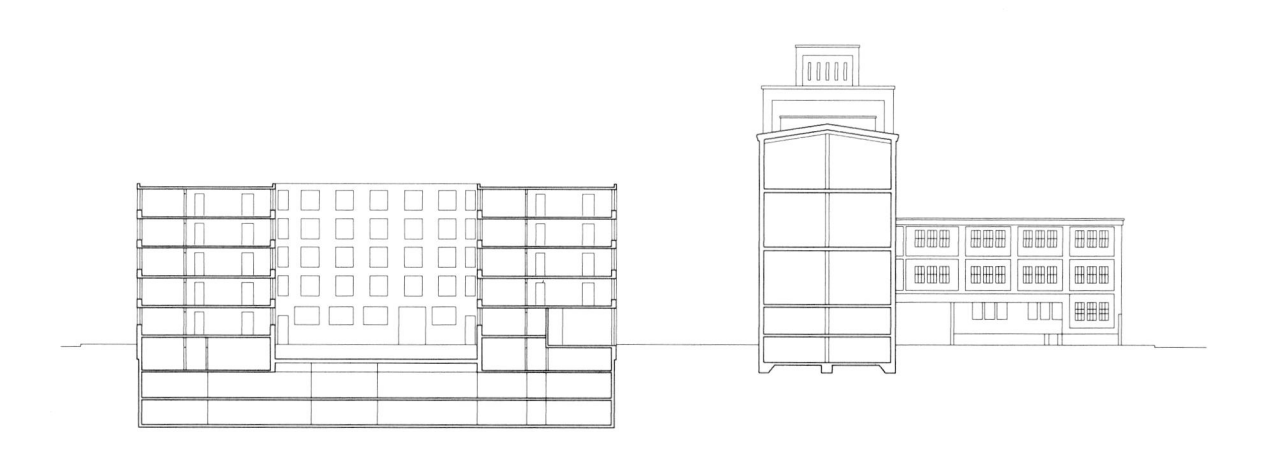

Linke Seite von oben nach unten: Fassaden zur Grenzacherstrasse; Fassaden an Fischerweg und Alemannengasse (jeweils im Aufriss); Ost-West-Schnitt durch den südlichen Teil der Anlage.

Page en face de haut en bas: façades sur la Grenzacherstrasse; façades sur le Fischerweg et la Alemannengasse (projection verticale); section est-ouest de la partie sud du complexe.

Facing page from top to bottom: façades overlooking Grenzacherstrasse; façades on Fischerweg and Alemannengasse (elevation); east-west section of south complex.

Alt sind Teile der ehemaligen Brauerei (links unten) und der Gaststätte (links oben). Die Kubaturen mit den beiden rechten Grundrissen wurden neu gebaut.

Des parties de l'ancienne brasserie (en bas, à gauche) et du bistro furent préservées et intégrées dans les nouveaux bâtiments, dont les plans sont montrés à droite.

Sections of the former brewery (bottom left) and the pub (top left) were preserved and integrated into the new buildings, shown at right with floor plans.

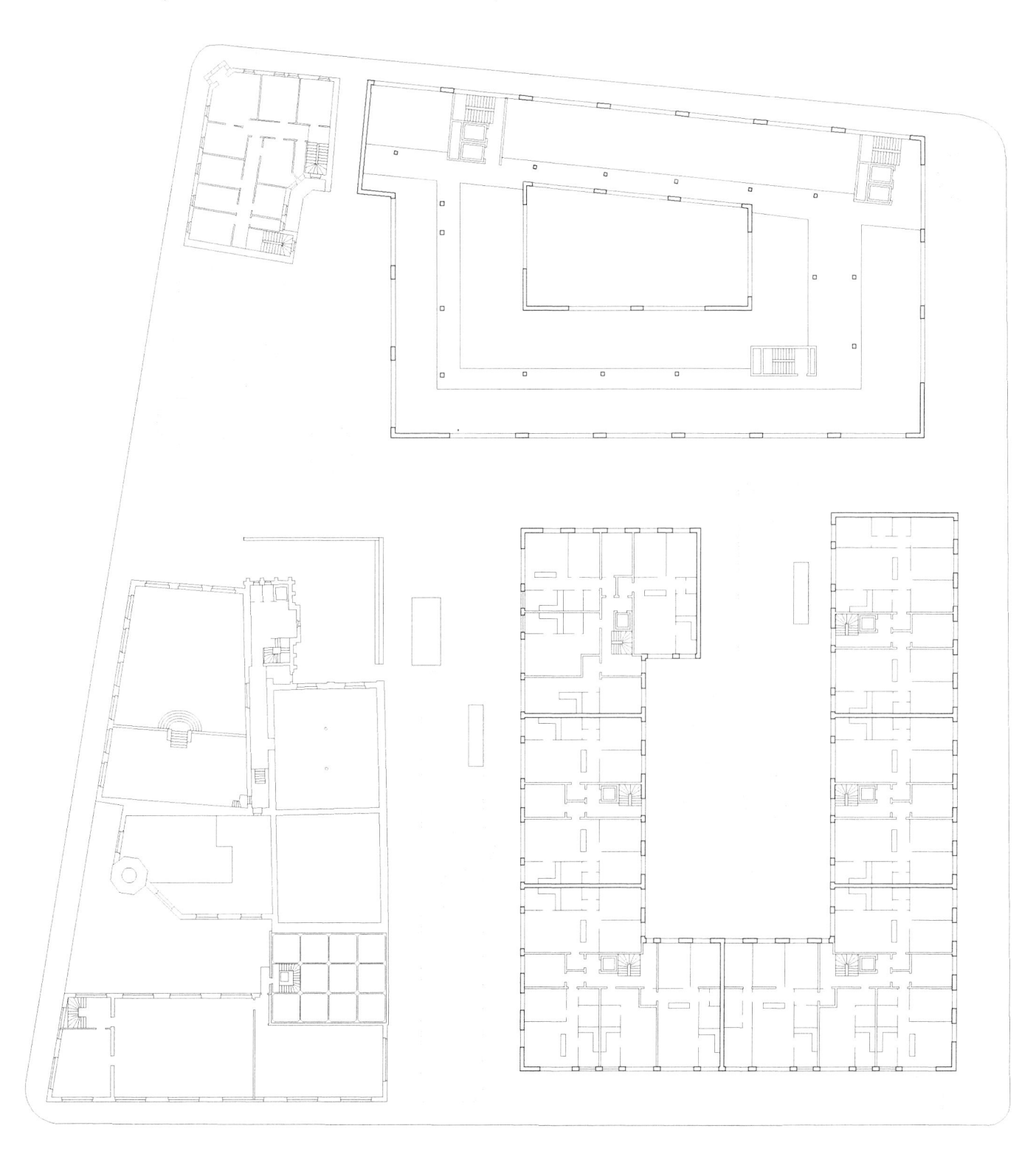

ganze Ensemble mit einem eleganten Brunnentrog von Peter Suter und dem vergleichsweise wenig begrünten Aussenraum schafft eine Situation der sozialen und wohnlichen Urbanität.

Interessant ist der „Warteckhof" auch in stadtsoziologischer Hinsicht. Denn ein Teil jener Basler Alternativkultur, die in der Schlotterbeck-Garage zu Hause war, die für den Bau von Richard Meier am Schweizer Bahnhof abgerissen wurde, ist nun in den Altbau der Brauerei eingezogen. Der Integrationsprozess zwischen den neu gebauten Ateliers und jenen der „Brauerei" scheint nur noch eine Zeitfrage zu sein.

Der erhaltene Kamin (rechts) und das alte Sudhaus mit den neuen Kubaturen (linke Seite). Im Hintergrund (Mitte) der Brunnentrog.

La vieille cheminée (à droite) et l'ancienne brasserie avec les nouveaux bâtiments (page en face). En arrière-plan (au centre) le bassin de la fontaine.

The old stack (right) and the brewing house with the new buildings (facing page). In the background (centre), the well basin.

Projekt
Wohnhaus mit Gemeindesaal
Missionsstrasse 37
4055 Basel

Bauherr
Evangelische Täufergemeinde
Missionsstrasse 37
4055 Basel

Glauben als abstraktes Zeichen

Urs Gramelsbacher construisit une résidence avec salle de réunion pour les Baptistes de Bâle. Il utilisa l'étroite propriété coudée en projetant le corps descendant de la salle de réunion vers le bâtiment principal à quatre étages. Les plans furent faits à partir d'un module, créant des proportions équilibrées pour les chambres et la façade. Dans la salle de réunion, on évita de mettre des représentations expressément religieuses. Au lieu de tels symboles, quatre fenêtres de forme carrée constituent une croix abstraite au fond de la salle.

For the Baptist congregation in Basle, Urs Gramelsbacher designed a housing complex with a meeting hall. He utilised the narrow and angular site by projecting the low-lying body of the hall into the four-storey main building. The ground plans are modular and create balanced proportions for the rooms and the façade. In the church hall itself, any obviously sacred images were avoided. Instead, four window squares form a simple abstract cross at the far end of the hall.

Glaubt man der Forschung, so liegen die Anfänge der protestantischen Täuferbewegung in der Stadt Zürich zu Zeiten Huldrych Zwinglis (1484-1531). Nur wenige Jahre nach dem Thesenanschlag Martin Luthers in Wittenberg (1517) wollte dort der Patriziersohn und Humanist Conrad Grebel den katholischen Glauben radikal reformieren. Mit dem „Königreich Zion" im westfälischen Münster (1534/35) erlangten die Wiedertäufer für kurze Zeit politische Macht. Die Missionsbewegungen des 19. Jahrhunderts brachten diesen protestantischen Gruppen wieder politischen und wirtschaftlichen Einfluss. Und vielleicht schreiben die Täufer nun in der Basler Missionsstrasse in Sachen Sakralbau sogar Architekturgeschichte.

Dort liess sich die Täufergemeinde der Stadt von Urs Gramelsbacher ein Haus mit einem Gemeindesaal errichten. In Sichtweite des mittelalterlichen Spalentors plazierte der Architekt ein Wohnhaus und einen Kirchenraum auf einer schmalen und verwinkelten Parzelle. Das Erdgeschoss zur Missionsstrasse nutzt die Gemeinde als Eingang und Foyer. Hinzu kommt im Hof ein in die Erde versenkter Kubus mit zwei Geschossen. Der Kirchenraum liegt so mehrheitlich unter der Erde. Über dem Eingangsbereich sind auf vier Etagen 2- bis 4-Zimmer-Wohnungen untergebracht. Das Grundstück, welches zwischen Nonnengasse und Missionsstrasse verläuft, ist leicht abgeknickt. Gramelsbacher legte den fast quadratischen Grundriss des Wohnhauses genau auf den Verlauf der Strassenfront und liess den leicht abgewinkelt liegenden Saal im Foyerbereich in den Bau hineinstossen.

Der Grundstücksverlauf in Richtung des Spalentors ähnelt einer mittelalterlichen Bauparzelle, obwohl die Spalenvorstadt erst im 19. Jahrhundert mit den Bauten der Missionsstrasse verlängert wurde. Gramelsbacher liess hier die Bruchsteinwand des Hauses Nr.35 wie in einem Freilichtmuseum sichtbar. Gleichzeitig endet der spitzwinklig laufende Gang an einem Fensterschlitz in der gesamten Raumhöhe und lässt einen schmalen Panoramablick auf den Hinterhof zu.

Der Lift fährt von hier in die Wohnebenen, wo Gramelsbacher ein Motiv des Parterres aufnimmt und die Türöffnungen über die ganze Geschosshöhe führt. Die Räume wirken so nicht nur grösser als es die Normhöhe von 2,5 Metern erwarten liesse, sondern bieten - bei geöffneten Türen - auch grosszügige Licht- und Blickachsen durch raumhohe und teilweise raumbreite Fenster. Zudem erweist es sich als geschickt, dass der Architekt mit einem Grundrissmodul, einem Quadrat von 6 auf 6 Metern, arbeitete. Jede Wohneinheit hat so angenehme und benutzerfreundliche Raumproportionen.

Der sakrale Raum des Hauses liegt auf dem Niveau einer Tiefgarage und hat die Struktur einer Basilika, die jedoch nur durch das erhöhte Mittelschiff an der Decke erkennbar ist. Der rund 200 Personen fassende Raum ist stützen- und säulenfrei, hat nobles Eichenparkett, eine dezente blaue Bestuhlung, modernste akustische und visuelle Infrastruktur, ist bei Sonnenschein verdunkelbar und hat eine Art Bühne über seine gesamte Breite. Die Wände und teilweise die Decke bestehen aus sorgfältig gegossenem Beton, sakrale Zeichen oder Symbole fehlen. Einzig das grosse Fenster am Saalende könnte man so verstehen. Hier ergänzen sich vier Fensterquadrate wiederum zu

Architekt
Urs Gramelsbacher
Architekt BSA
St. Johanns-Vorstadt 22
4056 Basel

Sonderfachleute
Bauingenieur: Cyrill Burger & Partner AG, Basel
Elektrisch: Selmoni Ingenieur AG, Basel
Heizung / Lüftung: Waldhauser Haustechnik, Münchenstein
Sanitär: W. Haldemann, Sanitärtechnik, Basel

Termine
Baubeginn: Herbst 1993
Bezug: Frühling 1995

Das Modul des Grundrisses ist an der Fassade zur Missionsstrasse lesbar. Unten rechts ist der Eingang des Gemeindesaales.

Le module du plan est lisible sur la façade en direction de la Missionsstrasse. L'entrée de la salle de réunion se trouve en bas à droite.

The module used for the floor plan is readable on the Missionsstrasse façade.
On the right, the entrance to the meeting hall.

Grundrisse und Schnitte von oben: Das Vestibül des Gemeindesaales mit dem Eingang des Wohnhauses und das begrünte Dach des Saales (beide ganz oben). Das Zwischengeschoss und der Gemeindesaal (beide unten).

Plans et sections, de haut en bas: le foyer de la salle de réunion avec l'entrée de la maison résidentielle et le toit planté de la salle (en haut de la page). La mezzanine et la salle de réunion (en bas).

Floor plans and sections, from top to bottom: the meeting hall lobby with the entrance to the residential building; the roof garden of the hall; the mezzanine floor; and the meeting hall.

einem Quadrat und bilden ein gleichschenkliges Kreuz. Dies ist neben dem diskreten Schriftzug auf einer Glaswand des Eingangs der einzige Hinweis, dass diese Architektur als christlicher Sakralraum genutzt wird.

Durch den neuen Sakralbau ergibt sich im Umkreis von wenigen hundert Metern durch die beiden Basler Kirchen Karl Mosers (Pauluskirche 1901, Antoniuskirche 1927 eingeweiht) ein interessantes bauliches Dreieck. Die Pauluskirche am Beginn des Jahrhunderts (an der Innenraumgestaltung wirkte der Karlsruher Akademie-Lehrer Max Läuger mit) wirkt weihevoll sakral. Die Antoniuskirche wurde 26 Jahre später und nur vier Jahre nach Auguste Perrets „Notre Dame, Le Raincy" geweiht. In beiden Bauten brach die Moderne mit dem Gussbeton radikal in die Gattung des Sakralbaus ein (ein Jahr nach Mosers Kirche wurde das Goetheanum in Dornach - auch eine Art Sakralbau - eröffnet). Das Kirchenhaus Gramelsbachers ist diskret, monolithisch und festlich. Es setzt die Idee des Glaubens in abstrakter Form um.

Die Türen zum Saal (links) und zum Hof (rechts).

Les portes de la salle (à gauche) et de la cour (à droite).

The doors leading to the hall (left) and to the courtyard (right).

Die Rahmen der vier Fensterquadrate am Saalende bilden ein gleichschenkliges Kreuz.

Les cadres des quatre fenêtres carrées au fond de la salle forment une croix à branches égales.

The frames of the four window squares at the far end of the hall form an equal-armed cross.

Die Hoffassade mit dem Fensterband des abgesenkten Saales (rechts) und dem Kiesweg zum Hinterhaus.

La façade donnant sur la cour avec le bandeau des fenêtres de la salle en contrebas (à droite) et le chemin en gravier vers la maison de derrière.

The courtyard façade with the band of windows of the low-lying hall (right) and the gravel path leading to the rear building.

Im Eingangsbereich des Wohnhauses wird an der linken Hauswand die schwierige Topographie des Grundstücks erkennbar.

Autour de l'entrée de la maison résidentielle on aperçoit la topographie difficile du site sur le mur à gauche.

The difficult topography of the site is evident on the left wall near the entrance to the building.

Lernen & Bildung

An der Trasse nach Paris
86   Diener & Diener

Um einen klösterlichen Hof
92   Tadao Ando

Time-Channel
96   Fierz & Baader

Ein Spielsaal als Erlebnisraum
100   Daniel Stefani und Bernard Wendling

Schlicht und Edel
104   Diener & Diener

Um den „Minimal"-Hof
108   Morger & Degelo

Die dritte Generation
112   Peter Zinkernagel

Schule im Schwimmbad
116   Ackermann & Friedli

Die Treppe im Fenster
120   Rolf Brüderlin

Projekt
Ausbildungs- und Konferenzzentrum
Schweizerischer Bankverein
Viaduktstrasse 33
4051 Basel

Bauherr
Schweizerischer Bankverein

An der Trasse nach Paris

Le centre professionnel et la salle de conférence de la Société de Banque Suisse de Diener & Diener accentua, en combinaison avec le nouveau bâtiment de Richard Meier qui lui fait face, le côté est de la gare Suisse et Française à Bâle. Les architectes composèrent l'énorme édifice (56 000 m² de superficie utilisable) de sections allongées orthogonales. Les bureaux et les auditoriums reçoivent le maximum de lumière à travers les fenêtres tournées vers l'est et l'ouest; par contre, la façade qui donne sur la rue très passagère est presque sans fenêtres. Un garage souterrain fut placé derrière un mur massif accolé à la pente de la vallée, de manière à être facilement accessible au niveau du sol.

The training and conference centre of the Swiss Bank Corporation, designed by Diener & Diener, together with the new building by Richard Meier (on the opposite side of the street), accentuates the east face of the Swiss and French railway station in Basle. The architects composed the large complex (56 000 m² floor space) from orthogonally placed elongated buildings. The office rooms and lecture halls receive maximum natural light through east- and west-facing windows; the façade towards the busy main street is almost windowless. An underground car park is easily accessible at ground level behind a massive wall on the valley slope.

Die Geleise, die die schweizerischen Bundes- und die französischen Staatsbahnen bis zum Jahrhundertende in Richtung Mulhouse und Paris neu legen wollen, gibt es noch nicht. Aber ein Haus, dass deren künftigen Verlauf in eleganter Rundung aufnimmt, steht bereits: das Ausbildungs- und Konferenzzentrum des Schweizerischen Bankvereins von Diener & Diener. Mit dem Bürogebäude von Richard Meier, das genau auf der anderen Seite der angrenzenden Viaduktstrasse entsteht (siehe „Ausblick", Nr. 42), schliesst das Haus von Diener & Diener das Gebiet des Bahnhofs nach Westen ab.

1844, als die erste Eisenbahn von Strassburg nach Basel fuhr, lag der französische Bahnhof noch weiter im Westen. Auch die Schienenwege aus Deutschland und der übrigen Schweiz endeten bis zur Eröffnung der Gotthardlinie (1882) in Kopfbahnhöfen. Nun schloss man die Gleistrassen zusammen. Der französische und der schweizerischen Bahnhof erhielten ein gemeinsames Haus der Architekten Emil Faesch und Emanuel La Roche (1904-1907), das fast vollständig erhalten ist und dem der Bau von Diener & Diener heute im Osten antwortet.

Die neuen Häuser der Architekten aus Basel (Diener & Diener) und New York (Richard Meier) werden auf der anderen Talseite des Birsig (eines Nebenflusses des Rheins) von zwei mächtigen Kubaturen zu einem Quadrat ergänzt: einem Wohnkomplex von Rudolf Linder (1911-1915) und der konkaven Scheibe eines Wohn- und Geschäftshauses von Emil Bercher und Eugen Tamm (1932-1934). Mit aufgemauertem, rotem Klinker nehmen Diener & Diener Bezug zu Fassadenelementen der Markthalle, die mit dem Bau Meiers ein Dreieck bildet. Zur Zeit ihrer Entstehung (1928) hatte die Kuppel dieser Halle den weltweit drittgrössten Durchmesser nach Leipzig und Breslau.

Das Ausbildungszentrum der Grossbank hat 56 000 Quadratmeter Nutzfläche und gehört mit den Neubauten der Börse in Zürich und der Messe in Basel (siehe Ausblick, Nr. 45) zu den grössten Gebäuden des Schweizer Dienstleistungsgewerbes in den neunziger Jahren. Die hohe Stützmauer am Talhang, die einst für die Gebäude einer Brauerei errichtet wurde, ist vollständig erhalten. Dahinter plazierten die Architekten vier Untergeschosse. Die Tiefgarage ist so kurioserweise ebenerdig befahrbar.

Das Erdgeschoss mit dem Haupteingang an der Viaduktstrasse enthält mit Foyer, Aula, Caféteria und Restaurant die zentralen Gemeinschaftseinrichtungen. Hier sind die Böden mit geflammtem Onsernone-Granit aus dem Tessin edel und belastbar. Die Eingangspartie wirkt trotz des grossen Fensters im Aula-Vestibül und eines langen Brunnentroges an der Fassade, in welchen das Wasser über ein abgerundetes Blech wie eine flackernde Säule fällt, trutzig und abweisend. Aber die Lindenbäume sind noch jung, und Meiers transparenter Bau noch nicht fertig.

Das trapezförmige Grundstück gliederten die Architekten mit zwei Riegeln in Ost-West- und drei Riegeln in Nord-Süd-Richtung. Sie durchdringen sich mit rechten Winkeln und schaffen ein Gebäuderaster mit Höfen und kleinen Plätzen. Besonders auf der geschwungenen Fassade zu den Bahngeleisen schieben sich diese fast spielerisch in den Baukörper hinein. Die Hauptachse der Fenster liegt in Ost-West-Richtung. Was an der Hauptfassade abweisend wirkt, erweist sich für die 42 Auditorien

Architekt
Diener & Diener Architekten
Henric Petri-Strasse 22
4010 Basel

Termine
Baubeginn: April 1990
Rohbau: September 1992
Bezug: Sommer 1994

Das Ausbildungs- und Konferenzzentrum aus der Luft und von Osten gesehen: Im Hintergrund links der Wohnkomplex von Rudolf Linder (1911-15); daneben rechts der Bau von Bercher & Tamm (1932-34). Auf der anderen Strassenseite des Neubaues von Diener & Diener entsteht rechts gerade ein Geschäftshaus von Richard Meier. Die Schlotterbeck-Garage (rechts im Bild) wurde inzwischen abgerissen.

Le centre professionnel et la salle de conférence, vue aérienne prise de l'est: en arrière-plan à gauche, le lotissement de Rudolf Linder (1911-15); à côté le bâtiment de Bercher & Tamm (1932-34). En face du nouvel édifice de Diener & Diener on construit actuellement un bâtiment commercial de Richard Meier, à droite. Le garage de Schlotterbeck (à droite), fut démoli par la suite.

The training and conference centre seen from above and from the east: in the background, left, the residential complex by Rudolf Linder (1911-15); next to it, right, the building by Bercher & Tamm (1932-34). A commercial building by Richard Meier is under construction directly opposite the new building by Diener & Diener. The Schlotterbeck car park (right) has been demolished since this picture was taken.

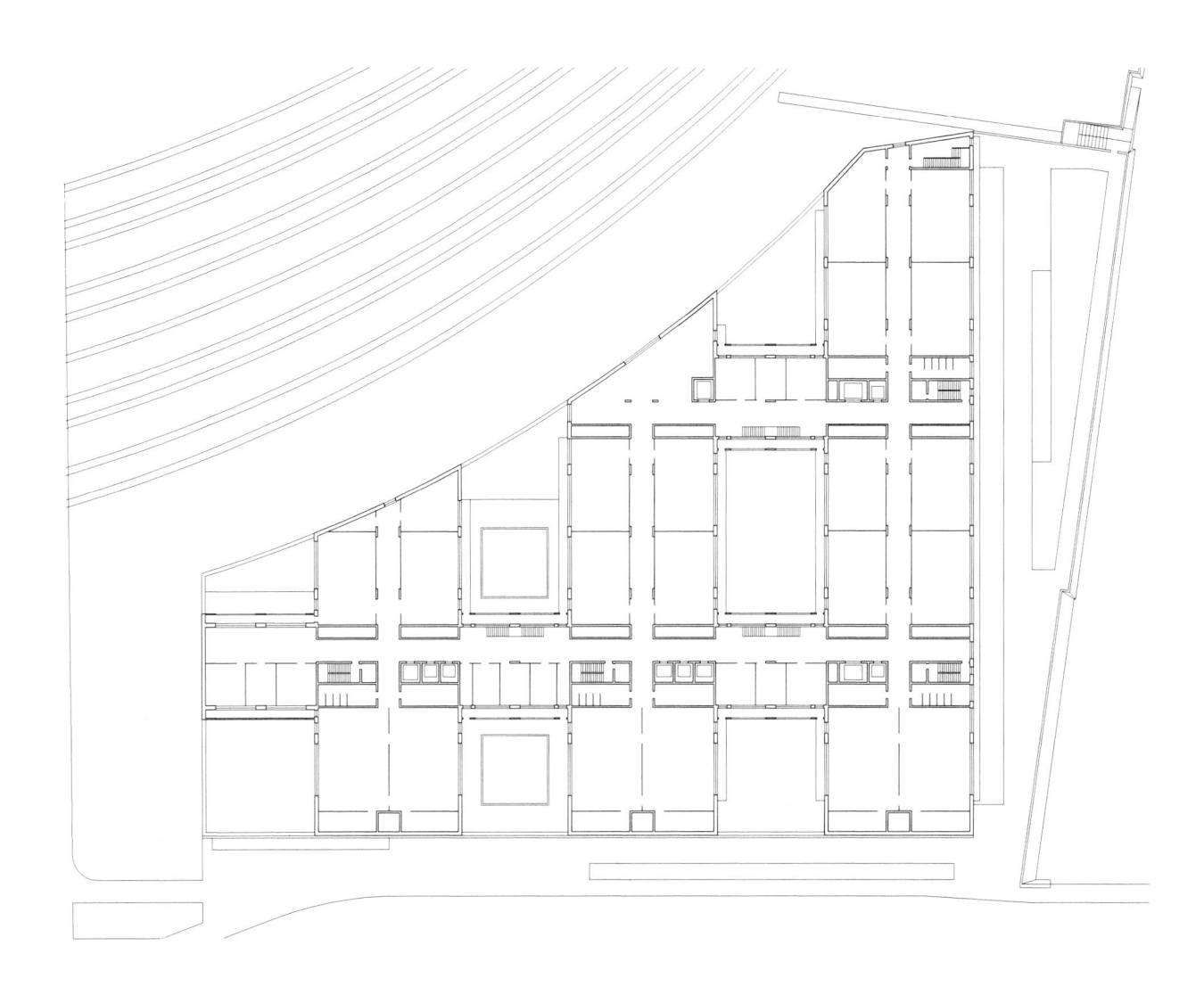

Grundriss des 2. Obergeschosses (oben) und
West-Ost- Schnitt (unten).

Plan du deuxième étage (en haut) et section
ouest-est (en bas).

Floor plan of second floor (above) and east-west
section (below).

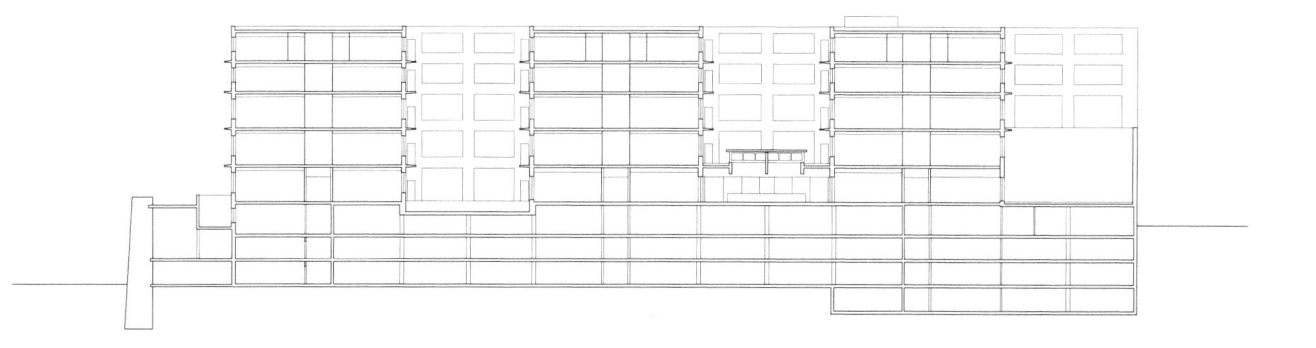

Die dreiflüglige Kubatur von Nordwesten (der Viaduktstrasse) aus gesehen (unten). Das neue Haus präsentiert sich dem Blick aus Osten wie ein Brett (Bild links).

(im 2. und 3. Obergeschoss) oder die Büros (in den darüberliegenden Etagen) des knapp 20 Meter hohen Hauses von Vorteil: sie erhalten grosszügiges Licht. Die Tatsache, dass man die lärmige Strassenfront kaum befensterte, senkt die Geräuschemission im Innern auf Zimmerlautstärke. Da der Bau auf einer Anhöhe liegt, blickt man an nördlichen Panoramafenstern auf die Innerstadt und das Münster.

Lifte, Treppen und die Haustechnik hat man in den turmartigen Schnittstellen des Gebäuderasters plaziert. In den Gängen und den Cafés der einzelnen Stockwerke (mit Blick auf die Bahngeleise) fand man (bei der Eröffnung) Wandbilder, Objekte und Videos von Ian Anüll, Anselm Stalder, Pipilotti Rist, Sylvie Fleury oder Silvia Bächli. Die Werke der namhaften Schweizer Gegenwartskünstler wurden über einen Wettbewerb ermittelt.

Während des Tages ist der Weg über die Terrasse am Talhang öffentlich. An deren Ende haben die Architekten den „Flamingosteg" gebaut, der den Eingang des Zoologischen Gartens auf der Talsohle publikumsfreundlicher für Fussgänger an den Bahnhof anbindet.

En bas, vue de la cubature à trois ailes à partir du nord-ouest (la Viaduktstrasse). Vu de l'est, le nouveau bâtiment a l'aspect d'une planche (en haut).

The three-wing cubature seen from the north-west, from Viaduktstrasse (below). From the east, the new building appears like a flat board (above).

An der gerundeten Rückfassade soll einst die Trasse für den schnellen Zug in Richtung Paris verlaufen.

La voie ferrée pour le train à grande vitesse en direction de Paris sera un jour installée le long de la façade postérieure courbée.

The track for the express train to Paris will run past the curved rear façade.

Der baumbestandene, geschlossene Innenhof im Zentrum der Anlage.

La cour ombragée et fermée au centre du complexe.

The shaded inner courtyard at the centre of the complex.

Projekt
Vitra Konferenzpavillon
Charles-Eames-Strasse 1
79576 Weil am Rhein

Bauherr
Vitra Verwaltungs-GmbH
Postfach 1940
79578 Weil am Rhein

Um einen klösterlichen Hof

L'architecte japonais Tadao Ando est un des grands architectes des dernières vingt-cinq années, surtout à propos d'organisation spatiale, de concentration de matériels et du traitement de la lumière. Il fit ses débuts en Europe avec un centre de conférence de 420 m² de superficie utile, achevé en 1993 pour l'entreprise Vitra à Weil-sur-Rhin. L'architecte créa un bâtiment discret et introspectif, situé au milieu de cerisiers. Les murs sont en béton sans enduit, le plancher est en chêne rouge d'Amérique, les entrées carrelées de blocs de pierres claires. Les pièces sont groupées autour de la cour en contrebas. Des fenêtres sur toute la hauteur créent une harmonie entre architecture et nature.

The Japanese architect Tadao Ando has been one of the leading figures in architecture during the past twenty-five years, particularly with regard to spatial organisation, the concentration of material, and the treatment of light. His first building in Europe, the conference centre of the Vitra corporation with 420 square metres of floor space, was erected in Weil am Rhein in 1993. The architect created a discrete, inward-looking building situated in the midst of a cluster of cherry trees. The walls are of untreated concrete, the floors of American red oak, the entranceways paved with light-coloured cast stone slabs. The rooms are grouped around a low-lying courtyard. Floor-length windows create a dialogue between architecture and nature.

Der japanische Baumeister Tadao Ando, der seit 1969 ein eigenes Büro hat, kann auf fünfundzwanzig Jahre zurückblicken, in denen er Architekturgeschichte mitschrieb. Sein Reihenhaus in Osaka (1975) und das Haus Koshino in Hyogo (1981) bedeuten mit Raumdisposition, Materialkonzentration und Lichtführung einen Meilenstein im Wohnungsbau. Das Einkaufszentrum „Time's" in Kioto (1984) gab dem architektonischen Wildwuchs der Stadt Ruhe und Leichtigkeit. Und beim Kinder-Kunstmuseum in Hyogo (1989) hatte Ando die mutige Idee, die Anlage im Aussenraum über eine Stufenkaskade zu erschliessen, die der Monumentalität der Spanischen Treppe in Rom in nichts nachsteht.

1992 baute Tadao Ando den japanischen Pavillon an der „Expo" in Sevilla; ein temporäres Bauwerk. 1993 übergab er der Firma Vitra in Weil am Rhein sein erstes festes Haus in Europa, das bis heute sein einziges geblieben ist: ein Konferenzzentrum mit 420 Quadratmetern Grundfläche, inmitten von Kirschbäumen gelegen. 1995 erhielt Ando den Pritzker Architektur Preis.

Das klösterlich anmutende Ensemble grenzt sich bewusst vom Design-Museum ab, welches Frank O. Gehry für den gleichen Bauherrn und ebenfalls als europäische Premiere baute. Auch zur Pop-Art-Plastik „Balancing Tools" von Claes Oldenburg und Coosje van Bruggen, die fast genau zwischen den Häusern von Ando und Gehry steht, geht es auf Distanz.

Die Oberkante des zweigeschossigen Baues schliesst sanft zu den Baumkronen auf. Ein Geschoss hat Ando abgesenkt und um einen Hof gelegt, der dem Blick von Aussen entzogen ist. Ando formuliert in Weil sein schon klassisches Thema: den gebauten Dialog von ursprünglichen, elementaren Materialien, mit der „evolutionär gewachsenen Architektur", der Natur. Ein asphaltierter Weg führt in einer Schleife von Gehrys Bau zum Erschliessungsgang der Umfassungsmauer mit hellen Gusssteinplatten. Der Gang ist so schmal, dass er nur von einer Person begangen werden kann. Das Raumprogramm umfasst einen Konferenzraum, drei Seminarräume, das Zimmer für einen Gast, eine Bibliothek und Räume für die Versorgungstechnik.

Tadao Ando schilderte bei der Eröffnung seine Erfahrung mit den baugesetzlichen Normen in Deutschland. Er habe die Region Basel sehr geschätzt, bis er diese Normen kennenlernte: Einschalige Wände, wie er diese in Japan ausschliesslich realisierte, waren und sind in Deutschland nicht zulässig. Das ganze Ensemble mit roh belassenen Betonwänden und Böden aus amerikanischer Roteiche musste deshalb dreischalige Mauern erhalten.

Dennoch ist im Vitra-Konferenzzentrum die formale Askese konsequent durchgehalten. Andos Spuren führen hier zu Le Corbusier, den der japanische Architekt 1965 auf seiner ersten Europareise kennenlernte. Die nüchterne und sinnliche Ästhetik der neueren Basler Architektur hat mit dem Bau Andos auf der deutschen Seite der Stadt ein „japanisches" Pendant erhalten. Es gehört zum gehobenen Stil des Büromöbel- und Designproduzenten, dass das Haus auch von auswärtigen Gruppen gemietet werden kann.

Architekt
Entwurf: Tadao Ando
Architect + Associates
5-23, Toyosaki, 2-Cho-me Kita-ku
Osaka, Japan 531

Projektmanagement, Planung, Bauleitung
Günter Pfeifer
Freier Architekt BDA/DWB
Industriestr. 2
79541 Lörrach
in Partnerschaft mit Roland Mayer
(Pfeifer + Ass., 1989-1993)

Begegnung der Kulturen: Das Haus des japanischen Architekten aus Osaka mit einem Kirschbaum in Deutschland am Oberrhein.

Rencontre de cultures: la maison de l'architecte japonais de Osaka et un cerisier en Allemagne au bord du Rhin supérieur.

Meeting of cultures: the building by the Japanese architect from Osaka and a cherry tree in Germany on the Upper Rhine.

Der Grundriss des Parterres (oben) mit Schnitten, von Osten (unten) und Westen (ganz unten) aus gesehen.

Plan du rez-de-chaussée (en haut) et sections, vue de l'est (en bas) et vue de l'ouest (tout en bas).

Floor plan of ground floor (above) with sections, seen from the east (middle) and from the west (below).

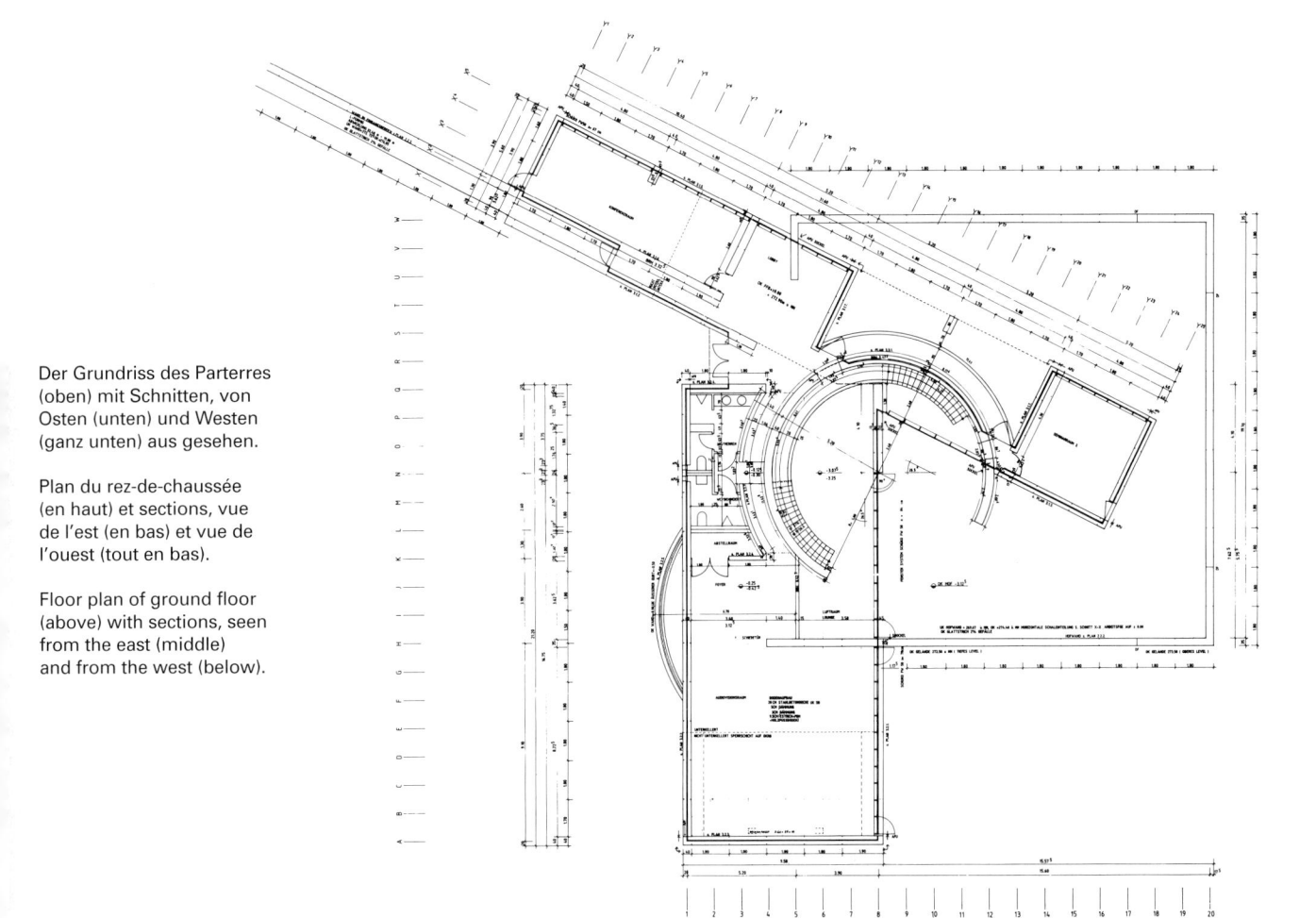

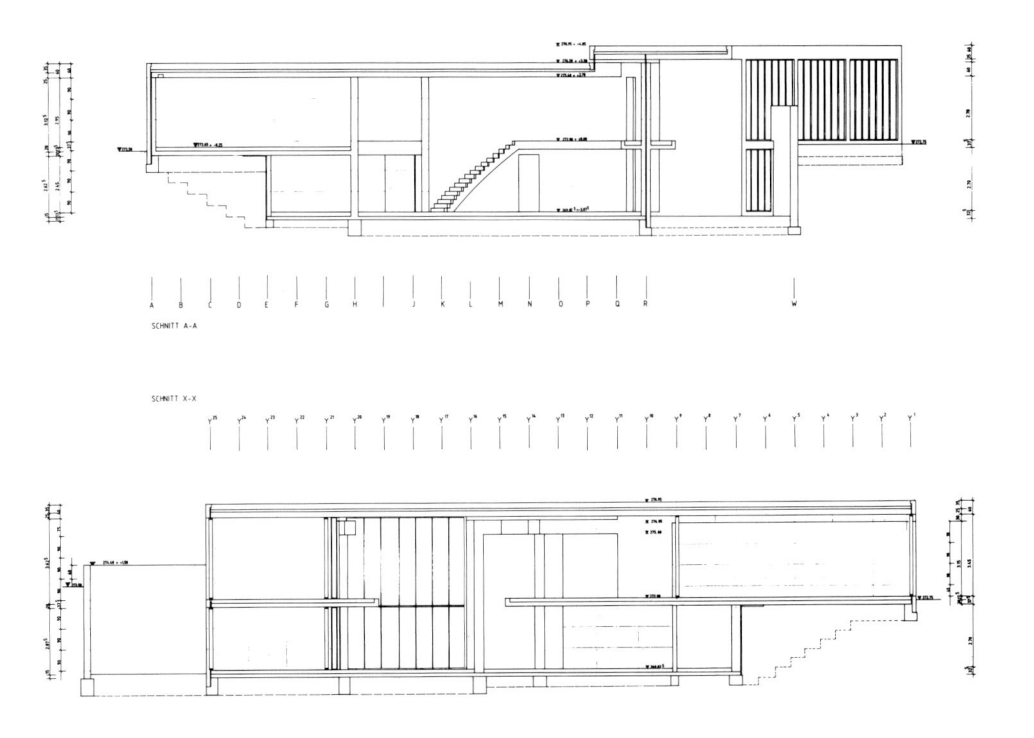

SCHNITT A-A

SCHNITT X-X

Sonderfachleute
Statik: Dipl. Ing. (FH) J.C. Schuhmacher
79189 Bad Krozingen
HLS: Dipl. Ing. (FH) E. Behringer
79674 Todtnau-Schlechtnau
Elektro: Planungsbüro K. Schepperle
79539 Lörach
Bauphysik/Akustik: Genest + Partner
67061 Ludwigshafen

Termine
Planungsbeginn: April 1989
Baubeginn: Juni 1992
Fertigstellung: Juni 1993

Eine der beiden Treppen zum abgesenkten Hof.

Un des deux escaliers vers la cour en contrebas.

One of the two stairs to the low-lying courtyard.

16

Projekt
Anatomisches Institut der Universität Basel
Umbau und Erweiterung
Pestalozzistrasse 20
4056 Basel

Bauherr
Kanton Basel-Stadt
Baudepartement
Hochbau-und Planungsamt
Münsterplatz 11
4001 Basel

Time-Channel

L'Institut d'Anatomie de l'université de Bâle fut transformé, rénové et agrandi par une nouvelle construction. Les architectes Peter Fierz et Stefan Baader construisirent un cube asymétrique à côté du bâtiment datant de 1921; la nouvelle salle de conférences ainsi que la salle de dissection au-dessus sont enfoncées dans le sol et les architectes ont créé des pièces supplémentaires pour le Musée d'Anatomie. Les surfaces composées de béton apparent et de granit font pendant à l'architecture historique Art Nouveau: un carrefour du temps.

The Anatomical Institute of the University of Basle has been extensively transformed, renovated, and enlarged with a new addition. Architects Peter Fierz and Stefan Baader placed an asymmetrical cube next to the building from 1921, lowered the new lecture hall (and the dissection facility above it) into the ground, and created new rooms for the Anatomical Museum. Exposed concrete and granite maintain the dialogue with the historic Art Nouveau architecture: a Time Channel.

Im ersten Stock ist ein Time-Channel. Denn das 1921 an der Pestalozzistrasse fertiggestellte Anatomische Institut der Universität Basel atmet hier ganz den Geist des Jugendstils. Die Lampen sind kugelförmig und hängen - statisch keinesfalls notwendig - an vier feingliedrigen Metallketten; die Farbe ist Schwarz. Die Wände sind mit einem umlaufenden Relief geschmückt. Die grosse Uhr an der Stirnseite hat römische Ziffern, ihr Ort ist mit ornamentalem Stuck gerahmt.

Öffnet man hier eine Türe nach Westen steht man in den neunziger Jahren. Wände aus glattgeschaltem Beton. Böden aus dunklem Granit. Die Leuchtkörper schlank und Weiss lackiert. Auf die räumliche Festlichkeit, die Kantonsbaumeister Theodor Hünerwadel vor über siebzig Jahren nahe dem St. Johanns-Tor inszenierte, folgt die nüchterne Sachlichkeit, in der Peter Fierz und Stefan Baader (die bis 1995 gemeinsam firmierten) das Institut umbauten, erweiterten und renovierten.

Im Neubau sind ein Hör- und ein Seziersaal untergebracht. Neue Räume erhielt auch das Anatomische Museum. Der alte Hörsaal wurde für die Bibliothek und ein Photoatelier umgenutzt. Die gerichtsmedizinische Abteilung erhielt für ihre makabre Arbeit einen neu gestalteten Eingangsbereich.

Markantester Eingriff ist die Erweiterung durch das zweigeschossige Haus des Hör- und Seziersaales. Im Schnitt sieht das Modell wie ein Theaterraum aus, bei dem die Bühne fehlt. Einen gewissen Ersatz bietet die Videogrossprojektion, mit der die Arbeit im darüberliegenden Seziersaal den Studenten live übertragen werden kann. Der Zugang zu den 229 Plätzen des Auditoriums liegt auf dem Eingangsniveau. Der Platz des Dozenten wurde in die Erde eingegraben. Der abgesenkte Raum ist mit vier Treppenläufen vergleichsweise steil erschlossen, was der Situation jedoch die Grosszügigkeit nicht nimmt und allen Anwesenden ein konzentriertes Zuhören ermöglicht. Tische, Klappstühle und das Parkett sind sorgfältig und edel in Eiche und Buche ausgeführt. Neben dem Bernoullianum und der alten Universitätsaula an der Augustinergasse verfügt die Stadt damit über einen weiteren repräsentativen und „ausseruniversitären" Vortragssaal. Denn vom Hof der Pestalozzistrasse ist der Raum - einladend - zugänglich. Zur Erweiterung gehört auch ein geräumiges Foyer mit Garderobe. Werner von Mutzenbecher hat dort eine sensible, farbige Bildgeometrie in den Gussbeton gesetzt. Ein Beispiel, wo man zurecht von „Kunst mit dem Bau" sprechen kann.

Damit der Hörsaal des Anatomischen Instituts stützenfrei werden konnte, legten die Architekten einen mächtigen Bügel diagonal auf den Kubus, der den Grundriss eines zur Raute verschobenen Quadrates hat. Die kleinen Säulen im Seziersaal sind ummantelte Träger der Decke des Auditoriums, das darunter liegt.

Der Seziersaal erhält Tageslicht über ein breites Fensterband entlang der Decke. Er muss den hohen hygienischen Erfordernissen seiner Nutzung genügen, das Glas ist blind und die Stimmung aseptisch. Doch die enorme Helligkeit des Raumes gibt dem Fach Medizin und dem Phänomen des Todes einen strengen und dennoch sinnlichen Rahmen. Der Fensterkranz an der sonst geschlossenen Fassade erinnert an moderne Kirchenbauten wie Fritz Metzgers St. Karls-Kirche in Luzern (1934). Der Verbindungstrakt des neuen Kubus mit dem Altbau zitiert mit seinem Betonge

Architekt
Fierz & Baader
Architekten BSA/SIA
Marktgasse 5
4001 Basel

Bauingenieur
César Prince

Termine
Bezug: 1995/96

Mit der Präzision einer bildkünstlerischen Installation: Der neue Seziersaal nach der Einrichtung und vor der Inbetriebnahme.

Avec la précision d'une installation des beaux arts: la nouvelle salle de dissection complètement meublée, avant son inauguration.

With the precision of an art installation: the new dissection hall, fully equipped and furnished, shortly before opening.

Im Aufriss: Das Anatomische Institut vom Eingangshof im Norden aus gesehen; links der 1921, rechts der 1995/96 bezogene Bau.

Projection verticale: l'Institut d'Anatomie vue de la cour d'entrée du côté nord; le bâtiment de 1921 (à gauche) et l'addition de 1995 - 96 (à droite).

Elevation: the Anatomical Institute as seen from the entrance courtyard on the north side; the 1921 building (left) and the 1995 - 96 addition (right).

Schnitt durch Alt und Neu (von links): Der Hörsaal „fast" unter der Erde mit dem darüberliegenden Seziersaal; im Hintergrund der historische Bau des Institutes und davor der Neubau des Anatomischen Museums.

Section du vieux et du nouveau (de gauche à droite): la salle de conférences "presque" souterraine et la salle de dissection au-dessus; en arrière-plan le bâtiment historique de l'Institut et au premier plan le nouveau bâtiment du Musée d'Anatomie.

Section through the Old and the New (from left to right): the lecture hall, which is "almost" below ground and the dissection hall above it; in the background the historic building of the institute and in front the new Anatomical Museum.

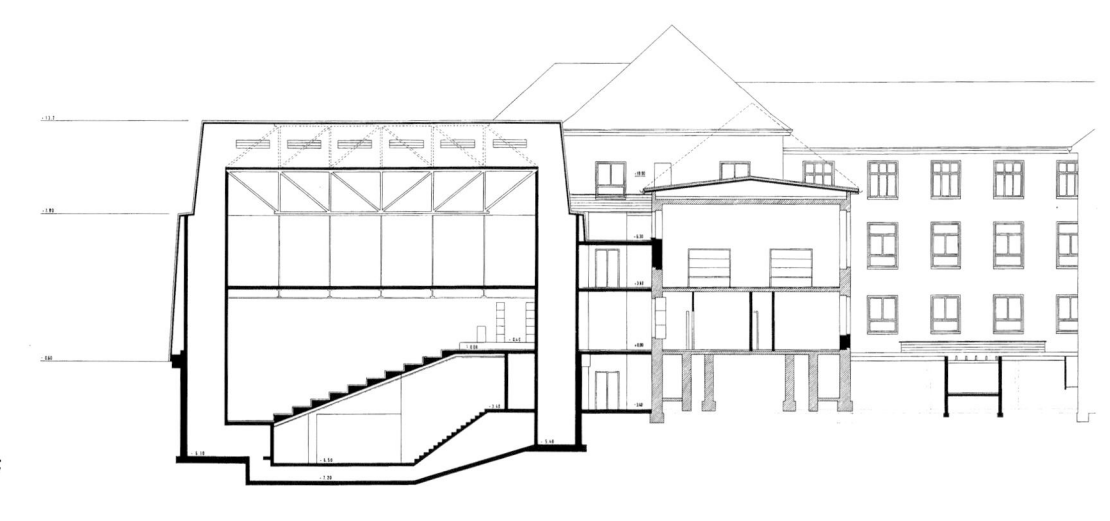

rüst und den bodenlangen Fensterbändern ebenfalls ein Motiv der klassischen Moderne. Mit dem neuen rund 400 Quadratmeter grossen Ausstellungssaal erhält das 1824 gegründete Anatomische Museum auf der Seite des St. Johann-Rings einen eigenen Zugang. Ähnliche Sammlungen gehören zwar zum methodisch-didaktischen Inventar vieler medizinischer Fakultäten. Doch als öffentliches Museum, so der Konservator, sei das Basler Institut ein Unikum. Auch besitze man weltweit das älteste Präparat: ein Skelett aus dem Jahr 1543. Sieben Jahre zuvor starb Erasmus von Rotterdam in Basel: Time-Channel.

Die geschlossene Wand von Hör- und Seziersaal mit dem Fensterkranz unter dem Dach. Links das neue Foyer.

Le mur fermé des deux salles avec les fenêtres en croix sous le toit. À gauche, le nouveau foyer.

The closed wall of the lecture and dissection hall with the window cross below the roof. To the left, the new lobby.

Projekt
Ecole maternelle A. de Baerenfels
Rue Anne de Gohr
68300 St. Louis

Bauherr
Ville de St. Louis
Hôtel de Ville
68300 St. Louis

Ein Spielsaal als Erlebnisraum

À Burgfelden, un quartier de St. Louis, Daniel Stefani et Bernard Wendling construisirent une école maternelle. La propriété est située entre une rue passagère et de grands immeubles des années soixante. Les architectes protégèrent les enfants grâce à un grand mur sans fenêtres entre l'école et la rue, créant à l'abri du mur un terrain de jeux en plein air. La grande salle de jeux intérieure est dominée par un arrangement irrégulier des fenêtres, en zig-zag du haut vers le bas. L'espace est stimulant et ressemble à un bijou.

In Burgfelden, a quarter in the French town of St. Louis, Daniel Stefani and Bernard Wendling have built a kindergarten. The site is located between a busy street and large apartment buildings from the sixties. The architects erected a windowless wall to shield the children from the street. Within its shelter, they created a covered play area. The large indoor playroom is characterised by an arrhythmic window arrangement, zigzagging from floor to ceiling. The space is energising and has a jewel-like quality.

Der urbane Raum, den Basel auf Schweizer Territorium einnimmt, ist längst über die Grenze nach Frankreich gewachsen. Genauer, die Kommunen haben sich durch das Wachstum der Nachkriegszeit zu berühren und zu amalgamieren begonnen. Und die gute Architektur, in deren Glanz sich die Region am Oberrhein heute sonnt, wächst beim westlichen Nachbarn ebenfalls nach. Einen markanten Auftakt schufen Herzog & de Meuron mit einem Industriebau südlich von Mulhouse und einem Sportzentrum in St. Louis (Freizeit & Sport, Nr. 23), das in Frankreich genau an der Grenze zur Schweiz und zu Basel liegt. Ein paar hundert Meter weiter südwestlich steht ein neuer Kindergarten der Architekten Daniel Stefani und Bernard Wendling.

Das Haus steht auf einem länglichen, rechteckigen Grundstück zwischen sechsgeschossigen Wohnscheiben aus den sechziger Jahren und dem historischen Dorfkern von Burgfelden, einem eingemeindeten Stadtteil von St. Louis. Die Basler Strassenbahnlinie zu verlängern, die heute in „Burgfelden Grenze" endet, scheint ein planerisches Kinderspiel. Aber da die französische Regierung ihren Departementen zu wenig Bewegungsfreiraum gibt, wird der Verhandlungsweg harzig sein.

Zur vielbefahrenen Strasse in das südlich gelegene Sundgau schirmten die Architekten ihr Haus für Kinder mit einer einseitig geschlossenen Pergola visuell und akustisch ab. Sie schufen hier eine regengeschützte Spielzone, die durch grosse Schieferplatten, die man wie Intarsien in die Betonwand legte, einen flexiblen (weil abwaschbaren) Grund zum Zeichnen hat. Das Haus selbst wirkt mit einfachen Kubaturen, linearen Zugängen und grosszügigen Fenstern auf die gebaute Umgebung beruhigend und im Innern menschenfreundlich und hell. Ein Bijou wurde der grosse Spielsaal, wo die Fenster an den freistehenden Aussenwänden im Zick-Zack-Rhythmus von der Decke „herabhängen" oder auf dem Boden „stehen". Dies vitalisiert den Raum, schafft ungewohnte Perspektiven für den Blick nach Aussen. Die ungewohnte Anordnung der Fenster scheint das statische Verhältnis von Decke und Boden zuweilen aufzulösen.

Das Haus wird als Kindergarten der Gemeinde und als Versammlungsort für Vereine genutzt. Die Räume im Sous-Sol sind über eine Treppe und einen abgesenkten Innenhof auf der Seite der Wohnblöcke erschlossen. Hier gibt es auch eine Wendeltreppe aus Metall, die auf die Dachterrasse der Ecole Maternelle im Obergeschoss führt. Die Treppe erhielt eine quadratisch-kubische Verkleidung aus gelochtem Blech, so dass sie durchsichtig wird. Der kleine Treppenturm hat die Präsenz einer Künstlerplastik im Aussenraum. Er sucht zudem eine Anbindung an die gebauten Nachbarn und fördert mit einer Informationsbox aus Glas die Kommunikation.

Architekt
Daniel Stefani & Bernard Wendling
Architectes
4a, rue de Huningue
68300 St. Louis

Sonderfachleute
Statik: ICAT Ingénieurs
21, rue Robert Meyer
68120 Pfastatt

Termine
Baubeginn: Oktober 1992
Bezug: September 1993

Im grossen Spielsaal des ersten Obergeschosses verlaufen die Fenster im Zick-Zack-Rhythmus. Sie scheinen an der Decke zu „hängen" oder auf dem Boden zu „stehen" und vitalisieren so den Raum.

Dans la grande salle de jeux intérieure au deuxième étage, les fenêtres forment un gaufrage. Les fenêtres en haut semblent être suspendues du plafond, celles en bas semblent être "debout".

In the large indoor playroom on the second floor, the windows form a chequered pattern, energising the room. The upper windows seem to "hang" from the ceiling, while the lower windows "stand" on the floor.

Die „Ecole Maternelle" ist auf zwei Seiten von Wohnscheiben aus den sechziger Jahren umgeben.

L'école maternelle est entourée d'immeubles datant des années soixante.

The Ecole Maternelle is framed by apartment towers from the sixties.

Grundriss des Erdgeschosses.

Plan du rez-de-chaussée.

Floor plan of ground level.

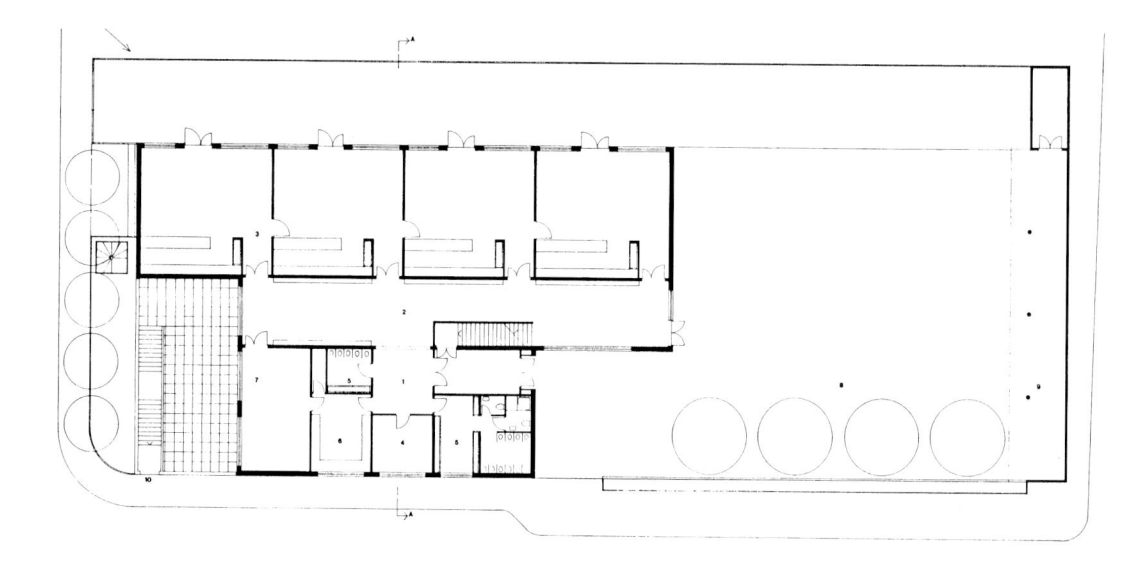

Die geschlossene Pergola zur Strasse schirmt die Kinder akustisch, visuell und sensuell vom Verkehr und seinen Emissionen ab.

La passerelle enfermée vers la rue protège les enfants contre le bruit, l'environnement urbain, la circulation et les expulsions nuisibles.

The covered walk, closed on the street side, provides acoustic, visual, and environmental protection for the children from traffic and emissions.

Der verkleidete Treppenturm auf der Rückseite hat die Präsenz einer künstlerischen Plastik.

La tour vitrée de l'escalier en arrière du bâtiment a un aspect plastique.

The glazed stair tower to the rear of the building has the presence of sculpture.

Projekt
Vogesenschulhaus
Orientierungsschule
St. Johanns-Ring 17
4056 Basel

Bauherr
Kanton Basel-Stadt
Baudepartement
Hochbau-und Planungsamt
Münsterplatz 11
4001 Basel

Schlicht und edel

La première phase de construction de l'école Vogesen de Diener & Diener fut réalisée en 1994, la deuxième en 1996. L'augmentation du nombre d'élèves et la réforme du système scolaire au début des années quatre-vingt accrurent le besoin en salles de classe à Bâle. Le bâtiment de Diener & Diener en 1994 fut la première école nouvelle de la ville en vingt ans. L'élégant bâtiment de béton à gradins de quatre étages contient quarante salles de classe, un gymnase, et de nombreuses salles supplémentaires. L'entrée, ainsi que la zone d'accès, furent recouvertes de granit d'Onsernone des montagnes du Ticino. La façade fut construite de dalles de béton coulé de couleur verte. Les fenêtres dans les salles de classe mènent presque jusqu'au plafond, créant ainsi une atmosphère sympathique et sensuelle.

The first phase of the Vogesen school building by Diener & Diener was completed in 1994, the second phase in 1996. Growing student numbers and a school reform led to increased requirements for school facilities in Basle from the eighties onwards. In 1994, the building by Diener & Diener was the first new school building in the city in twenty years. The elegant four-storey, tiered-concrete building accommodates a total of forty classrooms, a gym, and extensive ancillary facilities. Onsernone granite from the Ticino Mountains covers the entranceway, as well as the entire access area. The façade features green-tinted poured concrete slabs. Classroom windows reach almost from floor to ceiling, creating a welcoming and open atmosphere.

Seit den späten achtziger Jahren boomt in Basel die Planung und der Bau von neuen Schulhäusern. Gestiegene Schülerzahlen, eine Schulreform und die Prognose weiterer kinderreicher Jahrgänge schufen und schaffen vergrösserten Raumbedarf. 1994, als man die Reform einführte, wurden mehrere neue Häuser eingeweiht. Flaggschiff war das Vogesenschulhaus des renommierten Büros Diener & Diener. Um das Doppelte erweitert, wurde das komplette Gebäude im August 1996 der Öffentlichkeit übergeben. Der letzte Neubau eines Schulhauses war in Basel 1974, auf dem Höhepunkt der damaligen Ölkrise, fertiggestellt worden.

Das Büro Diener & Diener brachte in einem schlanken, abgetreppten Betonriegel an der Ecke St. Johanns-Ring / Spitalstrasse auf vier Geschossen 40 neue Klassen-, Gruppen- und Gesprächsräume, eine Bibliothek, eine Küche, einen Theorieraum für die Hauswirtschaft sowie Zimmer für Lehrer, Schulleitung und die Abwartswohnung unter. Der näher am Rhein gelegene Schulteil hat eine abgesenkte Turnhalle mit Garderoben und Geräteräumen.

Das Haus besticht durch seine schlichte Form. Hinzu kommt eine Durchfensterung, die - wo möglich - die Bereiche des Aussen- mit jenen des Innenraums verbindet. Bei nahezu bodenlangen Fenstern in den Unterrichtsräumen erhielt die Schule eine ungewohnt sinnliche Lichtführung. Für die Böden im nutzungsintensiven Eingangsbereich, den Korridoren und dem Treppenhaus nahm man Tessiner Onsernone-Granit. Die Fassade besteht aus grün eingefärbten Gussbetonplatten, die man auf das Betongerüst montierte.

Die Sorgfalt bei der Materialwahl ist auch beim Umgang mit dem Standort zu beobachten. Das neue Haus von Diener & Diener schliesst den grössten Schulkomplex des St. Johann-Quartiers nach Westen, zur Grenze mit Frankreich hin, ab. Die neue Schule ergänzt zwei Bauten aus dem späten 19. Jahrhundert (1888 und 1893). Auch diese wurden durch eine Reform notwendig, mit der man 1875 den kostenlosen Schulbesuch eingeführt hatte. Die Architekten haben den neuen Gebäuderiegel parallel zu Stadtbaumeisters Heinrich Reeses St. Johanns-Schule von 1888 gelegt, die Raumhöhen angeglichen (3,5 Meter) und die Rhythmen der Fassaden zu einem gebauten Duett gemacht.

Interessant ist in diesem Zusammenhang der Blick auf zwei weitere Gebäude von Diener & Diener: das Verwaltungsgebäude der Bâloise am Picassoplatz (Verwalten & Produzieren, Nr.34) und das Konferenz- und Schulungszentrum des Bankvereins auf der Pfalz am Bahnhof neben dem Zoo (Lernen & Bildung, Nr.14). Der Bau der Versicherung ist mit geschliffenem und poliertem, grünem Granit verkleidet. Beim Vogesenschulhaus nahm man aus Kostengründen den in ähnlicher Farbe gehaltenen Gussbeton. Man sieht und empfindet schnell, dass die Fassade am Picassoplatz die edlere und elegantere ist, aber die Schule am Johanns-Ring hat inmitten ihres gebauten Umfeldes die gleiche skulpturale Präsenz. Ästhetisch sind die Fassaden gleichwertig. Analog verhält es sich mit den Eingangsbereichen der privatwirtschaftlichen und der öffentlichen Schulungsräume. Auch beim Bankverein am Bahnhof wurde grauer Onsernone-Granit verwandt. Und was im Repräsentationsbereich des Geldinstitutes einladend, nützlich und schön ist, wirkt im Vogesenschulhaus schön, nützlich und praktisch.

Architekt
Diener & Diener Architekten
Henric Petri-Strasse 22
4010 Basel

Termine
Bezug1. Etappe: August 1994
Bezug2. Etappe: August 1996

Ein Fenster, das Licht und Natur wie in einen umgrünten Wohnraum einfallen lässt: Unterrichtszimmer des Vogesenschulhauses.

Des fenêtres éclairent la pièce entourée de verdure: une salle de classe dans l'école Vogesen.

Windows light the space surrounded by green: a classroom in the Vogesen school building.

Raumprogramm:
30 Klassenräume
10 Gruppenräume
1 Küche Hauswirtschaft
1 Theorieraum Hauswirtschaft
1 Bibliothek Lehrer
1 Bibliothek Schüler
4 Gesprächsräume
1 Lehrerzimmer
1 Schulleitungsraum
1 Turnhalle mit Garderoben
2 Geräteräume
1 Veloraum
4 Materialräume
1 Abwartwohnung

Die Fassade im Osten.

La façade est.

The east façade.

Ost-West-Schnitt durch den nördlichen Schulteil mit der Turnhalle im Untergeschoss (unten). Grundriss des 1. bis 3. Obergeschosses (rechts).

Section est-ouest de la partie nord de l'école avec gymnase en souterrain (en bas). Plan du premier au troisième étages (à droite).

East-west section of north part of school building with gym in basement (bottom). Floor plan of first to third floors (right).

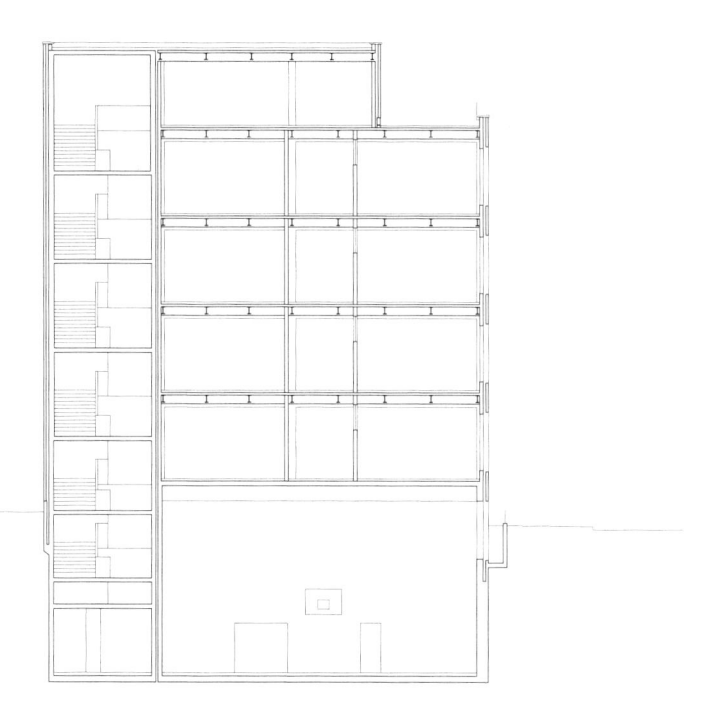

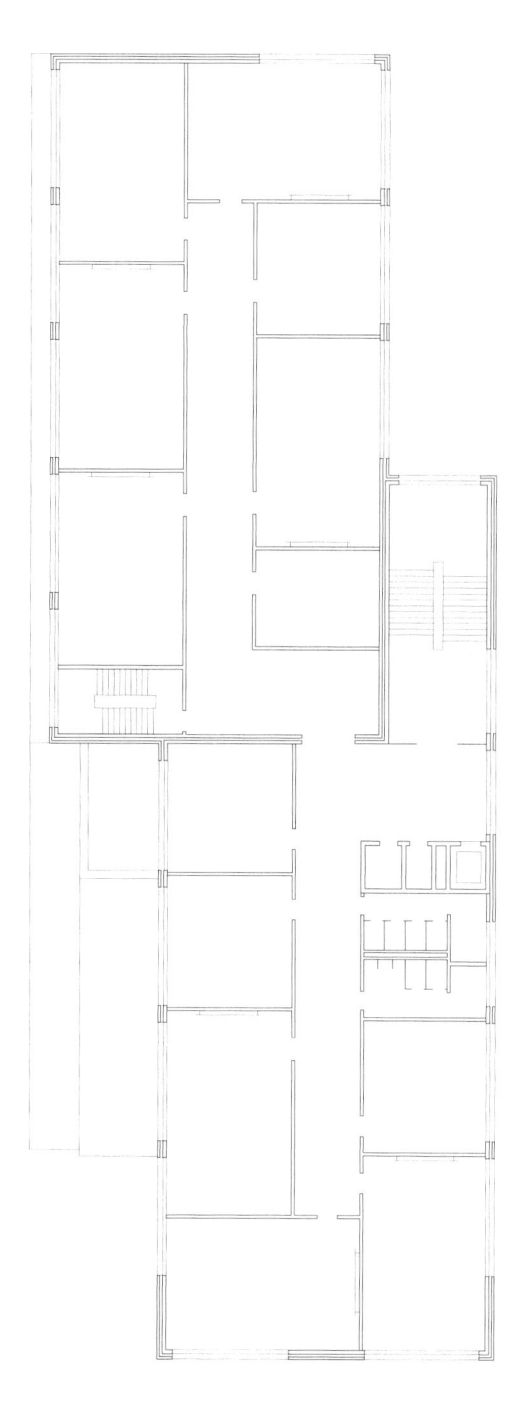

Die lineare Form der Architektur hinter der vegetabilen Welt der Natur.

L'architecture linéaire en harmonie avec les formes naturelles.

The linear form of the architecture as a backdrop to natural forms.

Projekt
Überbauung Dreirosen - Klybeck
Klybeckstrasse
4057 Basel

Bauherr
Kanton Basel-Stadt
Baudepartement
Hochbau-und Planungsamt
Münsterplatz 11
4001 Basel

Um den „Minimal"-Hof

Dans la Klybeckstrasse, à côté du petit parc près du pont Dreirosen, Morger & Degelo agrandirent une ancienne école et construisirent un nouvel immeuble. Du côté de la rue, l'édifice à cinq étages fait le pendant à une église néo-baroque datant de 1902. Les architectes trouvèrent une solution créative, esthétique et pratique pour protéger les écoliers du bruit grâce à une clôture en forme de "L" autour de l'ancienne école de 1906. L'ensemble, auquel ils ajoutèrent un grand gymnase et des ateliers, devint un élément central dans cet environnement urbain près de la frontière allemande.

On Klybeckstrasse, next to the small park at the Dreirosenbrücke, Morger & Degelo have expanded an existing school building and erected a new apartment building. The street front of the five-storey building relates to a Neo-Baroque church from 1902. The architects found a sensitive, aesthetic, and, for the schoolchildren, noiseprotective solution in creating an L-shaped enclosure around the original school building from 1906. The school complex, to which a large gym and rooms for arts and crafts instruction were added, has become a strong element in the urban environment near the German border.

An der Klybeckstrasse / Ecke Dreirosen- und Horburgstrasse ist am Ende des Jahrhunderts Basels grösste Baustelle. Die Strasse wird hier komplett untertunnelt und neben der Dreirosenanlage mit einer Brücke (Ausblick, Nr.42) dann doppelstöckig über den Rhein geführt. Oberirdisch bleibt dann noch der Individualverkehr des Quartiers und die Strassenbahn übrig. Und ein neues Haus wird dann jene städtische Lage haben, die es verdient: der Erweiterungsbau des Dreirosenschulhauses und ein Wohnhaus von Morger & Degelo werden neben einem kleinen Park mit guter verkehrtechnischer Anbindung liegen, gute Einkaufsmöglichkeiten und - durch die Nähe zum Fluss - einen hohen Freizeitwert haben.

Die Ergänzung und Erweiterung des 1906 erbauten Dreirosenschulhauses besteht aus einer Dreifachturnhalle sowie Werkräumen und Sälen für den Zeichenunterricht. Zudem entstand an der Klybeckstrasse ein Wohnhaus mit 29 Einheiten zwischen zwei und vier Zimmern Grösse. Das neue Haus umfasst mit der Form eines L's den Pausenhof des Schulbaues und schliesst durch eine durchfensterte Wand mit auskragendem Dach die Schauseite der historischen Architektur zur Dreirosenanlage, die parallel zur gleichnamigen Brücke verläuft und am Rhein beginnt. So klar war der Block von Klybeck-, Offenburger- und Breisacherstrasse bis jetzt nicht gestaltet. Und in der Mischung aus Wohn- und Schulhaus erhält das neue Haus auch zwei Fassaden. An der Klybeckstrasse entstand mit fünf Geschossen und der zurückversetzten Wohnebene des flachgedeckten Daches eine kompakte urbane Hauskubatur , die der 1902 geweihten Josephskirche von August Hardegger vis à vis antwortet. Der Bau entstand zeitgleich mit der moderneren Pauluskirche Karl Mosers. Mit dem Sakralbau von Hardegger (dessen sorgfältige Renovierung im Frühjahr 1997 angeschlossen wurde) erhielt Basel eine neobarocke Kirchenarchitektur, die drei Jahre nach der Marienkirche im Kloster Disentis - ebenfalls von Hardegger - fertiggestellt wurde. Für die Dreirosenanlage entwarfen Morger & Degelo eine Fassade, die in Form einer Treppe an Höhe abnimmt. Die Fassadenflucht in Richtung des Rheins ist mit 90 Metern Länge so monumental und dynamisch wie ein Pfeil. Die Architekten setzen sich vom Schulhaus K. Leisingers ebenso nachdrücklich ab, wie sie die vorhandene Architektur respektieren. Das neue Haus ist wesentlich kompakter, hat bei gleicher Fassadenhöhe ein Stockwerk mehr und arbeitet mit fünfteiligen Fenstern, die Leisingers Rhythmus von zwei, vier oder sechs Fensterelementen subtil und markant durchbrechen. Die Pausenhalle hat grosse, verglaste Wandöffnungen, die das Sockelgeschoss des alten Schulhauses von Seiten des kleinen Parks weiterhin sichtbar machen.

An den Grundrissen der 29 Wohnungen fällt auf, dass diese alle über die gesamte Tiefe des Hauses mittels Türen oder schiebbarer Wandelemente einen 13 Meter langen Raum oder eine entsprechende Enfilade haben. An den Fenstern zur Klybeckstrasse wurde ein doppelwandiges Lärmschutzsystem installiert. Die Balkone auf der Rückseite sind aus analogen Gründen bodenlang verglast und erhalten Veranden. Der Blick fällt von hier auf den Pausenhof und sein streng geometrisches Netz aus begehbaren Glasbalken. Dieses ist die Tageslichtquelle der Dreifachturnhalle. Nachts - und von Innen beleuchtet - verwandelt sich der Pausenhof in eine minimalistische Plastik. Der Luftraum reicht von hier über drei Stockwerke - rund zehn Meter - unter die Erde. Eine einläufige Kaskadentreppe überwindet

Architekt
Morger & Degelo Architekten BSA/SIA
Spitalstrasse 8, 4056 Basel
Mitarbeit: Marianne Kempf, Lukas Egli,
Albi Nussbaumer, Nadja Keller, Daniel Buchner

Sonderfachleute
Farb- und Vorhangkonzept: Renée Levi, Basel
Ingenieur: Jauslin + Stebler Ingenieure, Basel

Termine
Bauzeit: 1990 - 1996

Wie eine Minimal-Bodenplastik von Carl André, nur benutzbar: Der grosse Pausenhof des erweiterten Dreirosenschulhauses mit dem beleuchteten Sportsaal unter der Erde.

Fait penser à une sculpture minimaliste de Carl André, mais utilisable: la grande cour de l'école agrandie Dreirosen avec gymnase souterrain illuminé.

Like a Minimalist floor sculpture by Carl André, but usable: the large school-yard of the expanded Dreirosen school with illuminated underground gym.

Der Situationsplan von Westen aus gesehen: Unten Verwaltung und Forschung der chemischen Industrie, dann die breite Strasse der Nordtangente, die Dreirosenanlage als grüner Naherholungsraum und anschliessend (in der oberen Bildmitte links) der Neubau von Morger & Degelo; rechts der Rhein als südliche Begrenzung.

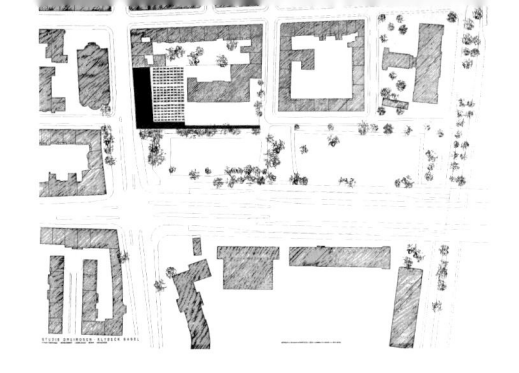

Plan d'emplacement de l'ouest: en bas, secteurs d'administration et de recherche de l'industrie chimique, la grand-route de la tangente nord, le parc Dreirosen - une oasis verte - et (en haut, au centre) le nouveau bâtiment de Morger & Degelo; à droite, le Rhin constitue la frontière sud du site.

Site plan from west: below, administration and research facilities for the chemical industry, the wide street along the north tangent, the Dreirosen park as a green oasis, and, upper middle, the new building by Morger & Degelo; to the right, the Rhine marks the southern border of the site.

diese Höhendifferenz mit einer räumlichen Eleganz, die sich im Farbkonzept der Künstlerin Renée Levi nicht recht entfalten mag. An der Klybeckstrasse hat die Künstlerin die drei Eingangspartien des Wohnhauses mit olivfarbenen Quadraten ruhig und sinnlich akzentuiert.

Von hier ist es einen Steinwurf zur Müllheimerstrasse, wo 1993 das kommunale Wohnhaus von Morger & Degelo fertiggestellt wurde. Es fand internationale Beachtung.

Die grosse Schutzwand des Pausenhofes aus Beton und Glas. Ganz unten der Schnitt.

Le long mur de protection de la cour de l'école en béton et en verre. Section (tout en bas).

The long protection wall of the school yard in concrete and glass. Cross-section (below).

Ein Stilleben der Natur wie in einem Film Akira Kurosawas: Das neue Ensemble mit der alten Schule, vom schneebedeckten Park aus gesehen.

Nature morte qui rappelle une photo empruntée d'un film de Akira Kurosawa: le nouveau complexe et l'école originale vus du parc recouvert de neige.

A nature still life reminiscent of a still from an Akira Kurosawa film: the new complex and the old school, seen from the snow-covered park.

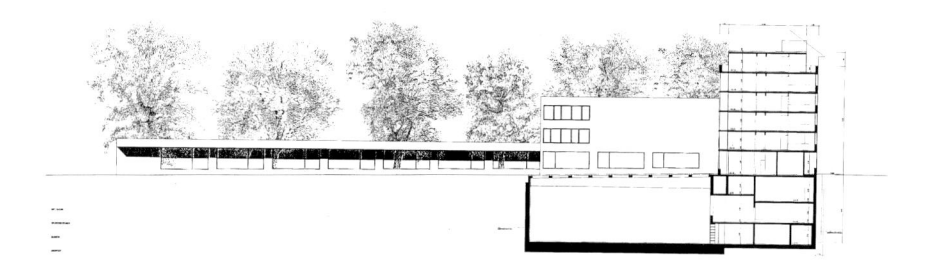

111

Projekt
Erweiterung Schulhaus Wasgenring
Blotzheimerstrasse 82
4055 Basel

Bauherr
Kanton Basel-Stadt
Baudepartement
Hochbau-und Planungsamt
Münsterplatz 11
4001 Basel

Die dritte Generation

Le grand complexe scolaire au Wasgenring, commencé en 1951, fut récemment agrandi par un bâtiment additionnel de Peter Zinkernagel. L'architecte reprit le concept établi par Bruno et Fritz Haller qui avaient réalisé, en deux phases (1951-1955 et 1958-1962), un ensemble de pavillons détachés pour l'école primaire à deux niveaux appartenant au système scolaire confédéré. Zinkernagel poursuivit l'idée avec un bâtiment mince orienté nord-sud. De grandes surfaces vitrées, des plans simples et une façade vitrée verte entre les fenêtres en longueur lièrent l'esthétique de la Nouvelle Architecture à la science de la construction moderne et à la pédagogie des années quatre-vingt-dix.

The large school complex at the Wasgenring was begun in 1951 and has recently been enlarged with a new addition by architect Peter Zinkernagel. He continued with the concept established by Bruno and Fritz Haller, who created an ensemble of free-standing pavilions for a two-level elementary school for the Swiss Federal School Board in two building phases (1951-55 and 1958-62). Zinkernagel chose to continue the established pattern by placing a slender building on the north-south axis. The aesthetics of the New Architecture combine successfully with contemporary building sciences and the pedagogy of the nineties by means of generous glass surfaces, simple floor plans, and a green-tinted glass façade that runs between the bands of windows.

Beim Schulhaus am Wasgenring ist 1995 die dritte Generation angebrochen: 1951 begannen dort Bruno und Fritz Haller mit dem Bau einer Primarschule, deren sieben Pavillons mit dem danebenliegenden Kindergarten 1955 bezugsbereit waren. Das gleiche Duo baute auch die Erweiterung der Anlage mit einer Sekundarschule (1958-62). Den Raumbedarf der neuen Basler Schulreform schuf man nun nach Plänen von Peter Zinkernagel.

Auf dem grossen Grundstück, dass sich von der Ecke Blotzheimer-/Welschmattstrasse nach Nordwesten zur Grenze mit Frankreich erstreckt, bauten die Gebrüder Haller eine luftige Architektur für eine fortschrittliche Nachkriegspädagogik: kleine Häuser, die Schulanfängern nicht imponieren wollten, grosse Glaspartien, die das parkähnliche Grundstück ins Klassenzimmer hereinholten, und ein funktionales Wegenetz, das auch jungen Menschen eine schnelle Orientierung erlaubt. Analog planten Bruno und Fritz Haller später die Sekundarschule, auch wenn die Baukörper nun höher wurden und die nahezu exakte Südlage die meisten Unterrichtsräume erbarmungslos dem Klima zwischen Sommer und Winter aussetzte. Selbst um 1960 war die Bauphysik noch längst nicht so weit wie die gestalterische Vision des kreativen Planens, was später grosse Sanierungskosten verursachte. Heute nimmt sich die aussen montierte Isolation reichlich schwerfällig aus. Aber an einem solchen Beispiel wird deutlich, wie tapfer jenes mitteleuropäische Grossbürgertum den Winter überlebt haben muss, das sich in den späten zwanziger und frühen dreissiger Jahren Villen des Neuen Bauens in Brünn (Ludwig Mies van der Rohe), Poissy bei Paris (Le Corbusier), Löbau bei Dresden (Hans Scharoun) oder Riehen bei Basel (Paul

Artaria, Hans Schmidt) errichten liess. Peter Zinkernagel hat die dritte Etappe am Wasgenring in weit bescheidenerem Mass ausführen können, als dies in der konjunkturellen Aufbruchstimmung der fünfziger und sechziger Jahre möglich war. Der dreigeschossige, flachgedeckte Bau, mit dem Zinkernagel die zweite Etappe des Schulkomplexes nun nach Osten hin abschloss, nimmt die Formensprache des Neuen Bauens für die „Orientierungsschule" der lokalen Schulreform auf. Das Erdgeschoss hat er so zurückversetzt, wie dies Le Corbusier bei der Villa Savoye (1929-31) in die moderne Architekturgeschichte einführte; Zinkernagel benutzt auch „Pilotis" als Stützen für die oberen Geschosse. Die traumhafte Lage des Grundstücks in der Ile de France hat jenes neben dem Schwimmbad am Bachgraben zwar nicht, aber Zinkernagel lässt sein Haus wie ein ankerndes Schiff mit der Ruhe eines Schlusspunktes wirken. Die Architektur suggeriert mehr eine Wohn- denn eine Schulsituation.

Das neue Schulhaus steht mit den grünlich eingefärbten Glasplatten seiner Fassade im Kontakt mit seiner grünen Umgebung. Es ist zudem auf Lichthaltigkeit hin angelegt: Selbst der Lift ist ein Glaskasten, weil er den Korridoren sonst etwas von der Morgensonne wegnehmen könnte. Die Erschliessung ist linear, und die Lehrerschaft - so hört man - wird von den Kollegen bereits um ihren Aufenthaltsraum mit der kleinen Küche beneidet. Auf die Glaswand im Osten hat Renate Buser eine filigrane Komposition eingeätzt. Die Künstlerin ist in guter Gesellschaft. Mit Arbeiten von Otto Abt, Theo Eble, Charles Hindenlang, Max Kämpf, Hans Stocker oder Bénédict Remund kann man im Schulhaus am Wasgenring einen kleinen Spaziergang durch die Kunst der Schweizer Nachkriegszeit

Architekt
Peter Zinkernagel
dipl. Architekt ETH/SIA
Bartenheimerstrasse 17
4055 Basel

Fachplanung
Statik: Proplaning AG, Basel
Akustik: IBK Klein + Schluchter, Basel
HLK, Elektro, Sanitär: Balduin Weisser AG, Basel

Termine
Planungsbeginn: August 1993
Baubeginn: Juni 1994
Bezug: August 1995

Die Fassade des Neubaues (rechts) fasst ein Schulgebäude von 1962 zu einem Hof.

La façade du nouveau bâtiment (à droite) crée une cour avec le bâtiment de 1962.

Façade of the new building (right) creates a courtyard with the original building from 1962.

Ein Korridor im Obergeschoss (rechts) und der Blick auf Neu (links) und Alt (rechts) von der Welschmattstrasse (unten).

Corridor des étages supérieurs (à droite) et vues sur le Nouveau (à gauche) et le Vieux (à droite), à partir de la Welschmattstrasse (en bas).

Hallway in upper floor (right) and views of the New (left) and the Old (right), seen from Welschmattstrasse (below).

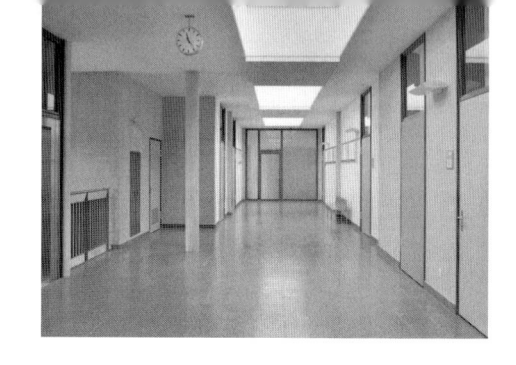

machen. Michael, der heute hier zur Schule geht, und den wir zuhause nach seiner Meinung zum neuen Haus fragten, geht dort gerne hin. Und die Mutter fügt an, sie sei dort schon in die Primarschule gegangen. Dies ist nicht ganz vollständig. Denn die Architektur des Schulhauses am Wasgenring geht bereits in die dritte Generation.

Grundrisse des Parterres (unten) und der beiden Obergeschosse.

Plans du rez-de-chaussée (en bas) et des deux étages supérieurs (en haut).

Floor plans of ground floor (bottom) and the two upper storeys (top).

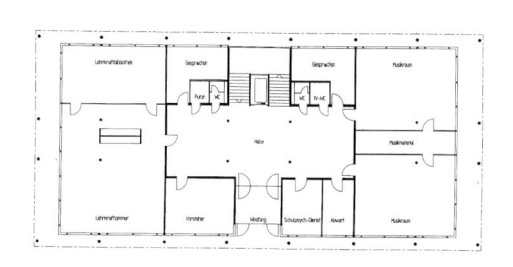

Situationsplan der Schulhausanlage mit dem Neubau in perspektivisch gezeichneter Kubatur.

Plan d'emplacement du complexe scolaire avec de nouveaux bâtiments illustrés en perspective de volume.

Site plan of school complex with new building shown in perspective volume.

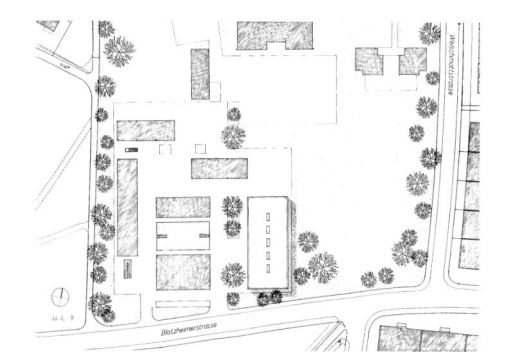

Die Glasätzung von Renate Buser im Fenster
des Treppenhauses.

Gravure sur verre de Renate Busser dans une
fenêtre de l'escalier.

Glass engraving by Renate Buser in stairwell
window.

Projekt
Tagesschule am Bachgraben
Hegenheimermattweg 200
4123 Allschwil

Bauherr
Kanton Basel-Stadt
Baudepartement
Hochbau-und Planungsamt
Münsterplatz 11
4001 Basel

Schule im Schwimmbad

À la suite d'une réforme scolaire dans le canton de Bâle, un grand nombre d'écoles virent le jour grâce au remaniement et à l'agrandissement de bâtiments existants. L'exemple le plus étonnant fut sûrement la transformation d'un vestiaire de piscine municipale en école de jour, par Ackermann & Friedli. Le bâtiment d'origine, de caractère récréatif, d'Otto et Walter Senn fut recouvert de bois et de verre et isolé pour le chauffage. Une aile de communication entre les deux bâtiments parallèles d'origine servit à accommoder les nouvelles installations sanitaires. Il est surtout surprenant de voir à quel point l'architecture du début des années soixante satisfait au besoin actuel de minimalisme et de simplicité.

In the wake of a school reform in the canton of Basle, many existing buildings have been converted and enlarged to accommodate new schools. The most striking example is the transformation, by architects Ackermann & Friedli, of the changing-room wing of a public pool into a school. The original pavilion-like recreation architecture by Otto and Walter Senn has now been clad in wood and glass and insulated for heating. A connecting wing between the existing buildings accommodates sanitary facilities. The great surprise lies in how compatible the architecture of the early sixties has turned out to be with the contemporary need for reduction and simplicity.

Rund 215 Millionen Franken haben die Parlamentarier bisher für ein Bauprogramm bewilligt, mit dem der Kanton Basel-Stadt sein schulisches Ausbildungswesen modernisiert. Weitere 60 Millionen sollen bis ins Jahr 2001 folgen. Bei einem Klinikum oder einer vergleichbaren Aufgabe wäre dies keine aufsehenerregende Summe. Aber da sich der stattliche Betrag mit Neu- und Umbauten, Erweiterungen, Umnutzungen oder sogenannte „Provisorien" auf das ganze Gebiet des Kantons verteilt, wirkt sich die Massnahme flächendeckend und in ihrer Vielfalt vital aus. Aus Kostengründen sucht man auch Einsparungen durch Umnutzung ehemaliger Industriearchitektur. Auf dem Gelände des ehemaligen Ciba-Konzerns (heute Novartis) wurde 1996 ein umgebautes Haus für den Schulunterricht eingeweiht. Es ist nicht auszuschliessen, dass bei ähnlichen Planungsaufgaben künftig weitere interessante Lösungen gefunden werden.

Was das Thema „Umnutzung" betrifft, hat die Tagesschule am Bachgraben von Ackermann & Friedli (bezogen 1994) bereits Vorbildcharakter. Die Schule entstand durch Umnutzung von Garderoben eines Freibades von Otto und Walter Senn (1960-62). Mit einem Zipfel stösst das Grundstück an eine Schulanlage von Bruno und Fritz Haller (1951-62, siehe vorangehendes Projekt). Die Stadt investierte hier in den ersten hochkonjukturellen Nachkriegsjahren in den Ausbildungs- und Freizeitbereich. Wie die Schule ist auch das Gartenbad pavillonartig gebaut und mit einfachen Geometrien unauffällig - aber streng - auf das grosse Grundstück verteilt.

Ackermann & Friedli trennten zwei der insgesamt sechs zweigeschossigen Garderobenhäuser ab, bauten einen Quertrakt, schufen neue Zugänglichkeiten und verglasten die fast völlig offene Architektur. Dabei kam zum Vorschein, wie stark die einfache Betonkonstruktion der frühen sechziger Jahre das heutige Bedürfnis nach klarer Nutzungsorientierung und dem formschönen und konstruktionstechnisch linearen Einsatz der Materialien bereits vorformulierte. Obwohl das Garderobenhaus eine öffentliche Architektur darstellt, waren damals wegen der offenen Situation sehr viel niedrigere Raumhöhen erlaubt. Die Räume für Schüler- oder Lehrerschaft der neuen Tagesschule am Bachgraben profitieren jetzt davon, weil sie nach dem Umbau die Masse einer grosszügigen Wohnsituation haben und weit intimer als vorgeschriebene hallenartige Schulzimmer sind.

Zum öffentlichen Freibad, von dem die Schule auf drei Seiten eingeschlossen ist (an der Seite zur Strasse wurde eine unabhängige Erschliessung ermöglicht), trennten die Architekten ihr kleines Ensemble mit textilen Vorhängen visuell ab. Wenn im Hochsommer der Lärmpegel durch die vielen Schwimmbadbesucher gross ist, bieten geschlossene Fenster und Türen einen akustischen Schutz. Vielleicht sind dann aber auch gerade Ferien, oder die Tageschüler mischen sich mit ihren Lehrerinnen unter die Sonnenhungrigen.

Architekt
Ackermann & Friedli
Architekten BSA/SIA AG
Schützenmattstrasse 43
4051 Basel

Sonderfachleute
Statik: WGG Ingenieure SIA/ASIC, Basel

Termine
Planungsbeginn: März 1994
Baubeginn: Mai 1994
Fertigstellung: September 1994

Früher ein Garderobenhaus, jetzt ein Bau mit Schulzimmern.

Les anciens vestiaires transformés en salle de classe.

Former cloakrooms transformed into classrooms.

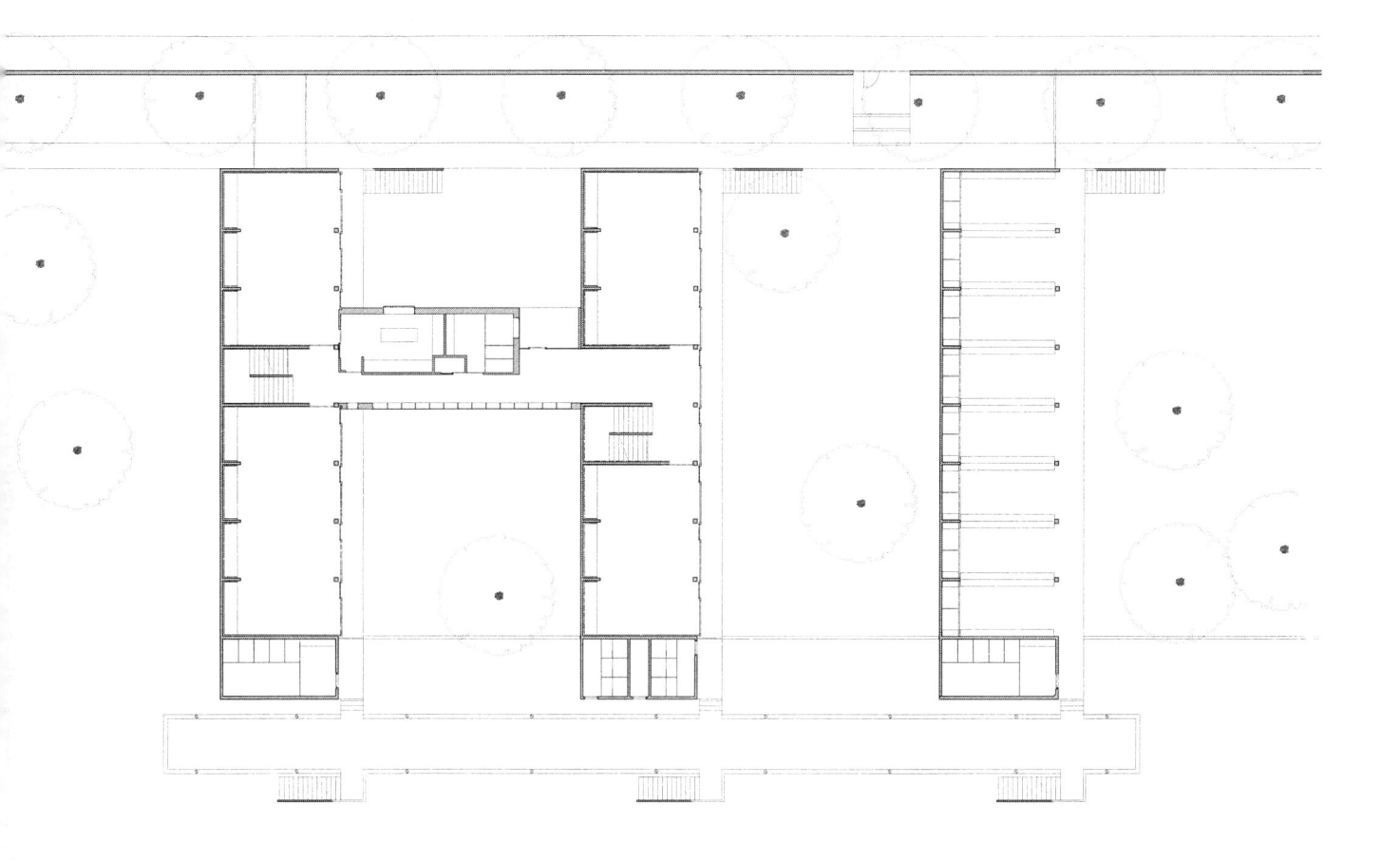

Drei der sechs ehemaligen Garderobenhäuser. Die beiden Riegel links wurden mit einem Quertrakt zusammengeschlossen und zu einem Schulbau umgenutzt. Am unteren Zeichnungsrand erkennt man den Laubengang, der alle Kubaturen noch heute verbindet.

Trois des anciennes ailes des vestiaires. Les ailes au centre et à gauche furent liées et converties en école. En bas sur le plan, on voit la passerelle couverte qui lie tous les éléments du complexe.

Three of the six former change room wings. The left and centre wings were joined by a connecting wing and converted into a school. At the bottom of the drawing one can see the covered walk which still today links all elements of the complex.

Der schlichte Verbindungstrakt (rechts) und ein neu eingebautes Treppenhaus (links).

L'aile de communication simple (à droite) et une nouvelle cage d'escalier (à gauche).

The simple connecting wing (right) and a new stairwell (left).

Projekt
Hebelschulhaus Riehen
Langenlängeweg
4125 Riehen

Bauherr
Kanton Basel-Stadt
Baudepartement
Hochbau-und Planungsamt
Münsterplatz 11
4001 Basel

Die Treppe im Fenster

Rolf Brüderlin ajouta un bâtiment en bois à un groupe scolaire de Riehen. Dans ce but, il fut nécessaire de déplacer une école maternelle construite par Hans Bernoulli. Brüderlin se servit du même langage de matériel que son prédécesseur et appliqua la même palette à la vue de face. La construction est en harmonie avec le bâtiment scolaire de 1951 de Tibère Vadi, à propos duquel Brüderlin cite l'énorme vitre panoramique qui permet d'apercevoir l'escalier central de l'extérieur.

Rolf Brüderlin has added a wooden building to an existing school complex in Riehen. A kindergarten designed by Hans Bernoulli had to be shifted for this purpose. Brüderlin used the material language already established by his predecessor and worked with the same historic colour scheme on the street front. The new building ties in nicely with Tibère Vadi's school building from 1951, whose large panorama window Brüderlin adopts, offering a view of the central staircase.

Allein die Weitläufigkeit der Anlage und der Blick auf ein halbes Jahrhundert vorbildlichen Schulhaus- oder Kindergartenbaus sind aufschlussreich. Hans Bernoulli errichtete 1945 am Langenlängeweg in Riehen einen Kindergarten aus Holzelementen, die der Architekt für die serielle Produktion geplant hatte (aber die er nicht wie geplant umsetzen konnte). Bei aller Fortschrittlichkeit der Baugesinnung, die die Pioniere des Neuen Bauens über den Zweiten Weltkrieg retteten: auch Bernoullis Kindergarten atmete jenen kleinbürgerlichen Geist, den das gewerkschaftliche und genossenschaftliche Bauen in den sogenannt kapitalistischen oder das staatliche Bauen in den kommunistischen Ländern im Europa dieser Zeit verkörperten.

Tibère Vadi stellte 1951 die mehrteilige Anlage des Hebelschulhauses auf dem gleichen Grundstück fertig. Mit grossen Glaspartien, klaren Kubaturen und dem farblichen Chic der beginnenden Epoche des „Nierentischs" bekam Riehens grösste Schulanlage ein Stück weltläufige und elegante Architektur.

Das kann man vom baulichen Zuwachs der 1990er Jahre ebenfalls behaupten: von der neuen, abgesenkten Turnhalle der Architekten Steinegger & Hartmann ebenso wie vom neuen Hebelschulhaus Rolf Brüderlins. Die neuen Klassenzimmer (Gruppenräume oder solche für den naturwissenschaftlichen oder musischen Spezialunterricht) wurden an der Stelle des Kindergartens realisiert. Der Bau Bernoullis musste dafür rund 200 Meter an die bewaldete Grundstückskante wandern und hat hier seinen verdienten Alterssitz erhalten.

Die Tatsache, dass Bernoullis rötliche Holzkonstruktion bei Schülern, Lehrern und Anwohnern eine grosse Akzeptanz genoss, nahm Brüderlin geschickt und sensibel auf. Aus einer Situation knapper Planungs- und Realisierungszeit entschied sich der Architekt ebenfalls für eine Holzkonstruktion. Die Aussenhaut in dunklem, warmem Rotbraun nähert sich den Farbvaleurs von Bernoulli. Dass Brüderlins Bau flach gedeckt wirkt, obwohl das Pultdach die sanfte Biegung einer straff gespannten Hängebrücke aufweist, steht zu Bernoullis steilem Satteldach zwar in betontem Gegensatz, aber dies wird von den Nutzern des neuen Hauses offenbar kaum - zumindest nicht störend - zur Kenntnis genommen.

Doch der Architekt arbeitete bei der Farbgebung janusgesichtig, denn die Süd- und Rasenfront des neuen Hauses erhielt ein zartes Gelb. Gegenüber der grossen Grünfläche in der Mitte der Schulanlage wirkt der Ton, der an das Obst der Zitrone oder die Farbe der Sonne erinnert, frisch und lebensbejahend.

Das schönste Detail bietet jedoch die Fassadenfront neben dem Haupteingang. Rolf Brüderlin hat seinem zweigeschossigen Neubau hier ein neunteiliges Fenster gegeben, dass über die gesamte Gebäudehöhe führt. Von aussen kann man die einläufige Holztreppe, die die Unterrichtsebenen verbindet, wie in einem Röntgenapparat sehen. Eine gebaute Sprache von völliger Klarheit und Transparenz. Rund 25 Meter daneben - und sie nahm sich Brüderlin zum Vorbild - existiert eine fast identische Situation beim Schulbau von Tibère Vadi.

Architekt
Rolf Brüderlin
dipl. Architekt SIA
Bettingerstrasse 3
4125 Riehen
Mitarbeit: Alex Callierotti,
Giuseppe Pontillo

Sonderfachleute
Ingenieur: Alexander Euler + Peter Stocker, Basel
Holzbau: Jean Cron AG, Basel / Allschwil
Bauphysik: IBK Institut für Bauphysik,
G. Klein, Basel

Termine
Baubeginn: November 1993
Bezug: Juli 1994

Der Treppenlauf des neuen Hebelschulhauses hinter dem Fenster in der ganzen Fassadenhöhe.

L'escalier de la nouvelle école Hebel derrière une façade complètement vitrée.

The stairwell of the new Hebel school building behind a completely glazed façade.

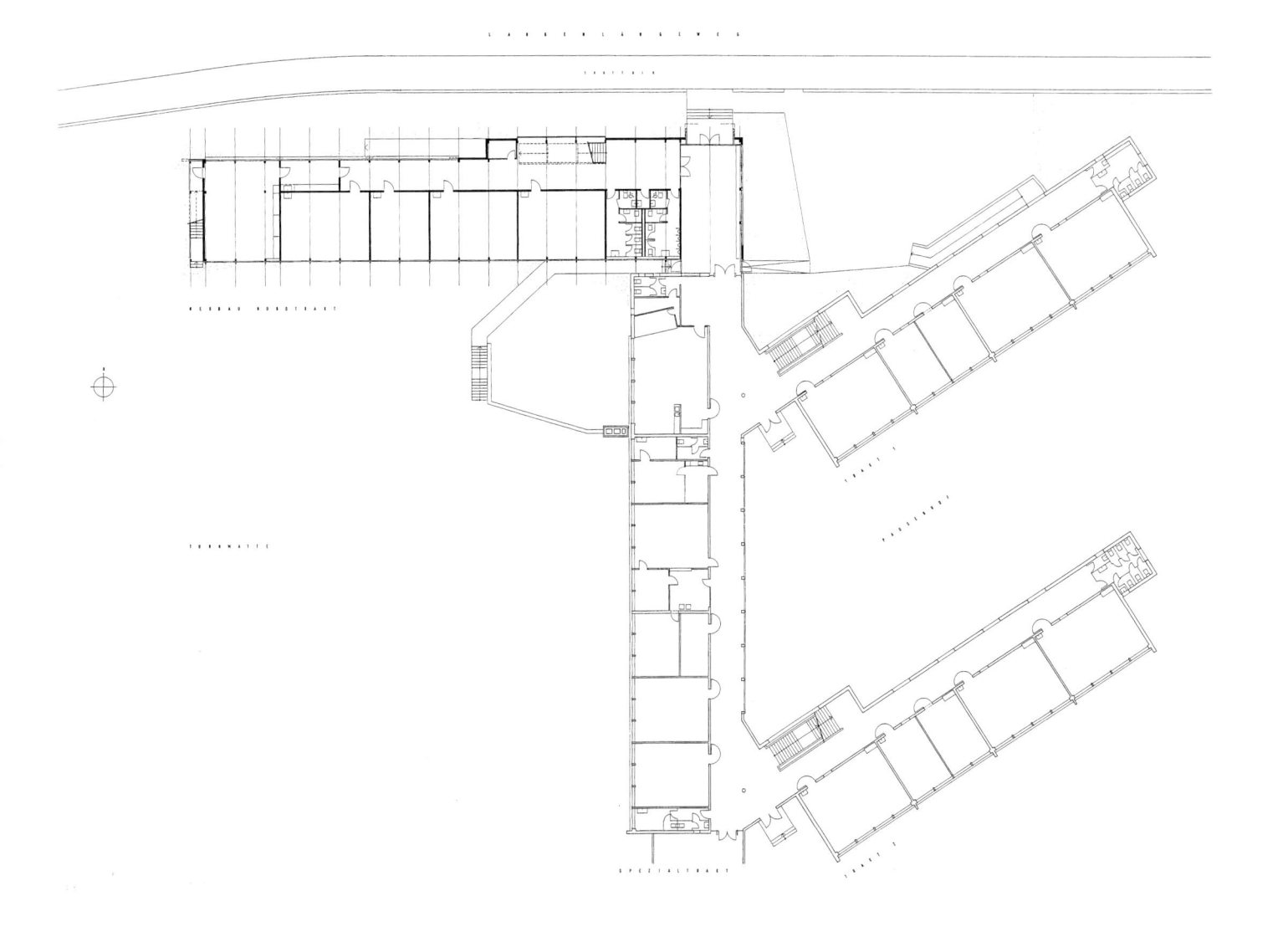

Grundriss der Schulanlage mit dem Neubau ganz oben und den Häusern von Tibère Vadi (im Plan oben). Rechts der Ost- West-Schnitt des Neubaus.

Plan du complexe scolaire avec le nouveau bâtiment en haut et les maisons, créé par Tibère Vadi (en haut). Section est-ouest du nouveau bâtiment (en bas, page en face).

Ground plan of the school complex with the new building at the very top and the houses designed by Tibère Vadi (top). East-west section of the new building (bottom, facing page).

Gegenläufiges Zitat: Das Treppenhaus von Rolf Brüderlin (rechts) antwortet jenem von Tibère Vadi (links).

Comme un miroir: la cage d'escalier de Rolf Brüderlin (à droite) répond à celle de Tibère Vadi (à gauche).

Mirror effect: the stairwell by Rolf Brüderlin (right) echoes the one by Tibère Vadi (left).

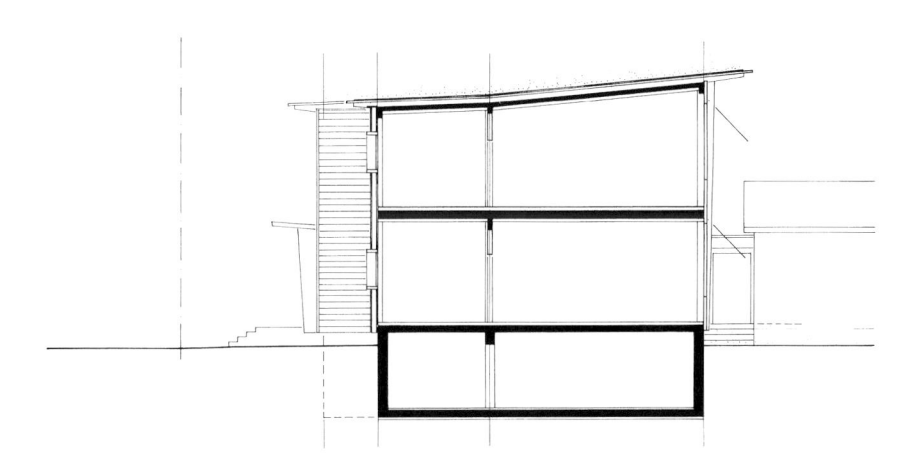

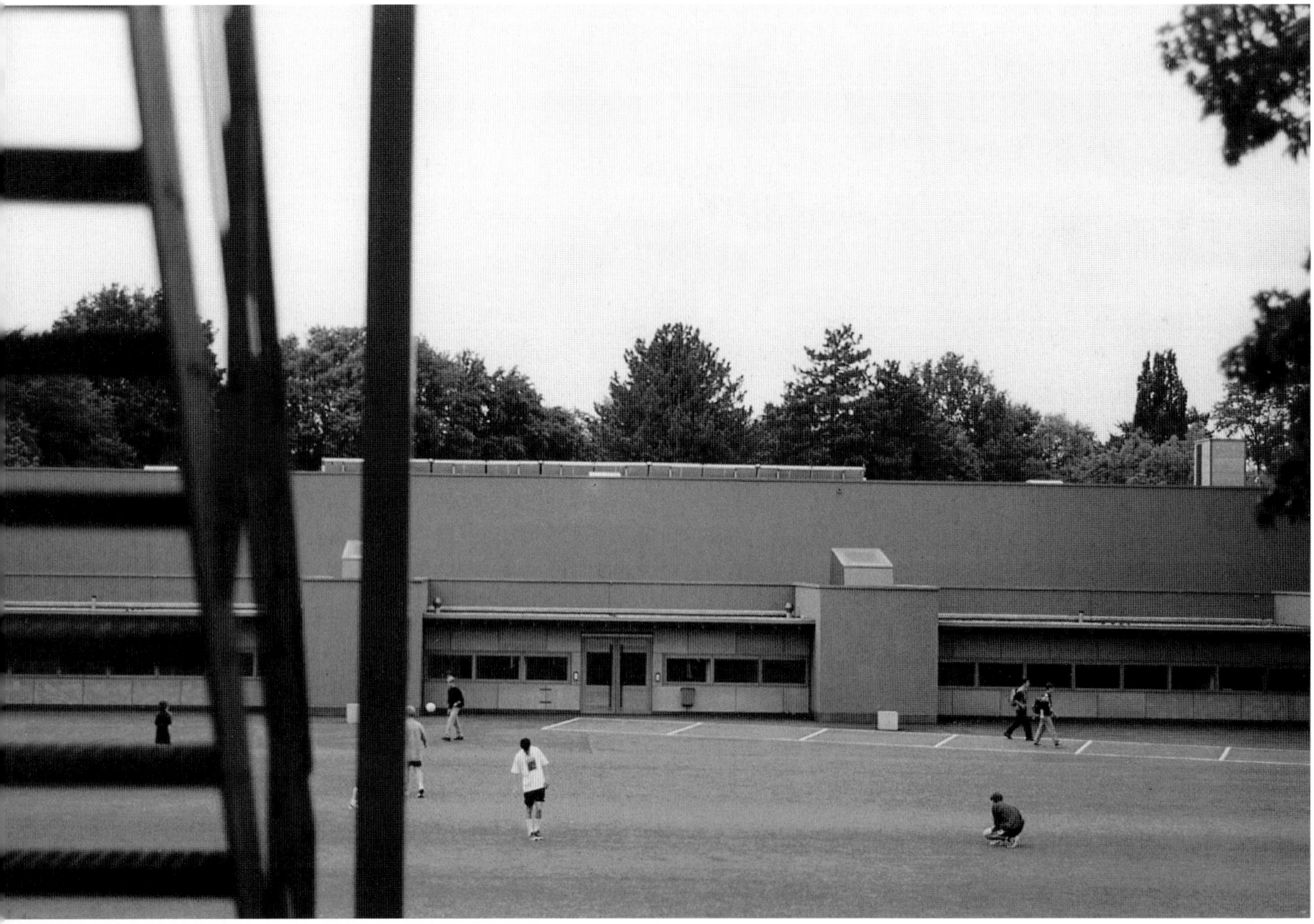

Die Ost-Fassade (oben). Von hier aus sieht man die neue Sporthalle von Steinegger & Hartmann (linke Seite).

La façade est (en haut). D'ici on peut voir le nouveau centre sportif de Steinegger & Hartmann (page en face).

The east façade (above). From this standpoint one can see the new sports hall by Steinegger & Hartmann (facing page).

Freizeit & Sport

Nach Westen, nach Frankreich, nach Europa
128 Herzog & de Meuron

Von der Einfachheit
134 Alder + Partner

Klar, praktisch, schön und praxisnah
140 Hanspeter Müller

Baden im Sommerpavillion
144 Scheiwiler & Oppliger

Projekt
Sportanlagen Pfaffenholz
St. Louis

Bauherr
Bürgerspital Basel

Nach Westen, nach Frankreich, nach Europa

Herzog & de Meuron réalisèrent du côté français un centre sportif frontalier financé par Bâle. La construction enterrée, revêtue de verre, créée par ce bureau renommé, est caractérisée surtout par la réduction, la lumière, le matériel et la franchise. Les architectes aménagèrent une terra incognita urbaine en utilisant du béton, du verre, de la pierre, du bois, du plastique et du métal. Le bâtiment symbolise la future Europe.

With financing from Basle, Herzog & de Meuron have designed an athletic centre on the French side of the border. The low-lying building created by this renowned team is completely glazed. Its predominant characteristics are reduction, light, material, and integrity. The architects used concrete, glass, stone, wood, plastic, and metal to develop an urban terra incognita, thereby setting a symbol for the Europe of the future.

„Burgfelden Grenze" heisst die Tramstation. Gemeint ist die Grenze der Schweiz mit Frankreich. Noch zu Beginn der sechziger Jahre, so können sich ältere Basler erinnern, fuhr die Strassenbahn nach Lörrach in Deutschland und St. Louis in „France" und nahm somit ein Stück innereuropäischer Mobilität vorweg. Nach Deutschland will man von Basel aus künftig wieder eine Tramlinie einführen, die dabei den Stadtbereich nie verlassen muss. Nach Frankreich, mit dem von Schweizer Seite wegen der wechselnden politischen Kompetenzen zähe Verhandlungen laufen (Grenze, Verkehr & Zentrum, Nr.1), hat man einen Schritt der Öffnung durch die Architektur gemacht. Genauer, durch ein Sportzentrum, das mit Schweizer Mitteln auf französischem Territorium gebaut wurde, das von Fussgängern aus der Schweiz ohne Kontrolle und mit dem Auto über einen unbewachten Schlagbaum mit Kontrollkarte erreicht werden kann.

Im künftigen Europa ist das vielleicht eine ganz normale Angelegenheit. Die neue Halle stammt von Herzog & de Meuron, dem international bekanntesten Büro der Stadt. Der Bau liegt hinter der Psychiatrischen Klinik der Universität Basel und einem Zentrum für Rehabilitation. Als man die „Psychiatrie" vor rund einhundert Jahren baute (1883-86), tat man dies - wie wahrscheinlich überall in Europa - am Stadtrand. Die Distanz gewährte dem Bürger Schutz. Heute liegt die Klinik inmitten der urbanen Situation. Denn St. Louis auf französischer Seite ist baulich expandiert und an Basel herangewachsen. Zwischen der neuen Sportanlage von Herzog & de Meuron und einer neuerbauten Schule liegt nurmehr ein Grünstreifen von der Grösse einer Wiese. Daran schliessen sich die Outdoor-Anlagen des neuen Sportzentrums an, die auch mehrheitlich mit Rasen bedeckt sind. Der Zaun der Grenze hat nur noch symbolischen Charakter. Seine Beseitigung im Westen der Schweiz wäre eine Kleinigkeit.

Die Dreifachturnhalle „Pfaffenholz" definiert sich ihren Raum in der heterogenen, zufällig gewachsenen, räumlichen Situation selbst. Der flache, scharfkantige Kubus ist mit dunklen Glasplatten verkleidet, was dem Blick aus Frankreich mehrheitlich wie eine elegante Industriearchitektur erscheinen mag. Am Eingang im Osten, auf Schweizer Seite, ist ein abgetreppter Garderobenriegel vor den majestätisch ruhenden Klotz geschoben, und das auskragende Dach schafft eine Art Vorraum für die Garderoben. Sie sind von aussen einzeln und direkt betretbar. Die Türen haben grosse und abgekantete arabische Zahlen-Nummern wie US-amerikanische Basket- oder Football-Trikots. Im Eingangsriegel liegt auch das Selbstbedienungscafé mit hellgrauen Stuhlklassikern von Charles Eames. Sie stehen auf einem schwarzen Bitumenboden, der im gesamten Publikumsbereich der Halle den Bodenbelag bildet und die Strasse „hereinholt".

Die Mittel des Büros von Christine Binswanger, Pierre de Meuron, Harry Gugger und Jacques Herzog sind Reduktion, Licht, Material und Direktheit. Reduktion und Direktheit durch eine Form, die unmittelbar auf die Funktion zielt. Auch bei diesem Bau wurde das Material sensibel ausgewählt und kombiniert. Beton, Glas, Stein und Holz sind mit Plastik und Metall in ihrer haptischen und visuellen Wirkung deshalb so überzeugend, weil alle farblich harmonieren und ihre Anwendung leicht einsichtig ist. Hinzu kommt das Licht als Element des Aussenraumes. Es bildet die Klammer. Bei Tag kann man in den Architekturen der Basler Teams überall Lichtachsen, Ein- und

Architekt
Herzog & de Meuron Architekten AG
Rheinschanze 6, 4056 Basel
Verantwortliche Partner:
Jacques Herzog, Pierre de Meuron
Projektleitung: Eric Diserens, Christine Binswanger

Bauleitung
Pro-Plan-Ing AG, St. Louis
Spezialplanung:
Statik: Ingenieurbüro Andreas Zachmann, Basel
Glasfassade: Schmidlin AG, Aesch
Landschaftsarchitekten: W. Hunziker, Basel
Kessler & Greder AG, Basel

Termine
Projekt: 1989-1990
Ausführung: 1992-1993

Schweizer Kulturexport: Die Glasfassade des Sportzentrums „Pfaffenholz" auf französischem Territorium und mit Blick von der Grenze.

Export de la culture suisse: la façade vitrée du centre sportif Pfaffenholz du côté français, vue de la frontière.

Swiss cultural export: the glass façade of the Pfaffenholz athletic centre on the French side, seen from the border.

Drei Ansichten: Die Kubatur als urbanes Zeichen in der Landschaft (oben). Das Vordach ist stützenfrei und raumgreifend (rechte Seite, oben links). Der Blick nach Frankreich (rechte Seite, oben rechts).

Trois perspectives: le bâtiment - un symbole urbain à même le paysage (en haut); le toit aigu surplombant l'espace ouvert (page en face, en haut, à gauche); vue vers la France (en haut, à droite).

Three views: the building - an urban icon in the landscape (top); the roof overhang without support pillar jutting into the open space (right page, top left); view into France (right page, top right).

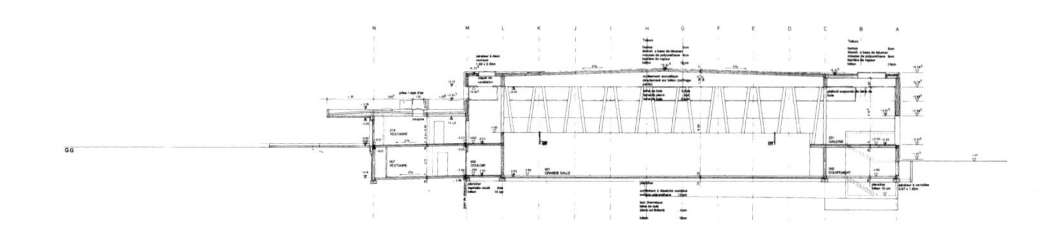

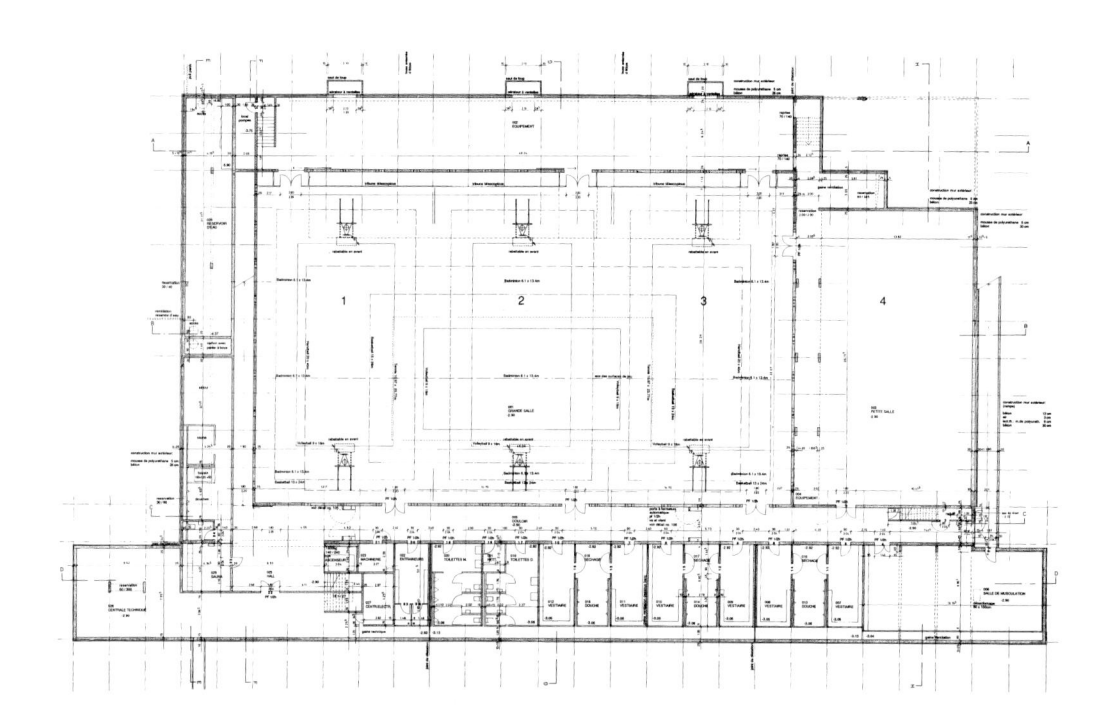

Süd-Nord-Schnitt (ganz oben); Grundriss der abgesenkten Spielfeldebene (mitte) und West-Ost-Schnitt (unten).

Section nord-sud (en haut); plan du gymnase (centre); et section est-ouest (en bas).

South-north section (top); ground plan of gym (middle), and east-west section (bottom).

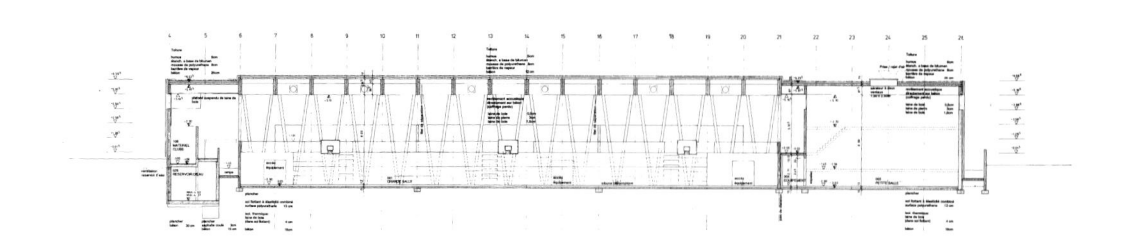

Eignet sich für alle Indoor-Sportarten ausser Laufwettbewerben, dem Stabhochsprung und - wegen zu geringer Höhe - dem Tennis. An der rechten Wand ist über die Spielfeldlänge eine Tribüne mit sieben Stufen ausfahrbar.

Pouvant servir à toutes sortes de sports intérieurs, sauf la course, le saut en hauteur, et le tennis. Une tribune peut être tirée le long du mur à droite.

Amenable to all types of indoor sports with the exception of races, high jump, and - due to insufficient height - tennis. A spectator's ramp with seven rows can be pulled out along the full length of the right wall.

Das monumentale Dach der Eingangsfassade.

Le toit massif de la façade de l'entrée.

The monumental roof at the entrance façade.

Durchblicke entdecken. Wo immer möglich planten die Architekten das Sporthaus monumental. Doch nicht im Sinne architektonischer Machtdemonstration, wie der Begriff des Monumentalen gerne und negativ konnotiert wird, sondern im Sinne von Grosszügigkeit und Offenheit. Dabei realisierten sie diese Architektur nach abstrakten Kriterien: Die tragende Konstruktion um das Spielfeld besteht aus schlanken Betonsäulen, die sich paarweise nach oben verjüngen und ein Trapez aufspannen. Sie reduzieren im rund 9 Meter hohen Raum das visuelle Gewicht der horizontalen Decke mit ihrer Aufwärtsbewegung und schaffen eine Wandelhalle mit bis zu 70 Meter langen Blickachsen, die alle begangen werden können. Da das Spielfeld abgesenkt ist, wirkt die Aussenform vergleichsweise flach. Eine Längsseite hat ein durchgehendes Fensterband erhalten und dieses stellt die Verbindung mit dem 400-Meter-Laufoval des Aussenraums her. Der Blick über das Spielfeld mit seinem gauloiseblauen Belag und durch die Säulenstäbe hindurch auf den Rasen ist eindrücklich. Die Halle von Herzog & de Meuron ist bei aller technischen und - auch - ökologiebewussten Infrastruktur ein elementarer Bau. Die gläserne

Aussenhaut, die dem Sporthaus die noble Geste einer Repräsentationsarchitektur gibt, deckt die Wärmeisolierung und ermöglicht die architektonische Kargheit im Innern. Im architektonischen Dualismus von Funktion und Materialästhetik spiegelt sich - wenn man will - auch die politische Geographie: das Haus, das einer Basler Behörde (dem Erziehungsdepartement) untersteht, ist ein offenes architektonisches Zeichen nach Westen, nach Frankreich, nach Europa.

Die Wandelhalle der Sportstätte hat mit dem breiten Fensterband zum Leichtathletikstadion (out-door) die Eleganz eines Repräsentationsbaues (rechts). Das mit Glas verkleidete Haus liegt wie ein mysteriöser Findling an der Grenze und gleichzeitig in der Stadt (linke Seite).

Le grand foyer du centre, avec le bandeau de fenêtres donnant sur la piste extérieure et le stade, a une élégance normalement associée avec des bâtiments représentatifs (à droite). Le bâtiment entièrement vitré a l'aspect d'un objet mystérieux près de la frontière tout en faisant partie de la ville (page en face).

The lobby of the centre with its wide band of windows overlooking the outdoor track and field stadium has all the elegance of a representational building (right). The fully glazed building appears like a mysterious boulder at the border and yet in the city (facing page).

Projekt
Fussballstadion Rankhof
Grenzacherstrasse 351
4058 Basel

Bauherr
Kanton Basel-Stadt
Baudepartement
Hochbau-und Planungsamt
Münsterplatz 11
4001 Basel

Von der Einfachheit

Le nouveau stade Rankhof de Michael Alder fit partie des rénovations du plus grand centre sportif de Bâle. L'architecture est précise, fonctionnelle, et utilise des matériaux de construction fondamentaux. Une "cage noble" s'élève au bord du Rhin; la salle des pas perdus fait ainsi penser aux traditions grecques dans les sports et l'esprit. Le plan urbain de Milet (dès 479 avant J.-C.) était le point de départ de la planification de Alder.

The new Rankhof stadium by Michael Alder is one part of the overall renovation of Basle's largest sports complex. The architecture is precise, functional, and relies on basic building materials. A "noble shell" has risen on the Rhine riverbank, whose galleria-like lobby refers back to Greek traditions in sport and spirit. Milet's city plan (470 BC) was the point of departure for Alder's design.

Das neue Stadion Rankhof ist Teil einer Totalsanierung des grössten, rechtsrheinischen Sportareals in Basel. Das Grundstück wird nur durch eine Autostrasse vom Fluss getrennt und hat direkt hinter der Schwarzwaldbrücke das Tinguely-Museum Mario Bottas als unsichtbaren Nachbarn (Kultur, Nr.38). Auf der diagonal entgegengesetzten Brückenseite liegt der Neubau des Vereins für Schweisstechnik von Bürgin, Nissen und Wentzlaff aus den frühen neunziger Jahren. Im Südosten kann man das Rheinkraftwerk Birsfelden von Hans Hofmann (1953/54) sehen. Und an den Zipfel im Nordosten grenzt der Friedhof „am Hörnli".

Mit dem jetzigen Eingriff wird der Rankhof enorm aufgewertet. Denn das Büro Alder ist nur für den Hochbau bei der Sanierung des Sportareals zuständig: also für das Stadion, einen Werkhof und die Tennisanlage. Das Gelände besteht jedoch aus acht Sportfeldern und deren Infrastrukturen. Hier schuf man neue Lichtanlagen, Wegmarkierungen oder Abschrankungen aus Metall oder Stein. Das kluge graphische Konzept, das auf eindeutiger Lesbarkeit basiert, entwarf der renommierte Armin Hofmann. Die unprätentiöse und direkte Art des gestalterischen Zugriffs, wie sie „Alder + Partner" auszeichnete (das Büro heisst heute „Ateliergemeinschaft"), ist leitmotivisch auch dort zu spüren.

Das neue Stadion ist ein klarer Bau. Ganz so, wie man sich funktionale Sportstätten vorstellt: einfache und effiziente Zugänglichkeiten für die zirka 15 000 Besucher (1000 auf der Sitztribüne, 800 Plätze in der Wandelhalle), ein gutorganisierter Sanitärbereich, die Möglichkeit zur Verpflegung und benutzerfreundliche Räume für die Aktiven. 24 grosszügige Garderoben, Clubzimmer und ein Restaurant umfasst das Raumprogramm. All dies musste unter eine ästhetische Klammer gebracht werden. Alder hat das Spielfeld, dessen Längsseite bis unter die Platanen der Grenzacherstrasse reicht, mit Betonelementen umgeben. Die 18 Tonnen schweren, vorfabrizierten „Treppen" bilden auf drei Seiten eine Tribüne mit sieben tiefen „Sitz-Stufen". Der obere Rand ist breit und als Weg eingerichtet. Auf diesem Niveau kann man um das ganze Spielfeld laufen. Auf der Länge der grossen Tribüne ist der Weg überdacht. Alder arbeitet auch hier mit geschaltem Beton und verzinkten Metallgeländern. Die Materialfarben Grau verbinden sich.

Der Architekt ging bei der Planung von drei Überlegungen aus: vom Phänomen und der Bedeutung des Sports in - oder seit - der Antike, vom Bedürfnis nach Transparenz und einer Philosophie der Askese. Fast zwingend entstand so eine stützenfreie Wandelhalle auf der Ebene des Spielfeldes. Sie hat mit rund 100 Metern Länge den Charakter einer grosszügigen Stadtarkade und ist für Alder - auch - eine Festhalle des sozialen Lebens, wie es das Gymnasium als Ort des Sportes und des Geistes im klassischen Griechenland war.

Ungewöhnlich ist die offene Situation im Parterre. Durch den mächtigen Tribünenbau führt hier eine Blickachse, mit der Alder das Bedürfnis nach Transparenz am augenscheinlichsten realisierte. Man kann zwei unterschiedlichen Sportanlässen gleichzeitig zusehen, denn die hintere Tribünenfassade ist völlig verglast. Die bodenlagen Fenster im Erdgeschoss sind gleichzeitig eine Art seitliches Oberlicht für rund die Hälfte des Untergeschosses. Über eine Galerie fällt hier grosszügig Tageslicht ein. Die Metallrahmen der Fenster

Architekt
Michael Alder Architekt BSA & Partner
St. Alban - Vorstadt 24
4052 Basel
Partner: Roland Naegelin, Architekt HTL

Fachplaner
Bauingenieur: WGG Ingenieure SIA / ASIC, Basel
Örtliche Bauleitung: Hochbau- und Planungsamt
Basel-Stadt

Termine
Projekt: Frühjahr 1991
Baubeginn: Frühjahr 1993
Eröffnung: Frühjahr 1995

Effiziente Zugänglichkeiten, ein gut organisierter Sanitärbereich, grosszügige Garderoben, ein benutzerfreundliches Restaurant und das alles in einer schnörkellosen, intelligenten und kostengünstigen Architektur: Das neue Stadion Rankhof.

Accès facile, installations sanitaires réfléchies, vestiaires amples, restaurant agréable: tout cela est unifié dans l'architecture simple, intelligente, et économique du nouveau stade Rankhof.

Efficient access, well-organised sanitary facilities, generous changerooms, a friendly restaurant: all this and more united in the plain, intelligent, and cost-efficient architecture of the new Rankhof stadium.

Nutzungen
Zuschauer total: 15'000 Plätze
Sitztribüne: 900 Sitzplätze
Stehrampe: 13'600 Stehplätze
Halle: 500 Tisch-Plätze
Garderoben: 24 Spielergarderoben
2 Spezialgarderoben

sind Schwarz. Beton, Glas und lackiertes Metall korrespondieren farblich mit den grauen bis anthrazitfarbenen Plastikbezügen auf der Sitztribüne und dem Bitumenboden im Parterre.

Die Tribünenkonstruktion ist zunächst nicht auffällig. Die horizontalen Träger des Daches liegen auf vertikalen Pfeilern. An den Trägern hängt auch die Glaswand der Rückfassade, die damit den zentralen Erschliessungsgang der Tribüne im zweiten Obergeschoss deckt. Zum Schutz der Vögel hat man hier vertikale Streifen aufgeklebt, deren Breite und Abstände einer wissenschaftlichen Studie aus den USA entstammen. Vom „Laubengang" unter dem Stadiondach führen sechs Zuschauerreihen abgetreppt nach unten. In Form einer „Negativ-Treppe" führt dies auf der unteren Seite zur Wandelhalle.

Beachtenswert sind die Details. Da man die Lüftung zu Beginn der Bauarbeiten installierte, statt diese - wie üblich - nach Fertigstellung des Rohbaus zu plazieren, sparte man Kosten und passte die Haustechnik konsequent in das gestalterische Konzept ein. Die Abluft erfolgt über zwei schlanke Türme, die auf beiden Seiten leicht über die Tribüne ragen und eine Art offenes Tor bilden. Hier wird eine theoretische Vorgabe der Planung sichtbar, die für mehrere Probleme eine Lösung anstrebte, denn die Lüftungskamine sind gleichzeitig die Türme für grosse Stadionuhren. Auch die Funktionsaufteilungen und Zugänglichkeiten des Garderobenbereichs sind durchdacht, materialschön geplant und handwerklich präzise ausgeführt. Der Parkplatz für Velos quer zur Grenzacherstrasse am Haupteingang wird durch die auskragende Tribüne gebildet. Hier erfüllt diese gestalterische Lösung eine dreifache Funktion: denn auf dem Dach der Parkplätze existiert auch ein Fussweg, der um das ganze Spielfeld führt, und auf der gegenüberliegenden Seite wird das Veloparking schliesslich zu einem Unterstand für das angrenzende Spielfeld. Eine Lösung fast aus dem Nichts (und nebenbei kostensparend).

Vielleicht ist dies das Geheimnis, das den „Rankhof" zu einem „edlen Rohbau" macht, wie dies den Architekten beim Planungsbeginn vorschwebte. „Einfachheit", betont Alder, der sich den berühmten Stadtplan des kleinasiatischen Milet (479 v.Chr.) als Ausgangspunkt nahm, „war ein Thema in allen Kulturphasen".

Süd-Nord-Schnitt.

Section nord-sud.

North-south section.

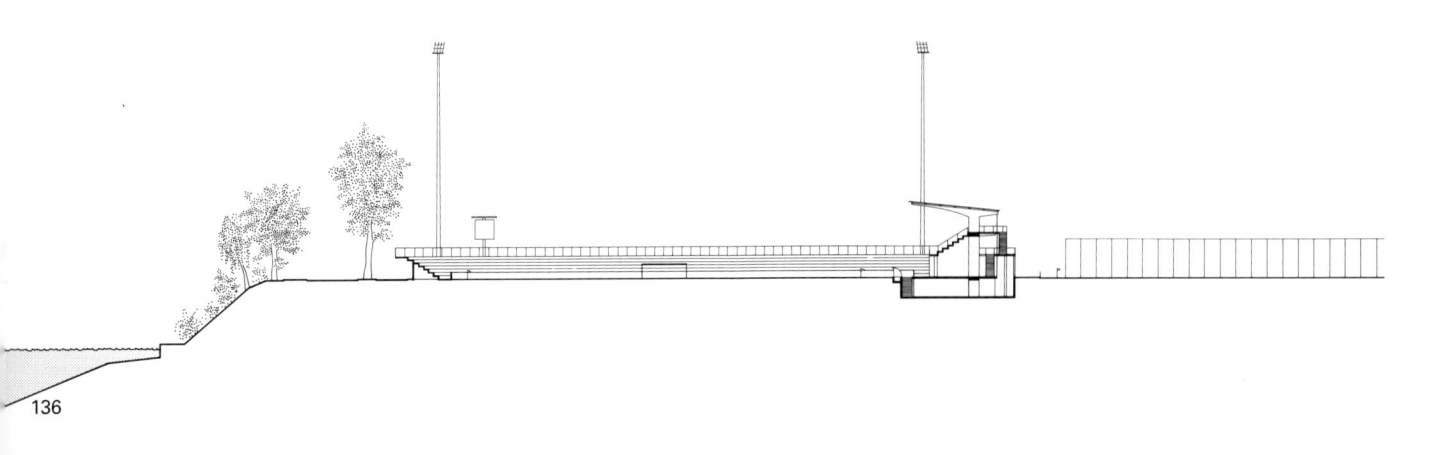

Grundriss des Stadiongrundes. Die weisse Fläche oben markiert den Rhein. Aufriss der Tribünenfassade (unten).

Plan du stade. La partie en blanc en haut indique le Rhin. Perspective verticale de la façade des tribunes (en bas).

Ground plan of the stadium. The white area on the upper margin marks the Rhine. Elevation of stands façade (bottom).

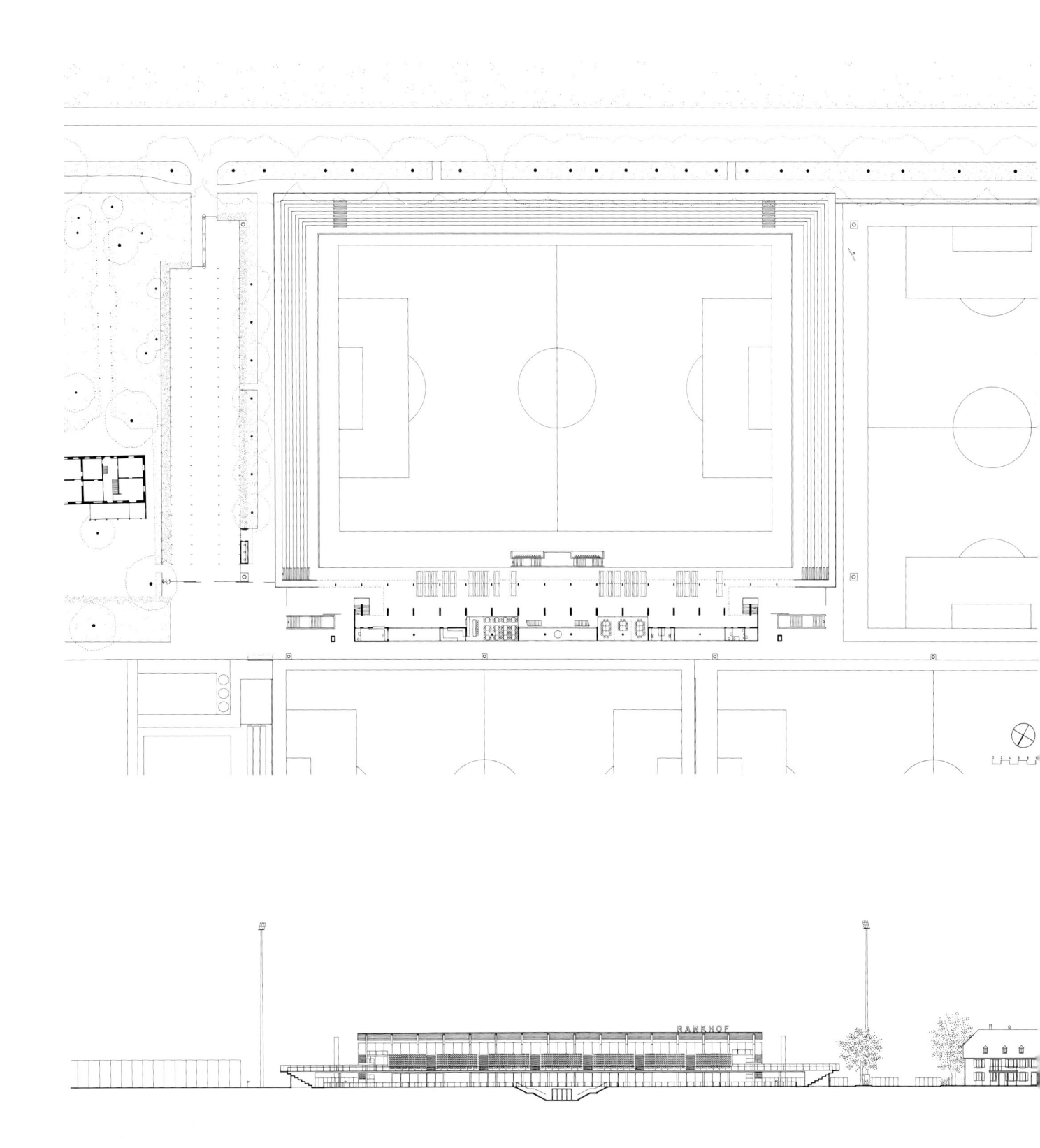

Die stützenfreie Wandelhalle mit einer Länge von 100 Metern.

Le foyer ouvert, d'une longueur de 100 mètres.

The open communication hall with a length of 100 metres.

Das Stadion im Blick von der Grenzacherstrasse.

Le stade vue de la Grenzacherstrasse.

The stadium seen from Grenzacherstrasse.

Die Rückfassade der Stadiontribüne ist völlig verglast und macht die Architektur entsprechend transparent.

La façade des tribunes en arrière est complètement vitrée, donnant à l'architecture un caractère léger et transparent.

The rear façade of the stands is completely glazed, making the architecture light and transparent.

Projekt
Jugendhaus
„In den Schutzmatten"
4102 Binningen

Bauherr
Einwohnergemeinde Binningen
Curt Goetz-Strasse 1
4102 Binningen

Klar, praktisch, schön und praxisnah

Une nouvelle maison des jeunes fut construite à Binningen selon les plans de Hanspeter Müller. L'édifice, situé au bord d'un petit affluent du Rhin, bordé de verdure mais dans un environnement urbain, bénéficie d'un excellent accès aux transports en commun. De grandes salles communes (un café, une discothèque) et une grande terrasse offrent un milieu agréable pour les activités énergiques et indépendantes des jeunes. La beauté du site est renforcée par le choix approprié des matériaux de construction.

A new youth centre was built in Binningen based on plans by Hanspeter Müller. The new building on Baslerstrasse is located on a small tributary of the Rhine, in a park-like and yet urban environment with excellent access to public transportation. Large communal rooms (a café, a disco) and a spacious patio provide a well-considered physical environment for the active and mostly self-directed leisure activities of young people. The beautiful location of the building is complemented by a sensitive choice of building materials.

Hanspeter Müller baute in Binningen einen schlanken Bau, der in der Verlängerung des Zoo-Areals, direkt hinter dem Dorenbachviadukt, nah an der Baslerstrasse und dem Birsig (eines linken Nebenflusses des Rheins) liegt. Der Neubau wurde durch einen Brand des bisherigen Jugendtreffs in den späten achtziger Jahren notwendig. Bauherr ist die Gemeinde Binningen, die den Auftrag für den knapp 24 Meter breiten und 10 Meter tiefen Bau direkt an Müller vergab. Der Architekt ist mit Michael Alder und Roland Naegelin auch Partner in der „Atelier-Gemeinschaft" in Basel.

Das „Jugendhaus in den Schutzmatten" ist klar, praktisch, schön und praxisnah. Klar, weil Müller das Raumprogramm geschickt gliederte, kompakt organisierte und überall einer Architektur des rechten Winkels den Vorzug gab. Praktisch, weil die Zugänge (auch jene für Rollstuhlfahrer) einfach zu finden sind und der Bau mit raffinierten Treppenläufen benutzerfreundlich erschlossen ist. Schön, weil die Wahl von Beton (für die Wände), Eiche (für das Holz im Innenraum) und Gussasphalt (für den Boden) eine farbliche und materialästhetische Harmonie bildet. Und praxisnah, weil mit einer grossen Caféteria (mit Küche und Bar), einem gleichgrossen Saal für die Disco sowie mit einem Werkstatt-, Übungs- und einem Mehrzweckraum wohl die wichtigsten Bereiche - nahezu - selbstorganisierter jugendlicher Freizeit angesprochen werden.

Das neue Haus hat den Birsig und die Baumreihe am Flussufer zum Nachbarn. Man denkt bei seinen Dimensionen eher an ein Wohnhaus. Im angesenkten Untergeschoss ist eine grosse Glasfront an einer Schmalseite des Disco-Saales, der sich somit auch bei Tag optimal nutzen lässt. An dieser bodenlangen Fensterfront liegt auch der Notausgang. Aus Lärmschutzgründen erhielt der kleine Hof hier eine durchsichtige Glashaube.

Bei der über 20 Meter langen Südfront, an der auch der Eingang von der Baslerstrasse oder der Hauptstrasse aus liegt, fällt die Terrasse des Cafés auf. Sie ist ein Aussenraum in einer parkähnlichen Situation und wirkt wie ein Erholungsraum in einem privaten Club.

Müller hat die Fassade und auch zahlreiche innere Elemente des Hauses aus einem Raster von 1,4 mal 1,4 Metern entwickelt. Auf die geschlossenen Wandquadrate wurden aussen farblich beschichtete Sperrholzplatten montiert. Analog wurde in den beiden Sälen der Sichtbeton mit einem Pinwandsystem versehen.

Das Café ist mit seinen grossen Fenstern nach Süden, mit einer stattlichen Fläche von 100 Quadratmetern und einer Höhe von 4 Metern das kommunikative Herz der Anlage. Als die Gemeinde 1994 über die Finanzierung des Baues abstimmte, war das Ergebnis nur ein knappes „Ja". Die Bewohner fürchteten die Unruhe, die ein solches Haus und die unverbrauchte Vitalität der jugendlichen Benutzer mit sich bringt. Die Furcht vor Drogen wird beim Urnengang ebenfalls zur Skepsis beigetragen haben. Eine offene Gesellschaft muss sich diesen Problemen stellen. Und die Jugend muss begreifen, dass ein Haus, welches durchdacht und schön für ihre Interessen gebaut wurde, etwas Erhaltenswertes ist. Bis jetzt sind Vandalenakte ausgeblieben.

Architekt
Hanspeter Müller
Architekt BSA
St. Alban-Vorstadt 24
4052 Basel

Soderfachleute
Schmidt + Partner, Bauingenieure AG, Basel

Termine
Projekt: 1994
Ausführung: 1995

Das neue Jugendhaus in Binningen, Ansicht vom Birsig.

Le nouveau centre des jeunes à Binningen, á partir de la rive Birsig.

The new youth centre in Binningen, view from the Birsig river.

West-Ost-Längsschnitt (oben) und Grundrisse.

Coupe longitudinale (en haut) et plans.

East-west longitudinal section (top) and floor plans.

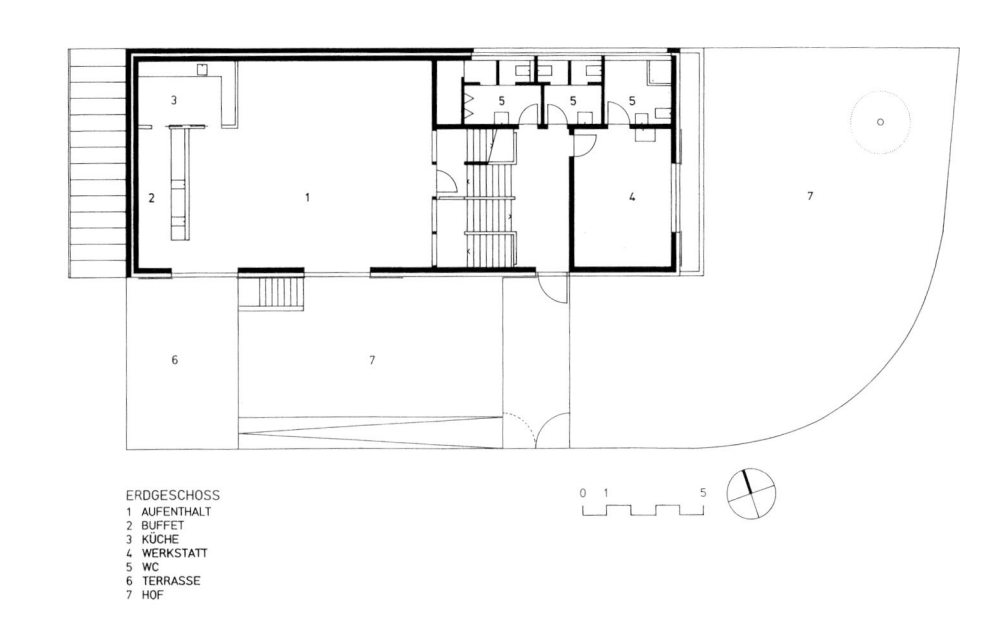

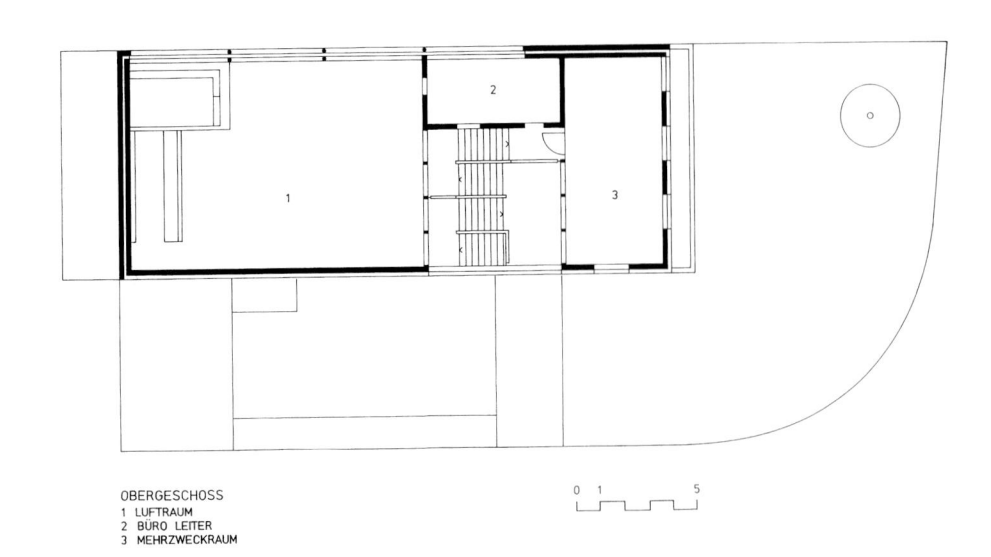

ERDGESCHOSS
1 AUFENTHALT
2 BUFFET
3 KÜCHE
4 WERKSTATT
5 WC
6 TERRASSE
7 HOF

OBERGESCHOSS
1 LUFTRAUM
2 BÜRO LEITER
3 MEHRZWECKRAUM

Das Café im Erdgeschoss.

Le café au rez-de-chaussée.

The café on the ground floor.

Projekt
Rheinbad Breite
St. Alban-Rheinweg 195
4052 Basel

Bauherr
Christoph Merian Stiftung
St. Alban-Vorstadt 5
4002 Basel

Baden im Sommerpavillon

Une piscine "dans" le Rhin fut rénovée et agrandie par les architectes Scheiwiller & Oppliger. La construction en acier datant du dix-neuvième siècle demeura intacte où que possible et fut agrandie où il était nécessaire d'actualiser le bâtiment aux normes contemporaines. L'édifice a reconqueré la forme d'un pavillon d'été.

A public bathhouse „in" the Rhine River has been renovated, given new dimensions, and expanded by architects Scheiwiller & Oppliger. The steel construction from the nineteenth century was left intact in all feasible areas and expanded wherever the need arose to bring the building up to contemporary standards. The facility is still a pavilion above water.

Das 1994 wiedereröffnete Rheinbad Breite ist etwas, was es nicht häufig gibt: ein Rückbau. Rund 60 Prozent der früheren Badeanlage riss man ab. Dann wurden das verbleibende Gebäude und die Sonnenterrasse baulich ergänzt, mit neuer Infrastruktur versehen oder restauriert. Auf der gegenüberliegenden Seite des Flusses sieht man einen Bau von Otto Rudolf Salvisberg für die Firma Hoffmann-La Roche und das Jean Tinguely-Museum von Mario Botta.

Die Verkleinerung des „Rhybadhysli Breiti" hat der baulichen Situation am Ufer gut getan. Jahrelang vernachlässigt und kaum besucht, verschattete der ungepflegte Holzkubus des Garderoben- und Versorgungstraktes die vielgenutzte Promenade zwischen Wettsteinbrücke und dem Birskopf. Durch die Entfernung eines Anbaus aus den zwanziger Jahren setzt sich das Bad auch wieder von der Strasse ab und hat erneut den Charakter eines Pfahlbaues gewonnen. Obwohl die städtische Verwaltung 1988 einen Wettbewerb für die Sanierung oder gar einen Neubau des Bades durchführte, beschloss die Basler Regierung 1991 den ersatzlosen Abriss. Massiver Protest der Bevölkerung und eine breite Finanzierungsbasis durch eine private Stiftung, eine Zunft, das Gewerbe, den Bund und die „Gesellschaft für das Gute und Gemeinnützige" (GGG) machten unter Federführung der Christoph Merian-Stiftung (eine städtische Institution und der grösste Geldgeber) den Rückbau für 1,7 Millionen Franken möglich.

Zwischen dem Wohnhaus von Diener & Diener vor dem Papiermuseum und dem Neubau des Vereins für Schweisstechnik von Bürgin, Nissen und Wentzlaff an der Schwarzwaldbrücke setzt der subtile Eingriff von Schweiwiller & Oppliger eine weiteren zeitgenössischen Akzent am linken Rheinufer. Im Projekt,

mit dem die Architekten den Wettbewerb gewannen, wäre die neue Anlage doppelt so gross geworden. Nun mussten sie die im Rhein stehende Stahlkonstruktion übernehmen, die noch zu 80 Prozent von 1898 stammt, als man die „Badi" einweihte. Die im Wasser stehende Metallarchitektur atmet den Ingenieurgeist des 19. Jahrhunderts. Klare Metallprofile bilden als horizontale Träger und vertikale Stützen das Raster der Garderoben, der Verbindungsstege und der Sonnenterrasse. Diagonale Verstrebungen oder Stützen sind die Elemente der lastentragenden Statik. In der Technikbegeisterung der Zeit waren gestalterische Fragen Nebensache.

Schweiwiller & Oppliger haben sich an die architektonische Regel des Flickens und Ergänzens gehalten. Neu sind Teile der Stahlkonstruktion, die mit „Schuppenpanzerfarbe" eine farbliche Klammer in metallic wirkendem Grau erhielt. Neu ist der gesamte Sanitärbereich, die kleine Gaststätte, die Elektrik und die Lamellenfassade zum St. Alban Rheinweg. Der Boden der gesamten Anlage ist nun mit roher Eiche gedeckt, wobei die schmalen Fugen auch im Innenraum daran erinnern, dass man sich über der Uferböschung oder dem Wasser befindet.

Besonders augenscheinlich ist die Verbindung von neu und alt in den Garderoben. Hier blieb die historische Holzarchitektur fast unberührt, wurde sanft ausgebessert, mit Lack oder Farbe neu gestrichen und mit feinen Leisten ergänzt. Die Vorstellungen von Hygiene, Gruppenorganisation oder Sexualmoral der Jahrhundertwende sind so weiterhin lesbar. Man sieht auch das handwerkliche Ethos, dass Möbel- und Bauschreiner vor fast einhundert Jahren hatten.

Die Architekten haben das Rheinbad - wo sie es veränderten - benutzerfreund

Architekt
Scheiwiller & Oppliger
dipl. Architekten ETH/SIA
Klingental 11, 4058 Basel
Mitarbeit: Cordula Wigger

Bauingenieur
Gnehm Schäfer Ingenieure AG, Basel

Termine
Ursprüngliche Anlage: 1898
Erweiterung: 1929
Wettbewerbsprojekt: 1988
Stützensanierung im
Wasser: 1990 + 1993
Renovation: Februar 1994
Neueröffnung: September 1994

Das Rheinbad Breite im Blick flussaufwärts.

La piscine Breite dans le Rhin, en amont.

The Breite bathing station, upstream on the Rhine.

Süd-Nord-Querschnitt.

Section nord-sud.

North-south section.

Grundriss der Garderobenebene. Rechts unten am Eingang ist das Restaurant; darunter die Uferpromenade des St. Alban-Rheinwegs.

Plans du vestiaire. L'entrée du restaurant (en bas, à droite); la promenade St. Alban-Rheinweg au bord du Rhin (tout en bas).

Floor plan of changeroom level. Entrance to the restaurant, bottom right; the river promenade along St. Alban-Rheinweg (below).

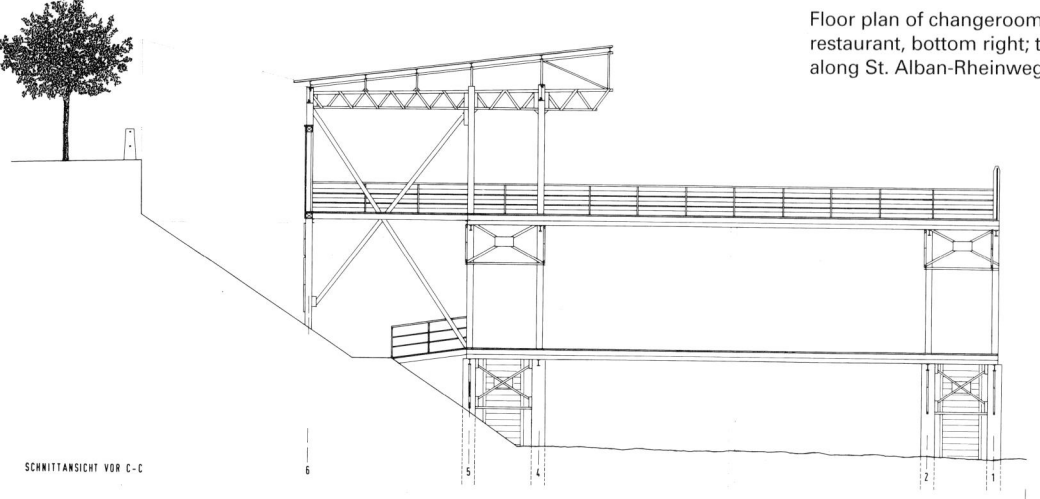

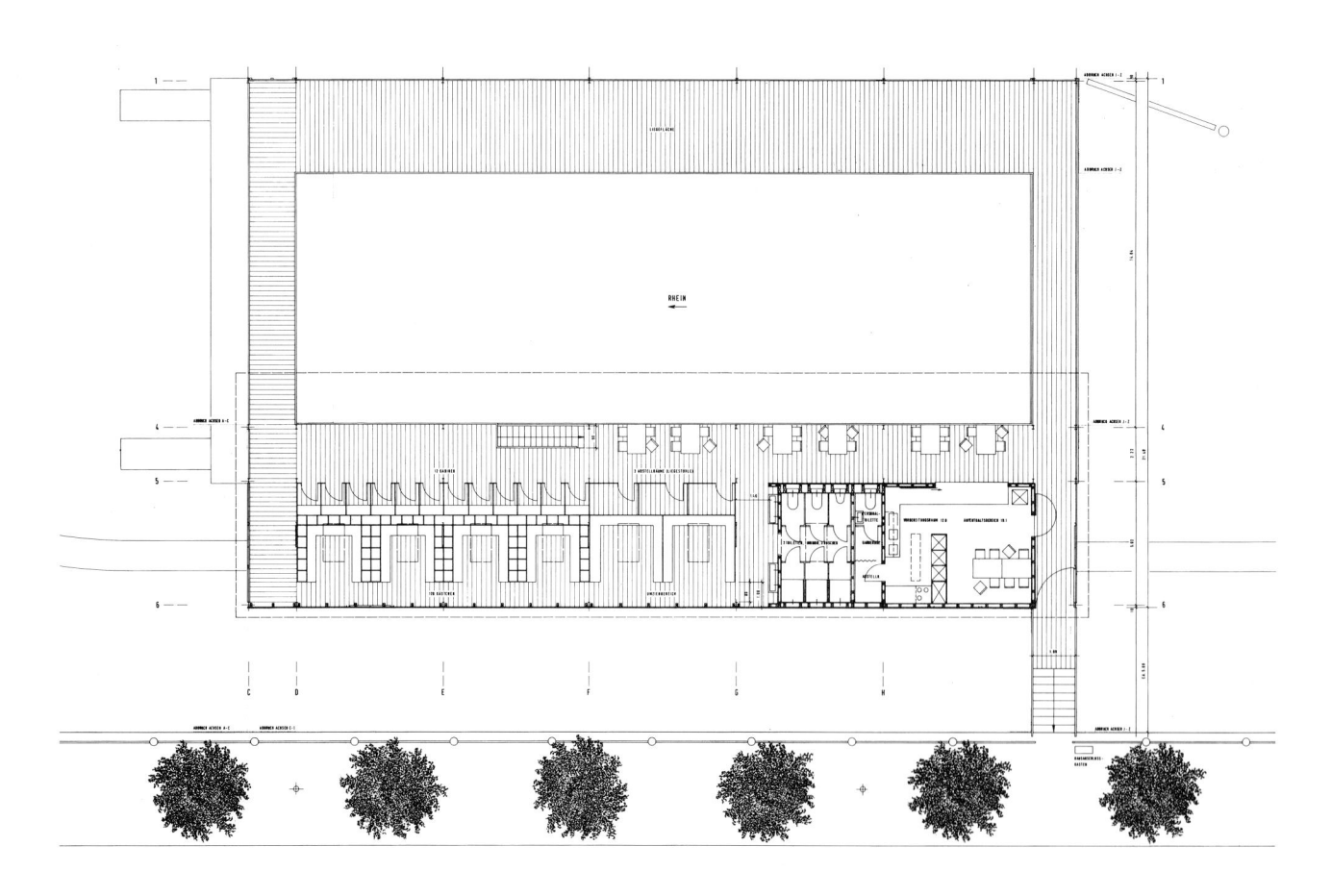

lich organisiert und die gestalterische Aufgabe ganz in die Erhaltung und Optimierung des Vorhandenen gestellt. Zeitgenössische Akzente werden nicht vermieden, aber wurden auch nie gesucht. Das Schwimmbad im Fluss hat durch den Rückbau auch wieder die Form eines Pavillons gewonnen, einer „leicht" wirkenden Architektur, die sich stimmig zu den Begriffen von Sommer und Freizeit verhält.

Durch den Rückbau hat die Badeanstalt wieder den Charakter eines Pavillons erhalten.

Le nouveau bâtiment en arrière transforme la piscine de nouveau en pavillon.

Through the rear building the bathing station once again has a pavilion-like character.

Gesundheit & Alter

Klinik nach menschlichem Mass
150 Silvia Gmür (mit Kurt Nussbaumer,
     Toffol + Berger, Suter + Suter)

Betreuung, Heilung, Schutz
156 Christian Dill

Alt und Jung
160 Wilfrid und Katharina Steib

27

Projekt
Kantonsspital Basel-Stadt
Sanierung Klinikum 1 Ost
Spitalstrasse 21
4031 Basel

Bauherr
Kanton Basel-Stadt
Baudepartement
Hochbau-und Planungsamt
Münsterplatz 11
4001 Basel

Klinik nach menschlichem Mass

L'hôpital cantonal de Bâle est en rénovation depuis 1990. Les travaux de l'aile-est en sont terminés. Actuellement, Silvia Gmür ajoute une signature contemporaine à l'aile ouest. Les dimensions humaines furent le leitmotiv du design de Hermann Baur, l'architecte de l'édifice original qui ouvrit ses portes au public en 1945. Silvia Gmür respecte cette philosophie et nous en offre une nouvelle interprétation.

The cantonal hospital in Basle has been under renovation since 1990. The work on the east wing has been completed. At present, the west wing is being given a contemporary stamp by architect Silvia Gmür. For Hermann Baur, the architect of the hospital, which first opened in 1945, human proportions were the leitmotif for this building. Silvia Gmür respects this philosophy and offers a new interpretation for the historic building.

Wie sich die Zeiten ändern: 1946, ein Jahr nachdem man in Basel das neue Klinikum 1 bezogen hatte, waren die Zweibettzimmer moderat modern, das Bettenzubehör voluminös, die Lichtkörper hatten eine Kugelform. Die Nacht- und Medikamententische, die Stühle und Vorhänge wirken auf dem gestellten Photo „comme il faut". Die Hygiene scheint vorbildlich. „Ein Haupterfordernis für die Gestaltung des Bettenhauses war", formulierte der Architekt Hermann Baur, „dass der in diesen Bau eingelieferte Kranke von dessen Dimension nicht bedrückt wird". „In diesem Verständnis", fügte die Architektin Silvia Gmür 1995 an, „gab sich das Haus selbst den Schlüssel zu seiner Anpassungsfähigkeit an die neuen Bedürfnisse: es galt, die Philosophie des Konzeptes zu erhalten und nicht …vor der Modernisierung zu retten".

Und dies tat man auch nicht. Wo möglich und sinnvoll, hat man nun den Ost-Trakt der mächtigen Anlage zwischen Spital-, Hebelstrasse, Petersgraben und City-Ring umgebaut, renoviert und den Nutzungsbedürfnissen eines zeitgenössischen Klinikbetriebes angepasst. Aus Hermann Baurs gediegener Moderne hat Silvia Gmür eine elegante, zeitgenössische Variante gemacht. Sofern ein solches Adjektiv für ein Krankenhaus mit Intensivstation, Notfallambulatorien, Operationssälen, Patienten- und Stationszimmern, Küchen, Waschräumen und einer umfangreichen Haustechnik überhaupt zulässig ist. Ein Kranker, der auf Gesundung hofft, wird die Arbeit des Büros Gmür wahrscheinlich kaum wahrnehmen. Und auch jene von Toffol + Berger, Kurt Nussbaumer und Suter + Suter nicht, die an der Architektengemeinschaft der Sanierung partizipierten. Aber diese Architekten und Planer blieben auch völlig am Rand. Denn da Silvia Gmür für über 90 Prozent der Gesamtkosten von rund 200 Millionen Franken (für den Ost-Trakt) verantwortlich war, steht die Urheberschaft des ästhetischen Ergebnisses ausser Zweifel.

Es spricht für Hermann Baurs Architektur, dass man die Dimension des Baus eigentlich nur auf Plänen oder auf Photos mit sehr hohem Standort oder gar der Luft erkennt. Der mächtige Zweibünder ist 180 Meter lang. Der flache Riegel an der Spitalstrasse hat vier, das parallele Bettenhaus neun oberirdische Geschossebenen. Fünf Quertrakte schliessen die Bauten zusammen und erlauben um vier Innenhöfe eine vitale Zirkulation, denn zu den Patienten und ihren Besuchern, der Pflege- und Ärzteschaft wie dem umfangreichen Hauspersonal kommen noch Studenten und Dozenten der Medizin, die die Hörsäle direkt über dem ellipsoiden Hauptportal nutzen.

Versucht man das Ergebnis des gewaltigen Bauprogramms in Worte zu fassen, so sind Helligkeit, Zugänglichkeit, Patientenkomfort, Arbeitsatmosphäre sowie Form- und Materialschönheit die begrifflichen Koordinaten. Obwohl die Durchfensterung des Altbaus durchdacht und fortschrittlich war, ging das Büro Gmür besonders in den grossen Korridoren einen Schritt weiter. Zuvor einengende Türen für den Feuerschutz machte man zu klappbaren Portalen, die man bündig in der Wandfläche „verstecken" kann. Wenn der westliche Gebäudetrakt vollendet ist (für den das Büro von Silvia Gmür ebenfalls beauftragt ist), kann man auf einigen Stockwerken den Bau in Fluchten der gesamten Hausbreite (also über fast 200 Meter) erleben. Eine Dimension, die sonst nur die Industriearchitektur oder grosse Verwaltungsbauten kennen. Aber die langen Blickachsen öffnen sich

Architekt
Silvia Gmür, Dipl. Architektin ETH BSA SIA, Basel
Berger + Toffol Architekten SIA, Basel
Kurt Nussbaumer, Dipl. Architekt SIA, Basel
Suter + Suter AG, Basel

Bauingenieur
Walther Mory Maier Bauingenieure AG, Basel

Termine
Baubeginn: August 1990
Bezug: etappenweise ab
Juli 1994

Der rechte Teil des mächtigen Riegels von Hermann Baur (bezogen 1945) ist bereits saniert. Der Westtrakt (links) soll ebenfalls von Silvia Gmür erneuert werden. Rechts oben sieht man die Dreirosenbrücke, die durch das Viadukt der Nordtangente (Ausblick, Nr.42) ersetzt wird.

La partie droite du bâtiment massif de Hermann Baur (achevé en 1945) a déjà été rénovée. La partie ouest (à gauche) sera renovée par Silvia Gmür. En haut, à droite, on voit le pont Dreirosen, qui sera bientôt remplacé par le viaduc de la nouvelle grand-route vers le nord (Ausblick, No. 42).

The right section of the massive block by Hermann Baur (finished in 1945) has already been renovated. The west section (left) is to be renewed by Silvia Gmür. On the upper right is the Dreirosen bridge, which will be replaced by the viaduct of the new north highway (Ausblick, No. 42).

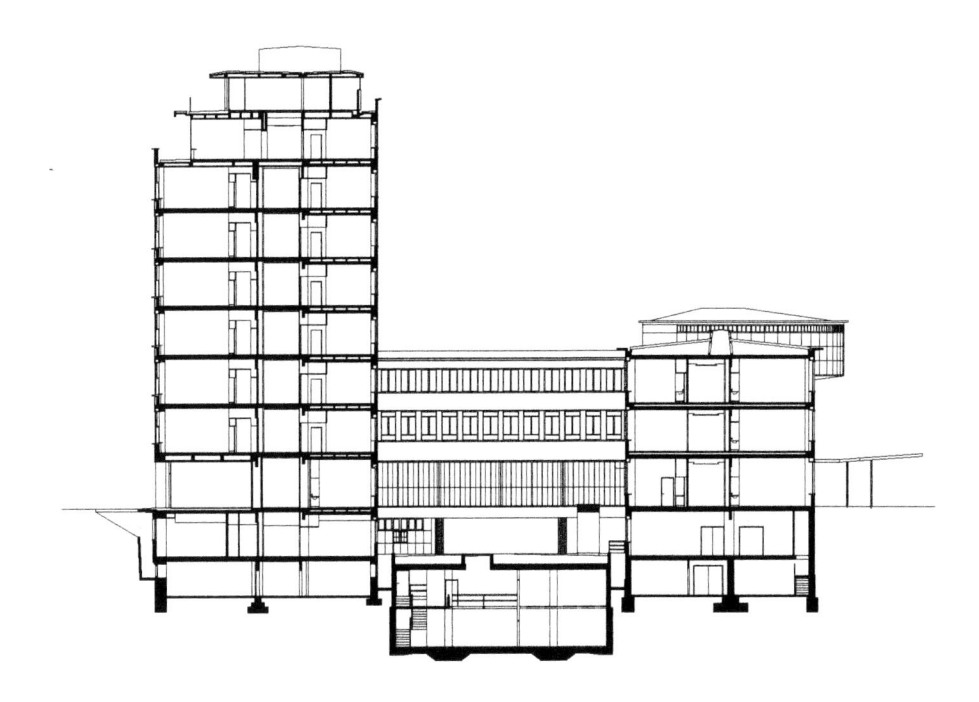

Süd-Nord-Schnitt durch die zweibündige Anlage.

Section nord-sud du complexe à deux niveaux.

North-south section of the two-level complex.

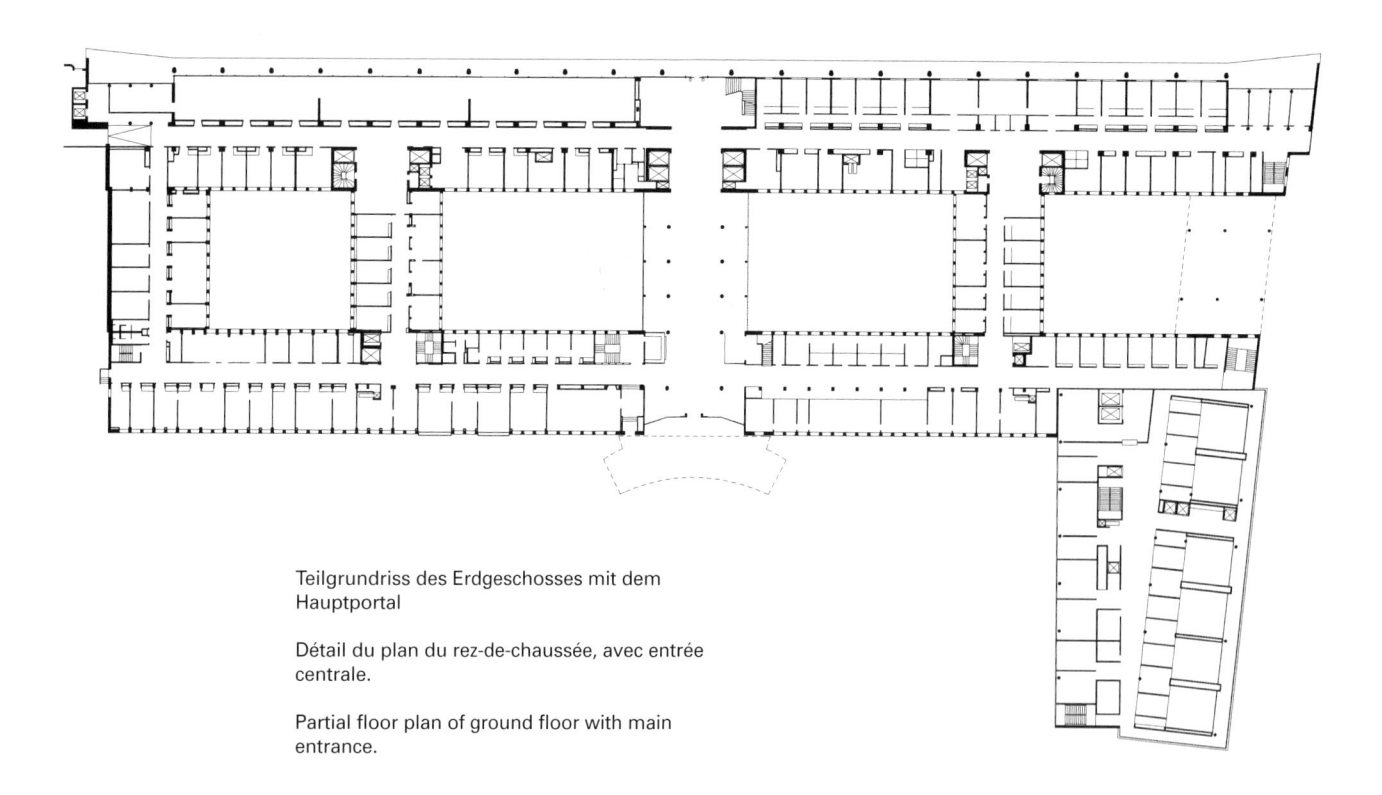

Teilgrundriss des Erdgeschosses mit dem Hauptportal

Détail du plan du rez-de-chaussée, avec entrée centrale.

Partial floor plan of ground floor with main entrance.

Die Patientenzimmer erhielten einen neuen Sanitärbereich oder die Zuleitungen modernster Medizintechnik. Besonders die sorgfältigen Schreinerarbeiten wurden fast vollständig erhalten.

Les chambres des patients avec nouvelles installations sanitaires et accès aux machines de traitement ultra-moderne. L'ébénisterie, de fabrication soignée, demeure intacte.

The patients' rooms are outfitted with new sanitary facilities and access to state-of-the-art medical equipment. The well-crafted cabinetry was left almost completely intact.

Neue Falttüren schaffen nun Blickachsen von bis zu 200 Metern.

Des nouvelles portes, au ras des murs, ouvrent la perspective sur toute la longueur de 200 mètres du bâtiment.

New folding doors, flush with the walls, open the views along the full 200-metre length of the building.

nicht nur an den durchfensterten Enden, zu den Lichtkanälen der Quertrakte oder den grossflächig und in der ganzen Fassadenhöhe verglasten Liftürmen, sondern erhalten auch Tageslicht und Ausblicke durch die neuen Glaswände der Stationszimmer auf den Gang. Neu sind hier auch das Orientierungssystem durch Schrifttafeln aus Acryl, die Wanduhren, die Zimmertüren und jene der Wandschränke. Den existierenden Holzkorpus erhielt man analog in den Patientenzimmern, die jedoch einen völlig neuen Sanitärbereich und die Zuleitungen modernster Medizin-Technik erhielten. In den Kubaturen wurde die räumliche Disposition oder generell das Vorhandene (wie etwa die Holzfenster) weitgehend respektiert.

Auf der Dachterrasse hat man gar restauriert, denn die grossen Gussbeton-Platten waren schadhaft oder gesprungen und auf dem Markt so nicht mehr zu haben. Also liess man sie „prototypisch" nachgiessen und strich die Dachaufbauten in den Originalfarben. Das 9. Stockwerk, das einen wunderschönen Panoramablick - auch auf den Rhein und den Hafen - bietet, sieht jetzt so aus wie bei der Eröffnung 1945. Hier zeigt sich Baurs unverbrauchte Modernität.

Im Osttrakt gibt es eine Caféteria, die man im Erdgeschoss an der Gartenseite vor grossen Wandgemälden Hans Stockers einrichten will. Der Maler hatte die Glasfenster in Karl Mosers epochemachender Betonkirche St. Anton in Basel mitverantwortet. Moser war ein Zeitgenosse Rudolf Gaberels, nach dessen Plänen 1941 das Rätische Kantonsspital in Chur eingeweiht wurde. 1993 gewann Silvia Gmür dort den Wettbewerb für ein neues Bettenhaus, dessen Bau 1997 beginnen soll. Man möchte die Bündner schon heute beneiden.

So sah der Dachgarten schon 1945 aus. Beschädigte Gussbetonplatten auf dem Boden liess man nachgiessen. Die Aufbauten aus Holz strich man neu in den Originalfarben.

Le jardin du toit en 1945. Les dalles en béton, endommagées, furent coulées de nouveau. On a repeint les boiseries dans les couleurs originales.

This is how the rooftop garden looked in 1945. Damaged cast-concrete floor slabs were custom re-cast. The wood mountings were freshly painted in the original colours.

Projekt
Wohn- und Therapiehaus für geistig
und körperlich behinderte Erwachsene
Riehenstrasse 300
4058 Basel

Bauherr
Kanton Basel-Stadt
Baudepartement
Hochbau-und Planungsamt
Münsterplatz 11
4001 Basel

Betreuung, Heilung, Schutz

Christian Dill est sur le point de terminer une institution pour adultes handicapés sur la Riehenstrasse dans le quartier Hirzbrunnen. Le complexe en trois sections est situé au milieu de grands arbres dans la propriété d'une ancienne villa. Il est entièrement recouvert de sapin de Douglas. Deux bâtiments résidentiels en forme de "L" entourent un jardin orienté au sud. Un édifice isolé, plus long et deux fois plus haut protège l'ensemble contre le bruit et la pollution et contient les services sociaux de cette institution avec 1800 m² de superficie.

Christian Dill has designed a home for mentally and physically disabled adults on Riehenstrasse in the Hirzbrunnen quarter. The three-part complex, completely clad in Douglas fir, is located on the wooded property of a former villa. Two L-shaped residential buildings surround a garden court to the south. One free-standing building, twice the height of the residences, shields the ensemble from noise and air pollution and houses the social services of the 1800-square-metre nursing home.

Hinter den Bahngeleisen nach Deutschland (Richtung Freiburg im Breisgau und das Wiesental) baute man in Basel die soziale Zukunft. Kein anderes Quartier der Stadt am Oberrhein beherbergt heute mehr Reihen- und Siedlungshäuser des sozialen Neuen Bauens. Das Vorzeigestück wurde die WOBA (Wohnungsbauausstellung) von 1930. Wenige Jahre nach der Weissenhofsiedlung in Stuttgart (1927) und vor der international bekannteren Siedlung Neubühl (1931/32) bei (heute in) Zürich versammelten sich in Basel die namhaften Avantgardisten der Schweizer Gegenwartsarchitektur. Zwischen den Strassen „Im Surinam" und „Am Bahndamm" bauten Steger & Egender, Moser & Roth (beide Zürich), Maurice Braillard (Genf) oder Hermann Baur, Artaria & Schmidt, Hans Bernoulli mit Mumenthaler & Meier (alle Basel). Im Osten mündet „Im Surinam" in die Riehenstrasse. Hier, auf der anderen Strassenseite, realisierte Bernoulli mit August Künzel, Hans Von der Mühl und Paul Oberrauch das Hirzbrunnenquartier (1924- 34): eine Siedlung mit konventionellem Zuschnitt. Und gleich daneben steht ein Heim für geistig behinderte Erwachsene von Christian Dill gerade vor der Fertigstellung (geplant November 1997). Inmitten von Wohnhäusern und an der vielbefahrenen Ausfallstrasse in Richtung des Wiesentals und des Südschwarzwaldes gelegen, ist das kleine Rehabilitationszentrum dem humanen Ideal verbunden, dem dieser Teil der Stadt mehrheitlich die gebaute Existenz verdankt.

Die Planung war für den Architekten alles andere als einfach. Denn die ehemaligen Bewohner der Villa erhielten einen Trakt des neuen Hauses, was dessen Fertigstellung vor dem Abriss und ein entsprechend etappiertes Vorgehen bedeutete. Hinzu kam, dass das Pilotprojekt der Universitären Psychiatrie Mittel des Schweizer Staates erhielt und alles den mitunter kleinlichen Vorschriften für neue Spitäler entsprechen musste. Dill, dem mit seinem ersten Haus als freischaffender Architekt gleich ein Wurf gelang, nahm die Schwierigkeiten als Chance. Häufig, erzählt er, musste er Planungsschritte korrigieren, was wiederum Änderungen am Gesamtentwurf nötig machte. Rund Zweidrittel dieser karitativen Architektur mit fast 1800 Quadratmetern Fläche sind bereits bezogen. Im November (1997) soll der Kopfbau an der Strasse dem Bauherrn übergeben werden. Allein dessen Durchfensterung ist bemerkenswert. Dill hat alle Öffnungen der Betonhülle nach den Lichtbedürfnissen im Innern orientiert: dem Treppenhaus, der zentralen Küche, dem Therapiebad, einer unabhängigen Wohnung (als Teil des neuen Therapiekonzeptes) und dem grossen Versammlungssaal unter dem Dach. Von der Riehenstrasse aus gesehen, hat das neue Heim eine torähnliche Einfahrt, die auf die Eingänge der beiden Wohnhäuser zuführt, sowie eine Fassade mit Fenstern, die wie Noten auf einer Partitur für ein Soloinstrument aussehen. Alle drei Baukörper sind mit dem Holz der Douglasie (eine Fichtenart) verkleidet.

Und auf der anderen Strassenseite wurde gerade ein freistehender Lebensmittelsupermarkt aus dem Büro Diener & Diener eröffnet. Dies ist ein schönes Haus für die materiellen Bedürfnisse des Alltags. Christian Dills Architektur ist eine für die Betreuung, Heilung und den sozialen Schutz bedürftiger Menschen.

Architekt
Christian Dill, Architekt ETH SIA
Falknerstrasse 13, 4001 Basel
Mitarbeit: A. Dalla Favera
R. Brunner, K. Kröger, E. Dill

Sonderfachleute
Statik: H.P. Frei, Bauingenieur ETH SIA, Basel
Sanitär: Bogenschütz AG, Basel
Heizung / Lüftung: Gruneko AG, Basel
Elektro: Selmoni AG, Basel

Termine
Wettbewerb: 1991 / 1992
Planungsbeginn: Herbst 1992
Baubeginn: Frühling 1995

Gedeckte Veranden an den beiden Innenhöfen sind schon bevorzugte Aufenthaltsorte der behinderten Menschen und ihrer - mehrheitlich - Betreuerinnen.

Les terrasses près des deux cours intérieures sont déjà des lieux de repos recherchés par les invalides et les infirmières.

Covered patios facing both inner courtyards have already become favourite spots for handicapped patients and their care-givers.

Die Nordfassade.

La façade nord.

The north façade.

West-Ost-Längsschnitt (oben). Ost-West-Aufriss des hinteren Gebäudetraktes. Auf die Fassadensicht folgt rechts der Schnitt durch den Baukörper zur Riehenstrasse, der nahezu über die gesamte Grundstücksbreite reicht (unten).

Coupe longitudinale est-ouest (en haut). Projection verticale de l'aile postérieure. À droite, à côté du vue de la façade, section du bâtiment à partir de la Riehenstrasse, remplissant la largeur quasi-totale du site.

East-west longitudinal section (above). East-west vertical section of rear building. To the right, next to the view of the façade, the section of the building seen from Riehenstrasse and occupying almost the entire width of the site.

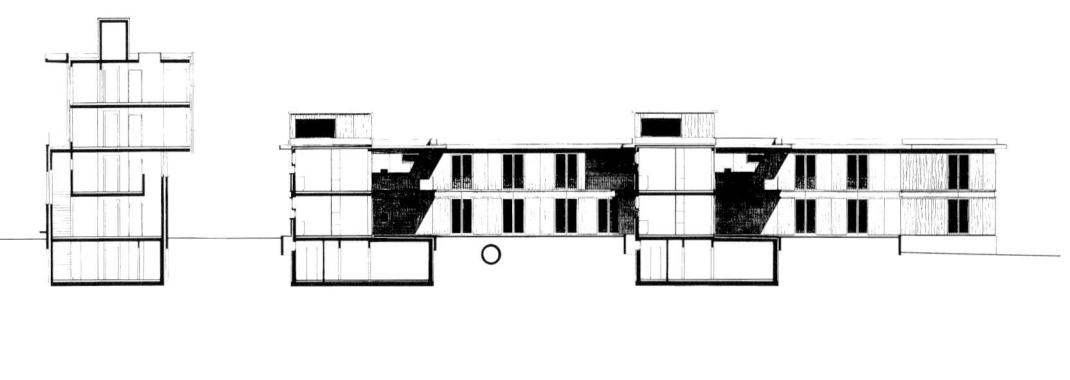

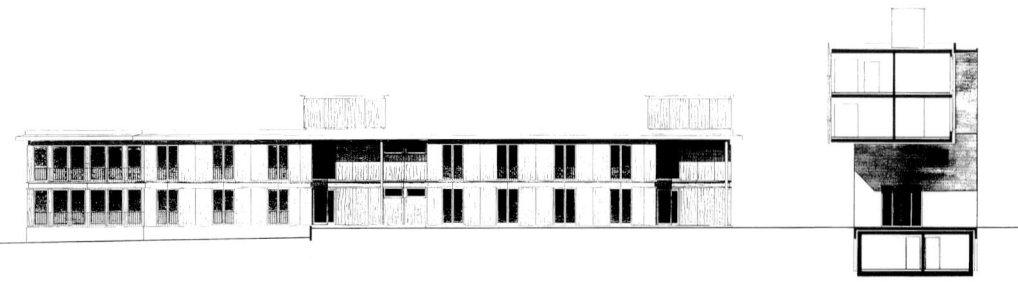

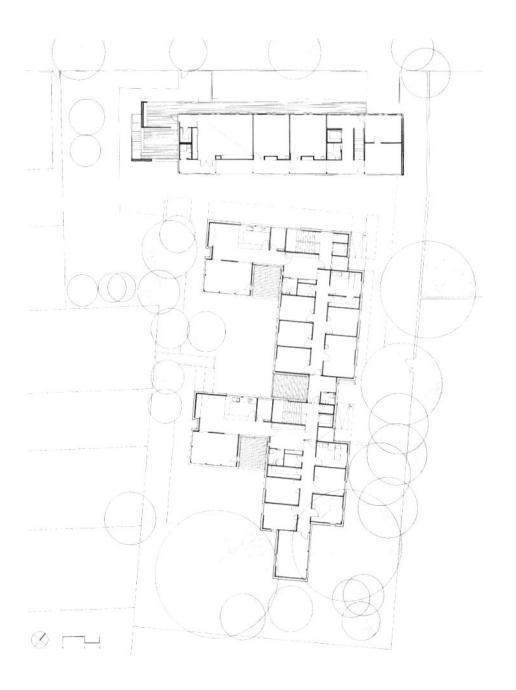

Grundriss des Obergeschosses des Hoftraktes und des 1. Obergeschosses des Baukörpers zur Strasse (oben). Fassade im Innenhof (rechts).

Plan de l'étage supérieur de l'aile donnant sur la cour et du premier étage du bâtiment principal du côté de la rue (en haut). La façade donnant sur la cour (à droite).

Floor plan of upper floor of courtyard wing and first floor of main building facing the street (above). Courtyard façade (right).

Projekt
Alters- und Pflegeheim mit Wohnhaus
Horburgstrasse / Markgräflerstrasse
4057 Basel

Bauherr
Ökumenische Stiftung Horburg-Marienhaus

Alt und Jung

Les architectes Wilfrid et Katharina Steib créèrent un asile de viellards et une résidence adjointe, un projet pilote pour la gériatrie suisse. Les deux grands églises chrétiennes en sont les clients. Vingt unités sont des appartements pour les familes qui vont participer au projet et vingt autres unités sont réservées aux personnes âgées atteintes de divers degrés d'invalidité. Les architectes répartirent les services nécessaires dans deux ailes (avec une aile liante) et les placèrent autour d'une cour centrale. Toutes les sections en plein air (balcons, terrasses, passages bordés d'arcades) donnent sur la cour. La résidence des personnes âgées a un foyer lumineux qui rappelle l'entrée d'un hôtel. Le bois et le verre sont visibles en abondance, créant un édifice où jeunes et vieux peuvent goûter à de nouvelles façons de vivre ensemble.

Architects Wilfrid and Katharina Steib have designed a nursing home and adjacent housing, a pilot project in Swiss geriatrics. The clients are the two main Christian churches. Twenty units are apartments for families who will work in the nursing home; twenty are available for the elderly and/or for people with varying degrees of disability. The architects have distributed the extensive room requirements over two long narrow buildings (with a connecting tract) and arranged these sections around an inner courtyard. All open-air areas of the housing complex (balconies, patios, covered walks for access) face the courtyard. The seniors' residence has a bright reception area reminiscent of a hotel lobby. Abundant use of wood and glass has created a building where old and young can experiment with new forms of living together.

Vor dem Haus ist eine grosse, laute Baustelle. Denn an der Horburgstrasse wird die Strasse der künftigen Autobahn seit 1995 ganz unter die Erde gelegt. Doch in naher Zukunft, wenn hier nur noch die Strassenbahn fährt und sich der Autoverkehr auf die Güterversorgung und die Quartierbewohner reduziert hat, liegen die 80 Seniorenwohnungen des „Alters- und Pflegeheims Marienhaus" in einer beruhigten Wohnzone mit der Infrastruktur eines lebendigen Ortes. Es gibt nahe - und grüne - Erholungsräume (in den Langen Erlen und auf dem umgenutzten DB-Areal zwischen Mustermesse, Riehenring, Schwarzwaldallee). Ferner gibt es gute Einkaufsmöglichkeiten oder Verbindungen im Nahverkehr. Betritt man das neue Haus, das Wilfrid und Katharina Steib für die „Stiftung Horburg- Marienhaus" gebaut haben, so ist der Empfang schon jetzt so grosszügig und hell wie in einer Hotelhalle.

Das Haus für Senioren, das die beiden grossen christlichen Gemeinden Basels (römisch-katholisch, evangelisch-reformiert) gemeinsam bauen liessen, ist ein schweizerisches Pilotprojekt. Denn die kompakte Hauskubatur zwischen der Horburg- und und Markgräflerstrasse hat zwei Baukörper mit unterschiedlicher, aber ergänzender Nutzung. Der östliche Riegel des 33 Millionen Franken teuren Komplexes hat 20 Mietwohnungen (zwischen 3 1/2 und 4 1/2 Zimmern) und 20 Appartements (2 Zimmer) für alte und/oder gehbehinderte Menschen. An der Horburgstrasse hat die sechsgeschossige Kubatur 80 Seniorenwohnungen (Einzimmer-Appartements mit Balkon). Das Konzept des Hauses strebt die Durchmischung von Familien mit Kindern und alten Menschen an, die keiner Hospitalisierung bedürfen, aber deren Kraft für Organisation und Bewältigung des Alltages nicht mehr ganz ausreicht. Die Wohnungen für Betagte sind auf Bedienungsfreundlichkeit hin angelegt. Die günstigen Mieten der grossen Wohnungen sollen Familien mit Kindern anziehen, die zu einer begleitenden (und von der GGG auch honorierten) Betreuung der älteren Nachbarn bereit sind. Soweit der soziale Charakter des zweibündigen Hauses, das einen grossen Innenhof, eine Tiefgarage, einen Kindergarten, eine Caféteria, eine Kapelle, einen Coiffeursalon, einen Mehrzwecksaal und die Infrastruktur für die Heimleitung besitzt.

Die Architekten konnten das beträchtliche Raumprogramm und die differenzierten Nutzungsbedürfnisse auf einer stattlichen Parzelle an der Peripherie der Innerstadt realisieren, und es ist ein erstaunlich einfacher und grosszügiger Baukörper entstanden. Die beiden sechsgeschossigen - und parallelen - Riegel werden durch den eingeschossigen Trakt mit Kapelle und Mehrzweckhalle in Form eines U's verbunden. Die Balkone sind mehrheitlich auf den breiten Innenhof gerichtet. Die Bäume auf der Mittelachse des Wohnkomplexes sind noch jung und werden in absehbarer Zeit zu Schatten- und Sauerstoffspendern. Geschickt sind die Mietwohnungen mit verglasten Treppen- und Liftürmen sowie offenen Laubengängen auf der Hofseite erschlossen. Dem gemeinschaftlichen Wohnen wird so eine Zone offener Zirkulation gegeben, aber die Zurückgezogenheit ist ebenso möglich.
Bei den Altersappartements fallen im gemeinschaftlichen Wohnbereich Sitzmöbel mit hellbeigem Bezug auf, die in hellen Räumen mit Böden aus Stein oder Holz die Gemütlichkeit mit der Eleganz verbinden. Betritt man das Haus an der Horburgstrasse, wird man vom gleichen Boden aus Jurakalk empfangen, wie in den Wohnhäusern am Unteren Rheinweg (Wohnen,

Architekt
Wilfrid und Katharina Steib
Architekten BSA/SIA
Leimenstrasse 47
4051 Basel

Tragwerksplanung
Gruner AG, Ingenieur-Unternehmung, Basel

Termine
Eingeladener Wettbewerb
Juni 1992
Baubeginn: Oktober 1993
Bezug: April 1996

Die verglasten Treppen- und Lifttürme der Mietwohnungen am Innenhof.

Les cages vitrées d'escalier et de l'ascenseur des appartements du côté de la cour.

The glazed stair and elevator shafts of the apartments on the courtyard side.

Die Eingangshalle des Alters- und Pflegeheims (rechts oben) hat die Geräumigkeit und die Lichtfülle eines Hotelfoyers. Alle Senioren-Appartements haben Balkone (oben).

Le hall d'entrée de l'asile des vieillards (en haut, à droite) a la même spaciosité et la même luminosité que le vestibule d'un hôtel. Tous les appartements sont munis de balcons (en haut).

The entrance atrium of the retirement home (top right) has the spaciousness and luminosity of a hotel lobby. All seniors' apartments have balconies (above).

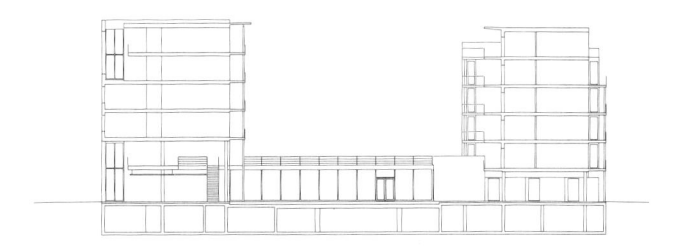

West-Ost-Schnitt (oben) und Grundriss mit der Horburgstrasse (im Plan ganz unten).

Section est-ouest (en haut) et plan avec Horburgstrasse (tout en bas).

East-west section (top) and floor plan with Horburgstrasse (below).

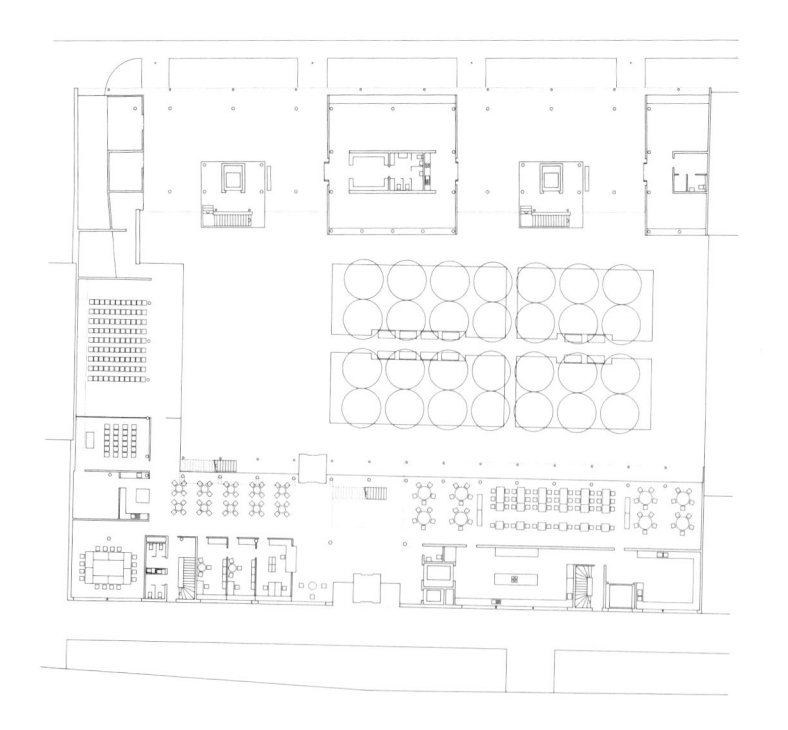

Von der Markgräflerstrasse führen breite Passagen in den Innenhof.

Les grands passages entre la Markgräflerstrasse et la cour centrale.

Wide passages lead from Markgräflerstrasse to the inner courtyard.

Arbeiten & Glauben, Nr.11). Die Kapelle des Hauses empfängt diskretes Licht über ein shedartiges Fensterband auf dem Terrassendach des Quertraktes. Das Tor der Tiefgarage an der Breisacherstrasse erhielt eine Farbe in sanftem Mauve.

In der Caféteria haben die Künstler Hannes und Petruschka Vogel das ganze Matthäusquartier zum Thema gemacht. Efringen, Zähringen, Breisach, Badenweiler, Oetlingen oder Müllheim und andere Orte der badischen Nachbarschaft sind hier auf grossen Photos wiedergegeben. Die Namen der Strassen, die diese in Basel anregten, sind mit Siebdruck einmontiert. Wenn die betagten Menschen hier ihre Mahlzeiten einnehmen oder ihre Freizeit verbringen, sind sie symbolisch von Dingen umgeben, die sie vielleicht seit Kindertagen kennen oder gar besucht haben.

Verwalten & Produzieren

**Abenteuerspielplatz
mit Design**
166 Frank O. Gehry

Glaskörper mit Wandelhalle
170 Bürgin, Nissen, Wentzlaff

**Komplexe Aufgabe -
exponierte Lage**
174 Wilfrid und Katharina Steib

Macht der Steine
180 Alvaro Siza de Vieira

Monolith in der Landschaft
184 Diener & Diener

Es Lebe die Stadt
188 Mario Botta

Haus mit zwei Gesichtern
194 Bürgin, Nissen, Wentzlaff

(30)

Projekt
Vitra Center
Klünenfeldstrasse 20
4127 Birsfelden

Bauherr
Vitrashop AG
Klünenfeldstrasse 20
4127 Birsfelden

Abenteuerspielplatz vom Designer

Frank O. Gehry, canadien et puis californien par choix, établit son premier "pied-à-terre" à Bâle. Le Musée Vitra Design à Weil-sur-Rhin fut le premier édifice de Frank O. Gehry en Europe et ouvrit ses portes au public en 1989. Quelques années plus tard, en 1994, suivit le Vitra-Center à Birsfelden, le nouveau siège principal du fabricant renommé de meubles pour bureau et maison. Le premier bâtiment de Gehry en Suisse nous donne l'impression qu'il était pour l'architecte un terrain de jeux et d'aventures.

Frank O. Gehry, Canadian-born and Californian by choice, established his first foothold in Europe in the surroundings of Basle. The Vitra Design Museum in Weil am Rhein, the first building designed by Gehry in Europe, opened to the public in 1989. This was followed, in 1994, by the Vitra-Center in Birsfelden, the new headquarters for the internationally renowned office and home furnishings manufacturer. Gehry seems to have approached his first building in Switzerland as if it were an adventure playground.

Der gebürtige Kanadier und Wahlkalifornier Frank O. Gehry ist heute der berühmteste - weil erfolgreichste - Vertreter des architektonischen Dekonstruktivismus. Er hat sich auf sympathische Art gegen die Orthodoxie der Moderne verschworen. Rechte Winkel sind ihm „fast" ein Greuel. Die fliessende Form, oder genauer, die trotz statischer Unverrückbarkeit bewegt wirkende Form, ist das prägende Zeichen seiner baumeisterlichen Vision geworden. 1989 schuf er mit dem Vitra Design Museum sein erstes Haus in Europa. Und in Birsfelden wurde 1994 der Hauptsitz des Büro- und Sitzmöbelherstellers nach Gehrys Plänen bezogen. Es ist bis heute sein einziges Haus in der Schweiz.

Zur Askese eines Michael Alder, eines Roger Diener, Jacques Herzog oder Meinrad Morger repräsentiert Gehrys Architektur eine diametrale Baumeisterhaltung. Doch bei aller gestalterischen Anarchie, mit der Gehry in Birsfelden den Ort zwischen einem Autobahnzubringer und einem Wohnquartier der Dutzendklasse nutzte, beachtete er dennoch den Kontext. Der zweiteilige Komplex des Vitra Centers besteht aus einem dreigeschossigen Betonriegel und einem Konferenz- und Audiovisionshaus mit Caféteria. Hier, in der „Villa", ist auch der Empfang. 6000 Quadratmeter nutzbare Fläche wurden insgesamt gebaut. Der Bürotrakt nimmt die Struktur des ersten Vitra-Firmengebäudes von 1957 auf: glatte Fassade, leicht angeschnittene Fenster auf gleichmässigen Achsen, die Zeichen der biederen europäischen Nachkriegsmoderne. Gehry antwortet mit fast gleich grossen Fenstern und ruhigen Flächen ähnlich, jedoch sind die Geschosse um 6,5 Zentimeter pro Hausseite leicht verjüngt. Der minimale Eingriff, ohne optische Hilfsmittel so gut wie nicht wahrnehmbar, legt die Fassade wie auf die Aussenhaut eines abgeschnittenen Kegels. Auf der gegenüberliegenden Südseite des Blocks schöpft Gehry dann mit runden, gebauchten, gestauchten und anderen sanft-geometrischen Formen aus seinem Fundus der formalen Phantasie. In diesem Haus sind die sozialen Funktionen des Vitra-Headquarters gebündelt, und sie scheinen gleichsam zu explodieren. Wie beim Design Museum in Weil sind die geknäuelten Formen mit Titanzink verkleidet, was auch diesem Bau den Charme eines Abenteuerspielplatzes vom Designer gibt.

Die Sitzungsräume im Innern sind mit Popfarben bemalt und erhalten künstliches Licht aus plastischen Deckenkörpern in Metall und Holz. Für die Gänge hat Gehry grossflächige Lampen aus rohbelassenem Holz und Milchglas entworfen. Die Botschaft der ständigen Bewegung hängt hier über noblem Parkett aus gefärbtem Lindenholz.

Der Bürotrakt ist nach Süden bodenlang verglast. Über Laufstege ist von hier die „Villa" begehbar, die wie ein Raumschiff wirkt. Die Verbindungshalle besitzt die repräsentative Eleganz eines Schlossvestibüls mit einem offenen Kamin im Parterre.

Basels kommunales Bauen steht unter einfachen Begriffen. Die Privatwirtschaft am Beispiel der Firma Vitra antwortet darauf mit einer anspruchsvollen Opulenz, die jedoch nie auftrumpft.

Architekt
Frank O. Ghery + Associates, Inc.
1520 B Cloverfield Boulevard
Santa Monica / California 90404, USA

Projektmangement, Planung, Bauleitung:
Günter Pfeifer, Freier Architekt BDA / DWB
Industriestrasse 2
79541 Lörrach
in Partnerschaft mit Roland Mayer
(Pfeifer & Ass., 1989-1993)

Sonderfachleute
Statik: Schmidt + Partner, Basel
HLSE: Ing. - Büro Projekta, Basel

Termine
Baubeginn: Mai 1992
Fertigstellung: Mai 1994

Gebaucht, gestaucht, gerundet und aus anderen geometrischen Formen zusammengesetzt: Frank O. Gehrys erstes Haus in der Schweiz.

Des formes convexes, raccourcies, ondulées et composées d'autres formes géométriques: le premier bâtiment de Frank O. Gehry en Suisse.

Convex, foreshortened, curved, and composed of other geometric forms: Frank O. Gehry's first building in Switzerland.

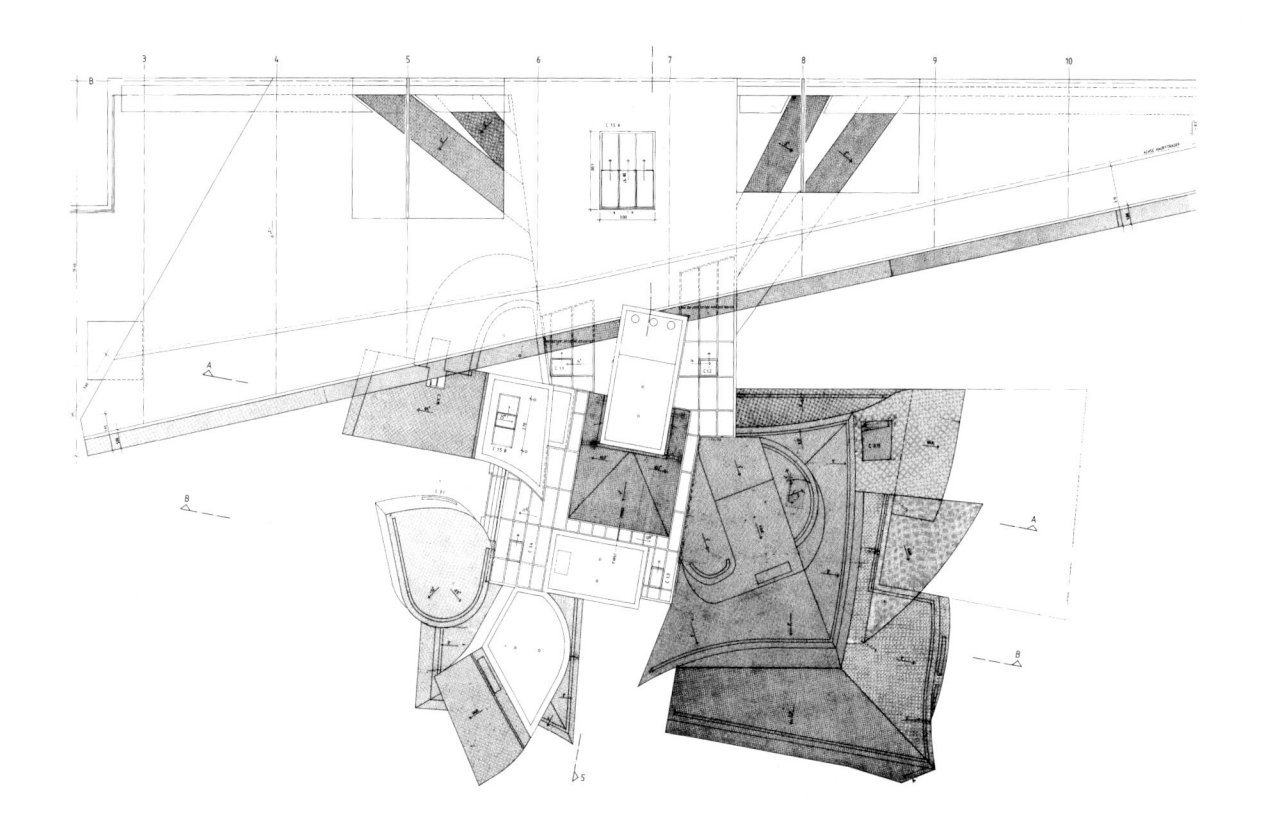

Aufsicht und Grundriss des 2. Obergeschosses der „Villa".

Vue aérienne et plan du deuxième étage de la "villa".

Aerial view and floor plan of second floor of the "villa".

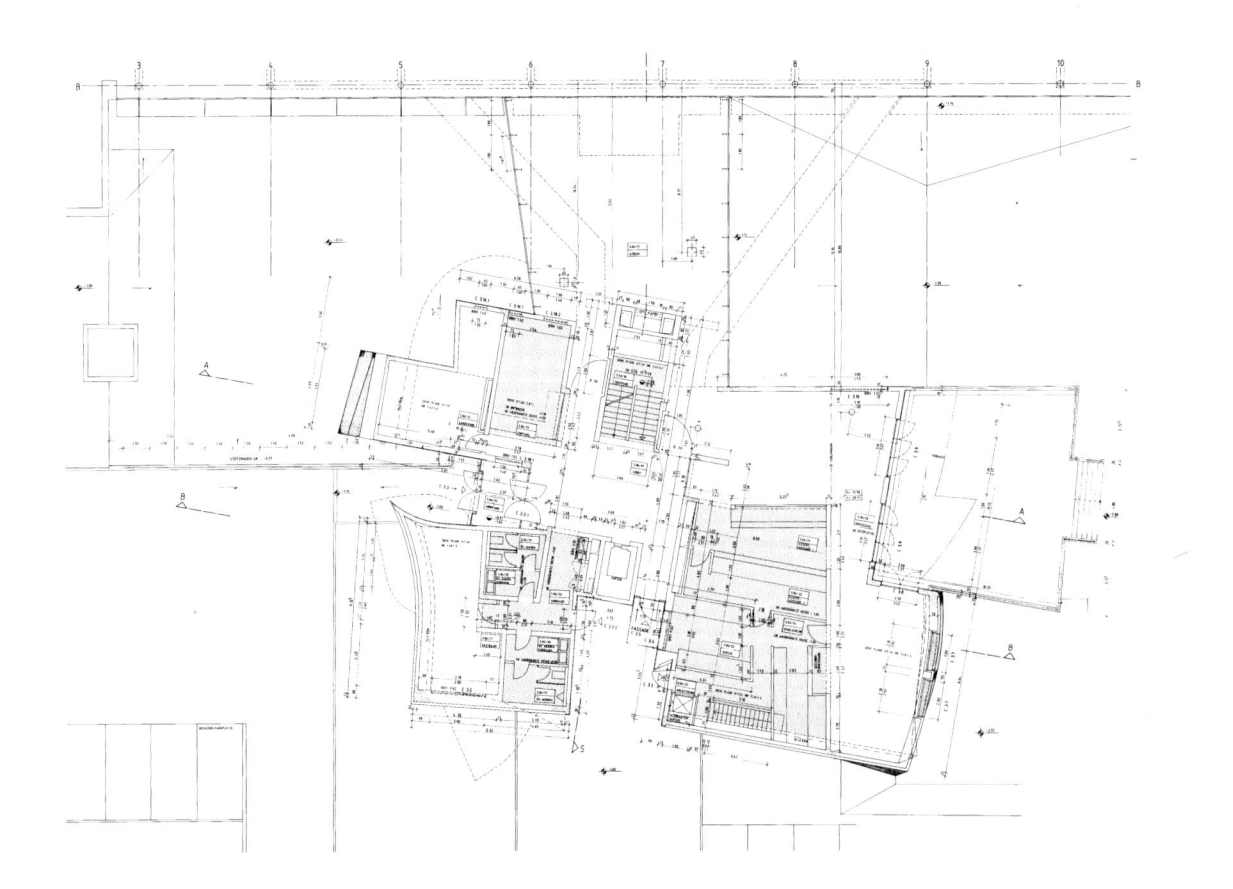

Prototyp eines Beleuchtungskörpers in einem der Sitzungszimmer.

Prototype d'éclairage dans une salle de conférence.

Prototype of a lighting unit in a conference room.

31

Projekt
Verwaltungsneubau
PAX Lebensversicherungs-Gesellschaft
Aeschenplatz 13
4002 Basel

Bauherr
PAX Lebensversicherungs-Gesellschaft
Aeschenplatz 13
4002 Basel

Glaskörper mit Wandelhalle

Sur la Aeschenplatz à Bâle, le nouvel édifice de la compagnie d'assurance Pax sera terminé en 1997. Ce bâtiment créé par le bureau Bürgin, Nissen et Wentzlaff a une tour vitrée marquante qui répond à la rotonde de Mario Botta située en face, sur la même place. Le verre, l'acier et une façade de briques sont les matériaux dominants. Face à la tour vitrée de neuf étages de Bürgin, Nissen et Wentzlaff, se trouve un immeuble de bureaux à douze étages datant des années cinquante. La colonne d'ascenseur et la cage d'escalier sont vitrées de haut en bas. Ces colonnes verticales créent un accent urbain quand elles sont éclairées la nuit.

In 1997, a new building for the Pax insurance company will be completed on the Aeschenplatz in Basle. The building by architects Bürgin, Nissen and Wentzlaff has a striking glass tower, creating a complementary counterpoint to the rotunda by Mario Botta situated diagonally across the square. Glass and steel and the brickwork of the façade are the dominant materials. Across from the nine-storey tower by Bürgin, Nissen and Wentzlaff stands a twelve-storey office building from the 1950s. Here, the elevator and stairway tower has been glazed to the full height of the building. When these shafts are illuminated at night, they give an urban accent to the square.

An der Ecke des Aeschenplatzes mit dem Brunngässlein steht seit 1996 ein transparenter, angeschnittener Bau, dessen äussere Geometrien aus einem Korbbogen und einer Gerade bestehen. Der architektonische Körper schliesst ein Haus elegant und markant ab. Die Architekten Edi Bürgin, Timothy O. Nissen und Daniel Wentzlaff antworten mit ihrem neungeschossigen Eckbau der Fassade von Mario Bottas Filiale der Schweizerischen Bankgesellschaft, die am anderen Ende der Diagonale des Aeschenplatzes 1995 fertiggestellt wurde. Dem am meisten diskutierten Platz Basels wird mit beiden Bauten eine längst überfällige urbane Klammer gegeben. Was für die Politiker nicht heissen soll, dass das Verkehrchaos zu Stosszeiten damit behoben wäre.

Bürgin, Nissen und Wentzlaff, die 1988/89 aus einem eingeladenen Wettbewerb der Pax-Versicherungsgesellschaft als Sieger hervorgingen, haben sich die Geschichte des Bauplatzes gut angeschaut: die alte wie die neuere. Die abgetreppten Fassadenhöhen des leicht gespreizt stehenden Gebäuderiegels ergaben sich aus der historisch gewachsenen Stadt. In der St. Alban-Anlage stand früher der äussere Ring der Stadtmauer. An der breiten und grünen Strassenachse wirkt das Gebäude selbstbewusst, streng und vergleichsweise hoch. Zur Malzgasse, wo sich die Situation auf den kleinteiligen Stadtkern hin bewegt, verringerte man um drei Stockwerke und schuf einen morphologischen Bezug zur baulichen Umgebung. Im Kontext der neueren Baugeschichte antwortet das „dreieckige" Haus nicht nur auf den Botta-Bau, sondern auch auf den schräg vis à vis gelegenen Treppen- und Liftturm des Patria-Bürohauses von Suter + Suter (1954-56). Die beiden vertikalen Glasarchitekturen setzen im Dunkeln - besonders wenn sie beleuchtet sind - einen

überzeugenden urbanen Akzent. Das Bürohaus von Bürgin, Nissen und Wentzlaff steht auf einem trapezoiden Grundstück und liegt trotz der exponierten innerstädtischen Lage - auch - in einem Wohngebiet. Für die 400 Arbeitsplätze, die hier mit Baukosten von rund 50 Millionen Franken geschaffen wurden, ist der im Osten offene Innenhof ein begrünter Erlebnisraum. Hier steht ein geschützter Baumbestand, der zu gestalterischen Konsequenzen führte, denn der Riegel an der Malzgasse musste aus Platzgründen in Richtung der St. Alban-Vorstadt verjüngt werden. Die Büros sind so hell und liegen teilweise in einer Grünzone. Die klare Gliederung der grauen Klinkerfassade, die mit feinen, gemauerten Linien in der Horizontalen eine reliefartige Binnenstruktur erhält, wird auch im Innern fortgesetzt. Als Holz verwandte man durchgehend helle Buche. Für die Böden in der öffentlichen Zone nahm man Granit. Lampen und Handläufe sind Prototypen der Architekten.

Mit dem Klinker nehmen Bürgin, Nissen und Wentzlaff ein Material der frühen Moderne wieder auf, dass Diener & Diener beim Bau des Bankvereins am Bahnhof SBB erfolgreich benutzten (Lernen & Bildung, Nr.14). Beide Häuser stehen in einer Bautradition, die in den späten zwanziger Jahren mit dem Gemeindezentrum Oekolampad am Allschwilerplatz den bis dahin konsequentesten Einsatz in Basel fand. Übereinstimmende Elemente zwischen diesen Architekturen sind repräsentative Bauprogramme, schnörkellose Backsteinkubaturen oder eine auffallende Rhythmisierung durch die Fensterachsen. Auch sind alle Häuser freistehend. Für den Pax-Neubau nehmen Bürgin, Nissen und Wentzlaff auch das Portikus-Motiv des Oekolampad-Baues wieder auf: in Form einer Wandelhalle für Passanten im Strassenraum.

Architekt
Bürgin Nissen Wentzlaff
Architekten
St. Alban-Vorstadt 80
4052 Basel

Sonderfachleute
Bauingenieur: WGG Ingenieure SIA / ASCI, Basel
Fassadenplaner: Emmer Pfenninger Partner AG, Münchenstein

Der neungeschossige, gläserne Eckturm des Baues von Bürgin, Nissen und Wentzlaff antwortet bei Nacht dem Treppen- und Liftturm von Suter + Suter (hinten rechts) aus den fünfziger Jahren.

Pendant la nuit, la tour vitrée à neuf étages au coin de Bürgin, Nissen et Wentzlaff, fait écho à la tour d'escalier et de l'ascenseur de Suter + Suter (arrière-plan, à droite) qui date des années cinquante.

At night the nine-storey, fully glazed corner tower of the building by Bürgin, Nissen and Wentzlaff relates to the stair and elevator tower by Suter + Suter (background, right) dating from the 1950s.

Blick vom boulevardartigen Fussgängerweg vor dem Bankgebäude Mario Bottas auf das „Pax"-Haus am Aeschenplatz.

Vue de l'immeuble Pax sur la Aeschenplatz à partir du boulevard devant l'édifice bancaire de Mario Botta.

View of the Pax building on Aeschenplatz, seen from the boulevard-like sidewalk in front of Mario Botta's bank building.

Grundrisse des Erdgeschosses (oben), des 2. bis 5. Obergeschosses (Mitte) und West-Ost-Schnitt (unten).

Plans du rez-de-chaussée (en haut), des deuxième au cinqième étages (au centre), et de la section est-ouest (en bas).

Floor plans of the ground floor (top), of second through fifth floor (middle) and east-west section (below).

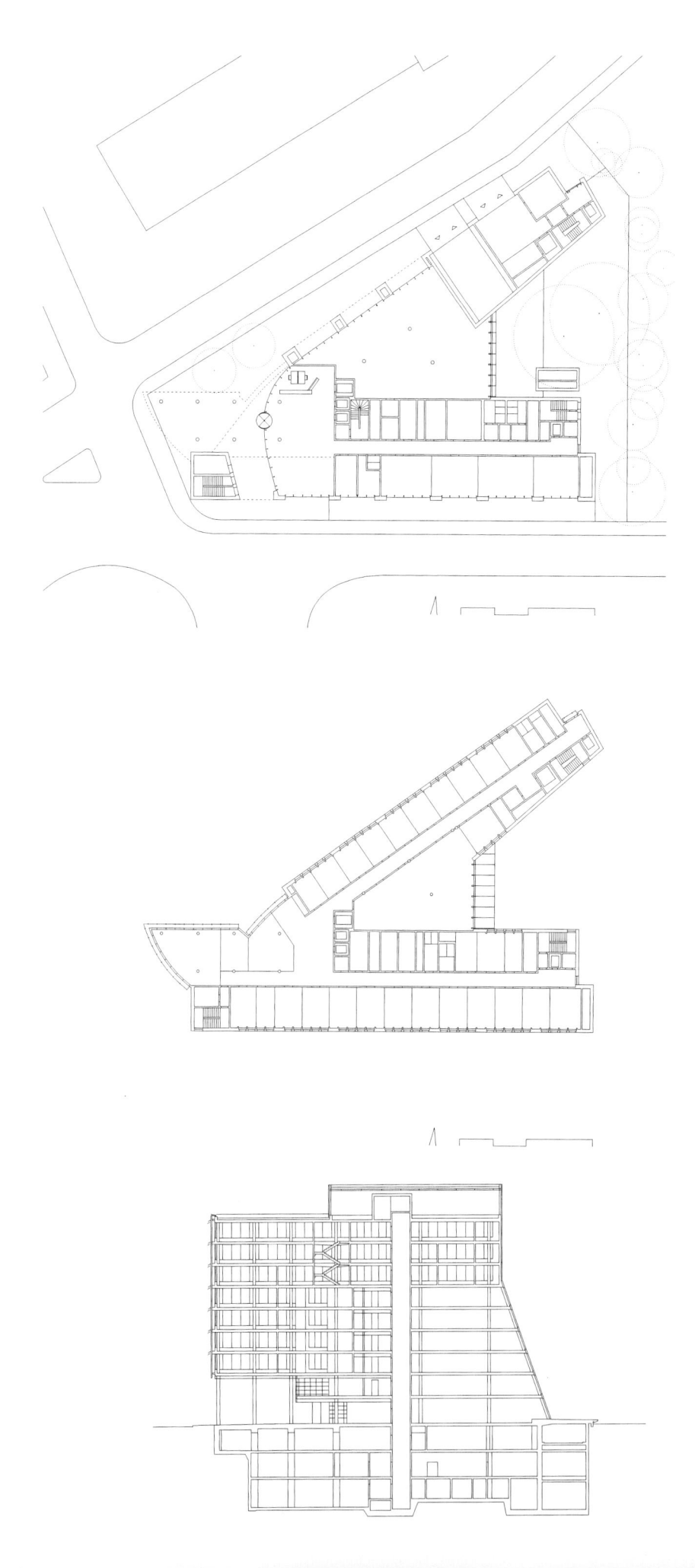

Termine
Studienauftrag an mehrere Architekten, 1. Rang: 1988 / 1989
Baueingabe: Juni 1991
Beginn Abbruch 1. Etappe: Mai 1992
Baubeginn 1. Etappe: Juni 1992
Bezug 1. Etappe: Oktober 1994
Beginn Abbruch 2. Etappe: November 1994
Baubeginn 2. Etappe: März 1995
Bezug 2. Etappe: Juni 1997

Das neue Haus zwischen der Malzgasse (links) und der St. Alban-Anlage.

Le nouveau bâtiment entre la Malzgasse (à gauche) et le parc St. Alban.

The new building between Malzgasse (left) and the St. Alban park.

32

Projekt
Neubau Staatsanwaltschaft und
Untersuchungsgefängnis Basel-Stadt
Binningerstrasse 21
Innere Margarethenstrasse 18
4001 Basel

Bauherr
Kanton Basel-Stadt
Baudepartement
Hochbau-und Planungsamt
Münsterplatz 11
4001 Basel

Komplexe Aufgabe - exponierte Lage

Le nouveau bâtiment du ministère public et la maison d'arrêt de Bâle furent terminés en 1995. Les architectes Wilfrid et Katharina Steib trouvèrent une solution pour construire un total de 26 000 m² de superficie sur le terrain difficile de la Heuwaage. Le corps du bâtiment est divisé en deux sections selon les différentes fonctions de l'édifice. Une façade convexe élégante dans la vallée donne sur le Birsig, un affluent du Rhin. Les cellules et le poste de garde sont situés à l'arrière. Juste à côté, on est en train de construire la première maison de Richard Meier en Suisse.

Basle's new public prosecutor's office and city jail were completed in 1995. Architects Wilfrid and Katharina Steib found a solution for a total requirement of 26 000 square metres of floor space on this challenging site at the Heuwaage town square. The building has been divided into two sections according to its separate functions. An elegant, convex façade rises from the bottom of the valley, overlooking the Birsig river, a tributary of the Rhine. Cells and police quarters are located on the rear side of the building. Richard Meier's first building in Switzerland is under construction next door.

Die moderne Verkehrplanung hat in Basel drei Situationen entstehen lassen, die einst die Zukunft symbolisierten und heute reparaturbedürftig sind: das Ende der Zürcherstrasse mit der „Autobahnunterfahrung" nach Birsfelden, den Schnittpunkt von Schwarzwaldallee und Hochbergerstrasse mit den lange verwaisten Stümpfen der Nordtangente und die Heuwaage mit dem City-Ring. Man weiss bis heute eigentlich nicht, welche urbane Kernzone er umschliessen will oder dies einst sollte.

Die verkehrstechnische Verknüpfung der beiden Halbkantone Basel-Stadt und Basel-Landschaft in Richtung des südlichen Leimentals hat die Heuwaage inzwischen leergeräumt. Aber ein paar Tramgeleise machen mit jungen Bäumen noch keinen Platz, schaffen noch keinen architektonisch befriedigenden Ort. Aber dieser beginnt sich zu formen. Nach dem Eckhaus an der Inneren Margarethenstrasse von Diener & Diener wurde 1995 das neue Gebäude der Staatsanwaltschaft mit dem Untersuchungsgefängnis von Wilfrid und Katharina Steib fertiggestellt.

Beim Grundstück am Talhang des Birsig hatten die Architekten eine harte Nuss zu knacken. Denn auf dem Niveau der Strassenebenen ergab sich an der Stelle des Bauplatzes eine Differenz von drei Stockwerken. Und die Grundstücksform setzt sich aus zwei Rechtecken, einem Trapez und mehreren kleinen Dreiecken zusammen. Verglichen mit der nun realisierten Bauaufgabe wäre es ein Kinderspiel gewesen, auf dieser Parzelle ein freistehendes Mehrfamilienhaus oder einen Verwaltungsbau zu errichten. Aber es musste ein Raumprogramm mit einer Fläche von 26 000 Quadratmetern untergebracht werden. Und dies bei Kosten von rund 70 Millionen Franken, die wegen der angespannten Finanzlage des Kantons zahlreiche Rücksichten von Seiten der Architekten notwendig machten. Funktionsbedingt ist der Baukörper zweigeteilt. Die Staatsanwaltschaft liegt entlang der Binningerstrasse. Hier sind auch der Haupteingangsbereich des gesamten Komplexes und die Einfahrt für die unterirdische Einstellhalle. Das Untersuchungsgefängnis schliesst daran an und belegt das Zentrum der Parzelle bis zur Inneren Margarethenstrasse. Hier ist auch der Eingang eines neuen - rollstuhlgängigen - Polizeipostens.

Die Schauseite des neuen Baues liegt auf der Talsohle und weisst mit drei Fensterbändern, die je über 100 Meter lang sind, in einer sanften, aber dynamischen Rundung aus dem Stadtzentrum nach Süden. Die gebauchte Fassade nimmt die Negativ-Form des Rialto-Schwimmbades von Bercher & Tamm (1932-34) auf der anderen Seite des Birsig in einem konvex- konkaven Formenspiel auf. Auf der anderen Seite des Viaduktes wurde gerade der neue Bau des Bankvereins von Diener & Diener fertiggestellt (Lernen & Bildung, Nr.14). Auf dem Grundstück zwischen dem Neubau aus dem Büro Steib und dem Bahnhof steht Richard Meiers erstes Haus in der Schweiz vor der Fertigstellung (Ausblick, Nr.41).

Wilfrid und Katharina Steib haben den differenzierten Nutzungsbedarf des neuen Hauses hell, wo möglich grosszügig, menschenfreundlich und - für die Bauaufgabe eher ungewöhnlich - auch elegant gelöst. In fast jedem Raum spricht der Sichtbeton. Die Böden sind aus Kunststoff und Linoleum, die Wände in den Büros wie in den Zellen sind in gebrochenem Weiss und visuell ruhig. Die Eingangshalle an der Binningerstrasse führt über drei Geschosse, erhält Oberlicht und ist mit Treppenläufen und Verbindungsgalerien in anthrazitfarbenem Metall und Glas transparent

Architekt
Wilfrid und Katharina Steib
Architekten BSA/SIA
Leimenstrasse 47
4051 Basel

Tragwerksplanung
Gruner AG, Ingenieur-Unternehmung, Basel

Termine
Baubeginn: Juli 1991
Bezug:
Staatsanwaltschaft
August 1995
Untersuchungsgefängnis
Oktober 1995

Der grosse, transparente Korridor zwischen Staatsanwaltschaft (rechts) und dem Untersuchungsgefängnis (links).

Un corridor spacieux et transparent entre les bureaux du procureur public (à droite) et la prison (à gauche).

The large, transparent corridor between the public prosecutor's office (right) and the city jail (left).

Die Fassade des Untersuchungsgefängnisses an der Inneren Margarethenstrasse.

Façade de la prison sur la Innere Margarethenstrasse.

Façade of the city jail on Innere Margarethenstrasse.

und formschön. Hier bekam der Boden auch einzig einen Juragrau-Naturstein. Zwei der insgesamt fünf Treppen- und Lifttürme führen von hier in die Büroebenen. Deckenlampen gibt es keine; neben Tischleuchten werden die Räume indirektes Licht durch Deckenstrahler erhalten. Der lange Verbindungsgang der Büros und anderer „kriminologischer" Räume läuft parallel zur Strasse, nimmt die leichte Krümmung der Fassade im Innern auf und erhält grosszüges Seitenlicht durch ein Fensterband entlang der Deckenfuge. Schlanke Betonsäulen sind freistehend, aber eng an die Wände gestellt. Trotz seiner bescheidenen Masse erhält dieser Raumsog Grosszügigkeit und wirkt monumental.

Ein einziger Zutritt ist aus sicherheitstechnischen Gründen von hier zum Gefängnis möglich. Auf 14 Stationen entstanden 153 Insassenplätze. Obwohl die durchschnittliche Arretierungsdauer nur sechs Tage beträgt, ist das Sicherheitsdispositiv umfangreich; die Planung auf der umbauten innerstädtischen Parzelle war entsprechend kompliziert. Ein Labyrinth ist dennoch nicht entstanden. Und wenn, dann eines mit klaren Orientierungsmöglichkeiten und - wahrscheinlich - überdurchschnittlichen Helligkeitswerten. Durch mehrere Höfe und unverbaute Stellen an den seitlichen Fassaden konnten die Architekten in fast alle Gänge, Zellen, Arbeits-, Aufenthaltsräume oder Büros Tageslicht von der Seite oder von oben einfallen lassen. Die wenigen Möglichkeiten zur grosszügigen Gestaltung der Räume - etwa des zentralen Treppenhauses - nutzten sie konsequent. Die Funktionalität verbindet sich hier mit sinnlicher Raumerfahrung. Für ein Untersuchungsgefängnis mag dies zynisch klingen, aber auch Grösse und Ausstattung der Zellen sind Zeichen jenes humanen Geistes, der den Architekten bei der Planung offenbar zugrunde lag.

Der gesichtslose Platz der Heuwaage mit der neuen Fassade - hinten links - an der Binningerstrasse (Bild oben). Konkav gekrümmt und über 100 Meter lang führt die Kubatur der Staatsanwaltschaft den Blick dynamisch aus dem Zentrum. Im Bild steht hinten rechts das konvex gekrümmte Scheibenhaus von Bercher & Tamm (1932-34).
Das Projekt einer „Machbarkeitsstudie" der Büros Berrel Architekten und Zophoniasson + Partner für den gleichen Platz (ganz oben).

La place Heuwaage un peu quelconque, avec la nouvelle façade sur la Binningerstrasse (arrière-plan, à gauche). La forme concave, avec 100 mètres de longueur, des bureaux du procureur public anime le vide de la place. En arrière-plan à droite, le bâtiment vitré convexe de Bercher & Tamm (1932-34).
Le projet d'une "étude de faisabilité" des ateliers Berrel Architekten et Zophoniasson + Partner pour la même place (tout en haut).

The non-descript face of the Heuwaage square with the new façade (background left) on Binningerstrasse. The concave and 100-metre-long form of the public prosecutor's office guides the view away from the centre of the open square. Background right, the convex, glazed building by Bercher & Tamm (1932-34).
Project of a feasibility study executed by Berrel architects and Zophoniasson + Partner for the same place (top of page).

Die Caféteria und der Erschliessungstrakt der Staatsanwaltschaft im Parterre.

La cafétéria et le hall au rez-de-chaussée des bureaux du procureur public.

The cafeteria and the atrium on the ground floor of the public prosecutor's office.

Grundrisse des Parterres (oben) und des 4. Obergeschosses.

Plans du rez-de-chaussée (en haut) et du quatrième étage.

Floor plans of ground floor (top) and fourth floor.

Blick auf die Fassade in Richtung Innerstadt. Auf der unmittelbar angrenzenden Parzelle rechts baut Richard Meier sein erstes Haus in der Schweiz.

Vue de la façade en direction centre-ville. Le toit aigu du premier bâtiment de Richard Meier en Suisse se trouve immédiatement à droite.

View of façade in the direction of downtown. The steep roof of Richard Meier's first building in Switzerland is immediately to the right.

Projekt
Fabrikationshalle Vitrashop
Charles-Eames-Strasse 1
79576 Weil am Rhein

Bauherr
Vitra Verwaltungs-GmbH
Postfach 1940
79576 Weil am Rhein

Macht der Steine

L'architecte portugais Alvaro Siza de Vieira dessina une nouvelle usine dans la propriété du fabricant Vitra à Weil-sur-Rhin. Le bâtiment, situé près de la gare de triage de la Deutsche Bahn, complète les travaux réalisés pour le fabricant de meubles de bureau et de maison. L'usine n'ouvrit ses portes qu'en 1993 et pourtant, elle possède un air de permanence, ressemblant à un château des "Staufer", la dernière famille royale allemande du Moyen-Âge, qui provenait, dit-on, de cette région du Rhin supérieur.

The Portuguese architect Alvaro Siza de Vieira has designed a new factory building on the Vitra property in Weil on the Rhine. The building, near the large switching yards of the Deutsche Bahn, finishes off the overall design of the complex. Although the factory opened only in 1993, it already possesses an air of permanency, like a castle belonging to the Hohenstaufen, the last German dynasty of the Holy Roman Empire, whose family is said to have come from this area on the Upper Rhine.

Im Jahre 1855 fuhr die erste grossherzoglich-badische Eisenbahn von Karlsruhe nach Basel. In Weil am Rhein, an der Grenze des deutschen Kleinstaates mit der Schweiz, wuchsen nun die Gleisanlagen. 1882, als man die Linie „unter dem Gotthard" nach Italien eröffnete, entstand hier ein zentraler Punkt für den Personen- und Güterverkehr in der Nord-Süd-Richtung des westlichen Europa. Die Bahn sicherte bis weit in die europäische Nachkriegszeit zehntausend Menschen die Existenz. Das Land, das die Deutsche Bahn zuletzt in Weil besass, hatte eine Fläche von 138 Hektaren.

Seit Mitte der achtziger Jahre wartet ein Grossteil des Geländes auf seine Umnutzung (siehe auch Grenze, Verkehr & Zentrum, Nr. 2). Der kugelförmige Wassertank, der auf dem grossen Gleisfeld einst den Kohlelokomotiven diente, ist längst ein Zeichen der Industiearchäologie. Und gleich daneben hat der grosse portugiesische Architekt Alvaro Siza de Vieira eine Produktionshalle für die Firma Vitra gebaut.

Der Träger des Pritzker-Architekturpreises von 1992 hat auf über zwanzigtausend Quadratmetern einen eingeschossigen Kubus realisiert, der mit 11 Metern Höhe flach in der Landschaft am nördlichen Rand der Stadt am Oberrhein liegt. Mit einer gemauerten Fassade aus holländischem Klinker und einem Sockelband aus portugiesischem Granit verweist das Haus auf Bauten der Frühindustrialisierung. Klinker hat Siza in naher Vergangenheit auch für Häuser in Den Haag (Wohnungen) und Santiago de Compostella (Museum für zeitge- nössische Kunst) verwandt. In Galizien, im Nordwesten Spaniens, dominiert der harte Granit. In Weil ist der prägende Eindruck nicht materiell, sondern visuell. Denn die neue Fabrik liegt wie ein riesiger, gestrandeter Walfisch an der Charles-Eames-Strasse. Inmitten von Kirschbäumen und in der Nachbarschaft von Weinbergen wirkt Sizas Haus wie eine Festung der Staufer aus dem 13. Jahrhundert. Die riesige Halle hat im Innern mit einer lichten Höhe von neun Metern und schlanken Metallpfeilern die Klarheit eines romanischen Kirchenschiffs. Die hohen, rund vier Meter grossen Fenster reichen bis auf den Boden und schaffen einen fast lyrischen Kontakt mit dem Aussenraum. Obwohl der Bau eine Produktionshalle ist, könnte der Ausblick auf Obstbäume und Weinreben aus einem Wohnhaus kaum nobler sein.

Siza Architektur komplettiert die Fabrikationshallen und Verwaltungsbauten von Nicholas Grimshaw und Frank O. Gehry; sie steht zum Feuerwehrgebäude von Zaha M. Hadid, das direkt daneben liegt, in selbstbewusster Distanz und bildet mit dem Konferenzpavillon von Tadao Ando (Lernen & Bildung, Nr.15) eine Klammer der eleganten Solidität. Mit dem Bau des Japaners ist jener des Portugiesen am meisten verwandt. Gleich diesem setzt Siza ein Zeichen von überlegener Ruhe und Sachlichkeit und schafft gleichzeitig einen Kontakt zur unruhigen Architektur der Architekten aus London (Grimshaw, Hadid) und Santa Monica (Gehry) vis à vis.

Architekt
Alvaro Siza Archquitecto, Lda.
Rua da Alegria, 399 A2º
4000 Porto, Portugal

Projektmangement, Planung, Bauleitung:
Günter Pfeifer, Freier Architekt BDA / DWB
Industriestrasse 2
79541 Lörrach
in Partnerschaft mit Roland Mayer
(Pfeifer & Ass., 1989-1993)

Sonderfachleute
Statik: Ingenieurgruppe Flösser, Bad Säckingen
HLS: Ingenieurbüro G. Keller, Weil am Rhein
Elektro: Hermann Bieg & Sohn, Schliengen

Termine
Planungsbeginn: Juli 1991
Baubeginn: September 1992
Fertigstellung: Juli 1993

Wie eine Festung der Staufer aus dem 13. Jahrhundert: Die Fabrikationshalle in Weil. Links oben ragt das spitze Dach von Zaha M. Hadids Feuerwehrhaus ins Bild.

À la façon d'une forteresse des Hohenstaufer du 13ème siècle: le grand hall industriel à Weil. À gauche, le toit aigu en surplomb du poste de pompiers de Zaha M. Hadid.

Like a fortress of the Hohenstaufer dynasty from the thirteenth century: the large factory hall in Weil. The pointed, overhanging roof of Zaha M. Hadid's firehall juts into the picture from the left.

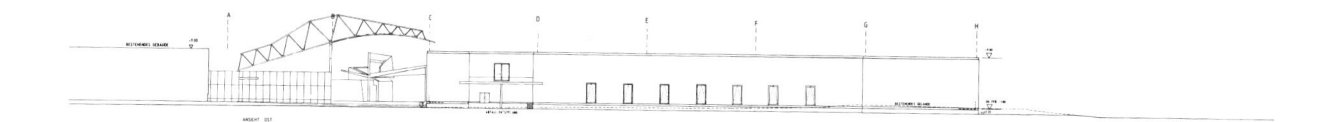

Von oben: Aufriss der Ostfassade; die runde Kommandozentrale in der Produktionshalle und der Grundriss, den Siza mit dem Zirkel konstruierte.

De haut en bas: perspective verticale de la façade est; le hall de production rond et le plan, dessiné au moyen d'un compas par Siza.

From top to bottom: vertical section of east façade; the round production hall and the floor plan, designed with a compass by Siza.

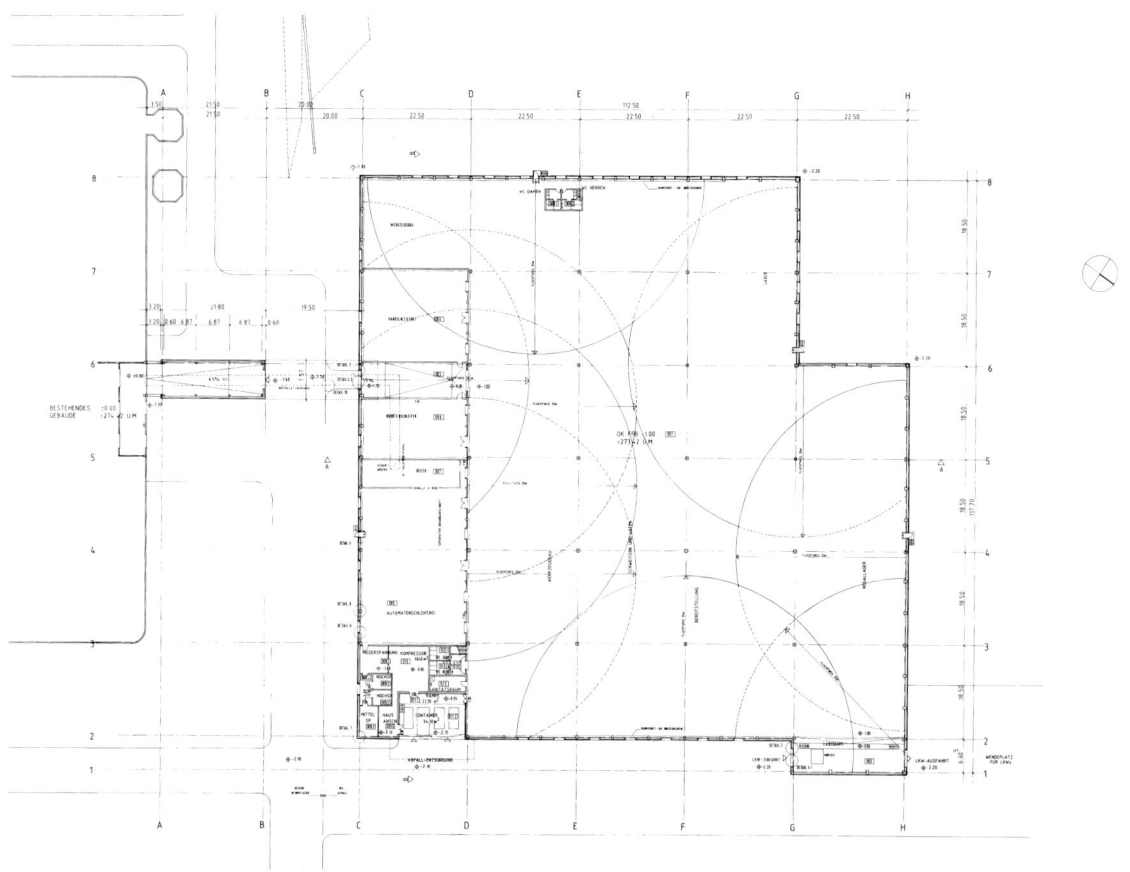

Die Charles-Eames-Strasse mit Bauten vom Grimshaw (links), Hadid (mitte) und Siza (rechts) im Bild ganz oben. Die Fassade nach Norden in der Mitte und nach Süden und Osten unten.

En haut, la Charles-Eames-Strasse avec les bâtiments de Grimshaw (à gauche), de Hadid (au centre) et de Siza (à droite). La façade nord (au centre) et les façades sud et est (en bas).

The Charles-Eames-Strasse with buildings by Grimshaw (left), Hadid (centre) and Siza (right), all in the top figure. The north façade (middle) and the south and east façades (bottom).

Projekt
Verwaltungsgebäude
Picassoplatz 6
4010 Basel

Bauherr
Basler Lebens-Versicherungs-Gesellschaft

Monolith in der Stadt

De l'autre côté de la Picassoplatz, les architectes Diener & Diener construisirent un nouvel édifice pour la Bâloise Compagnie d'Assurances. Le bâtiment en trois parties est situé sur un terrain trapézoïdal. Il apporte la touche finale à cet emplacement déjà très urbain grâce aux architectes connus ou moins connus qui y construisirent pendant les soixante dernières années, entre autres: Otto Rudolf Salvisberg, Rudolf Christ, Mario Botta, et le bureau Bürgin, Nissen et Wentzlaff.

On the far side of Picassoplatz, Diener & Diener designed a new building for the Baloise Insurance Group. The three-part building sits on a trapeze-shaped property. It has added further substance to this prominent urban location and is surrounded by architecture by many well-known and also contemporary architects, who have built here over the past sixty years, including Otto Rudolf Salvisberg, Rudolf Christ, Mario Botta, and partners Bürgin, Nissen and Wentzlaff.

Roman Hollenstein, der Architekturkritiker der „Neuen Zürcher Zeitung", hat es treffend formuliert. Am Beispiel des neuen Gebäudes der Basler Versicherungsgesellschaft (Bâloise) aus dem Büro Diener & Diener schrieb er: „Als Exponent einer neuen Einfachheit, die nach dem Wesentlichen in der Architektur forscht, zeigt es postmodernen Fassadenspielerein, dekonstruktivistischen Verrenkungen und architekturfremden Theorien die kalte Schulter".

Damit ist in ästhetischer Hinsicht eigentlich alles gesagt. Denn das neue Haus zwischen Brunngässlein und Lautengartenstrasse ist ein Monolith. Es steht an der Stelle früherer, gepflegter Wohnhäuser neben der ehemaligen Basler Börse und liegt vis à vis des Picassoplatzes, wo man in den frühen neunziger Jahren eine plastische Miniatur des Künstlers in einer 62-fachen Vergrösserung aufstellte („Homme aux bras ecartés", 1961/91). Von einer lokalen Versicherungsgruppe finanziert (sie gehört zu den Bauherren; siehe Ausblick, Nr.48) hat der schöne Ort den Yuppie-Lärm der Picasso-Replik gar nicht nötig. Denn mit dem sorgfältigen Steinbau des Kunstmuseums von Rudolf Christ und Paul Büchi (bezogen 1936, Christ war Schüler von Paul Bonatz) und Otto Rudolf Salvisbergs „Kirche Christi Wissenschafter" (1935/36, zusammen mit F. Willi Brandenberger) auf der anderen Seite der Dufourstrasse bildet das Haus von Diener & Diener ein Dreieck der eleganten und edlen Baukunst. Beim neuen Haus existiert je eine Blickachse zum Kunstmuseum und zu den Bauten von Mario Botta und Bürgin, Nissen und Wentzlaff am Aeschenplatz (Verwalten & Produzieren, Nr. 32 und 35). Sollte man das Haus auf der anderen Seite der Lautengartenstrasse je abreissen und damit einen Blick auf das Bijou von Salvisberg ermöglichen, wäre dies ein Gewinn für die Stadt.

Diener & Diener haben auf zwei Gebäudekubaturen und den Zwischentrakt ein grosses Raumprogramm verteilt. Neben einem fast würfelförmigen Baukörper mit 6 Geschossen und einem rhythmischen Pendant mit deren 8 liegt der leicht abgesenkte Zwischentrakt mit 5 Büroebenen (über der Tiefgarage). Hierauf konnten die Architekten eine Terrasse plazieren. An der Lautengartenstrasse liegt die diskrete Einfahrt der Tiefgarage, die man über die St. Alban-Vorstadt und die Malzgasse erreichen kann. Die Fassade besteht aus poliertem grünem Granit - eine Materialsprache, die auch der italienische Minimal-Künstler Luciano Fabro für die Gestaltung des Aussenraumes der Parzelle wählte. Er schuf dort einen „Giardino all' italiana" (1992-94) mit schwarzem und weissem Granit, 60 Stelen und 202 Beleuchtungspunkten, die aufwendig in die Bodenplatten „intarsiert" wurden und bei Dämmerung eingeschaltet werden können. Die grossen Platten sind so unterfüttert (und sorgfältigst ausgefugt), dass der Schritt beim Tragen von Schuhen mit Ledersohlen hallt. In den wärmeren Zeiten des Jahres kann man dort (leicht bekleidet und hart beschuht) eine Art „lyrischen" Spaziergang machen. Zwischen den locker plazierten Bäumen ist dann der Boden zaghaft ausgeleuchtet, und es fehlt eigentlich nur das Meer, um sich in Italien, Spanien oder in Portugal zu fühlen.

Architekt
Diener & Diener Architekten
Henric Petri-Strasse 22
4010 Basel

Umgebung
Künstler: Luciano Fabro

Termine
Wettbewerb: August 1987
Baueingabe: Juni 1989
Bauzeit: Oktober 1990 bis
September 1993
Fertigstellung: Juni 1994

Die elegante Kubatur im Blick von der Dufourstrasse.

Bâtiment élégant avec vue sur la Dufourstrasse.

The elegant cubature with a view of Dufourstrasse.

Grundriss des 1. bis 4. Obergeschosses (oben) und Nord-Süd-Schnitt durch den Verbindungstrakt (unten).

Plan du premier au quatrième étages (en haut) et section nord-sud de l'aile de communication (en bas).

Floor plan of first through fourth floor (top) and north-south section of connecting wing (bottom).

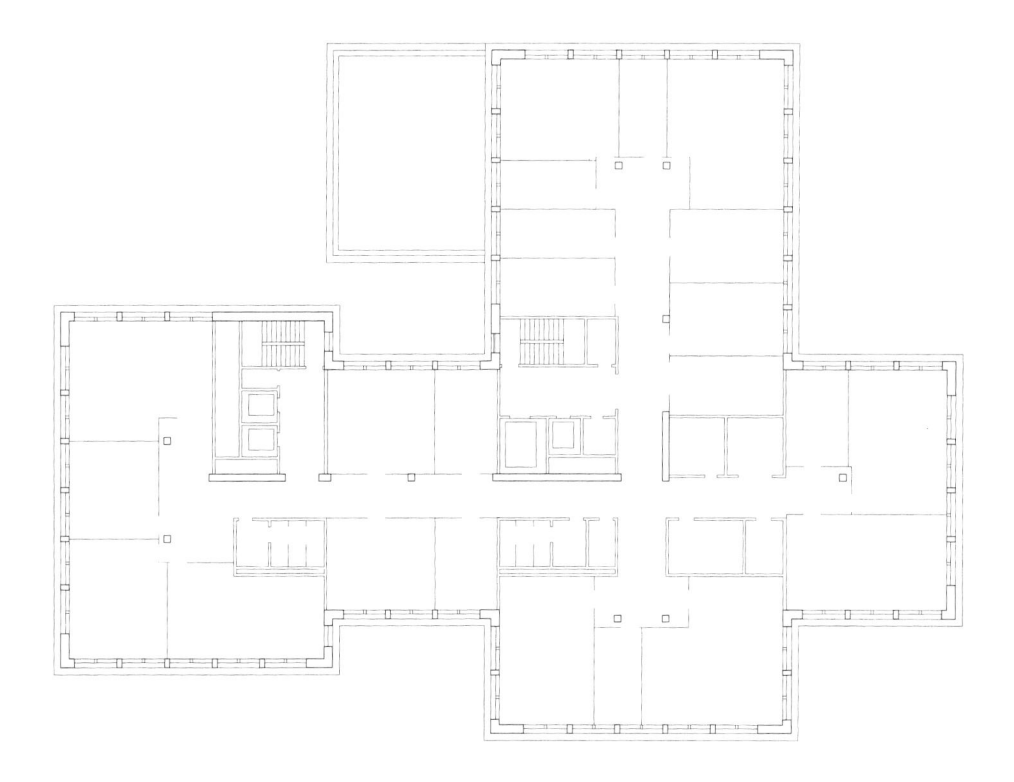

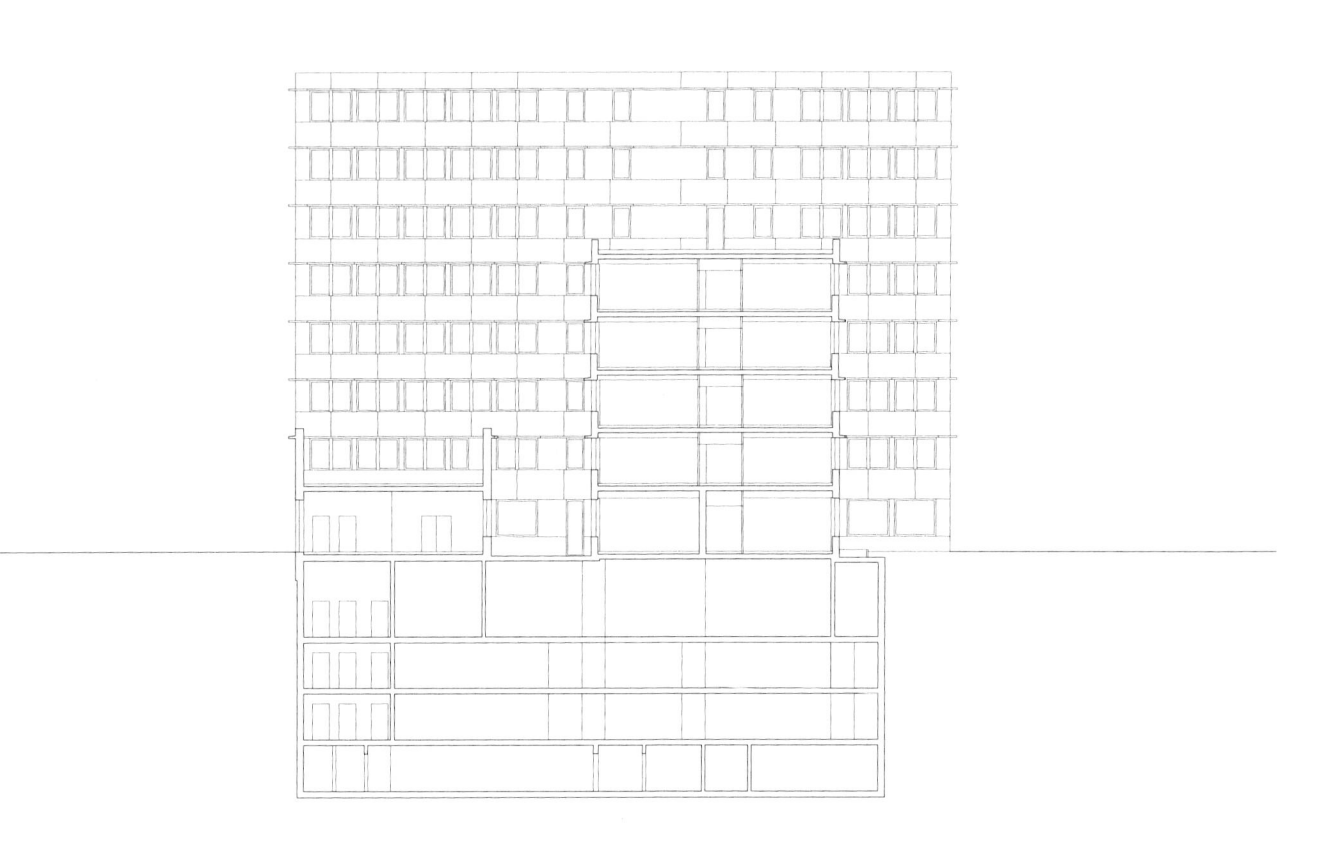

Das Haus von Diener & Diener mit der Börse (rechts daneben) und dem Aeschenplatz (rechts, ganz hinten).

Le bâtiment de Diener & Diener avec la bourse (à droite) et Aeschenplatz (en arrière-plan, à droite).

The building by Diener & Diener with the stock exchange (next to building on right) and Aeschenplatz (background, right).

Im Granitboden des Fussgängerbereiches erkennt man die Beleuchtungspunkte der Installation von Luciano Fabro.

L'installation de Luciano Fabro, réfléchie sur la surface en granit du trottoir.

The reflections of Luciano Fabro's installation appear on the granite surface of the sidewalk.

Beim Blick nach Westen sieht man den Picassoplatz (hinten) mit der Grossplastik „Homme aux bras ecartés".

Vue en direction ouest vers la Picassoplatz (arrière-plan) et la grande sculpture „Homme aux bras écartés".

Looking west towards Picassoplatz (background) with the large sculpture „Homme aux bras écartés".

Projekt
UBS (Bankgesellschaft)
Aeschenplatz 1
4002 Basel

Bauherr
UBS (Bankgesellschaft), Basel

Es lebe die Stadt

Le siège Bâlois de l'UBS (Union de Banque Suisse) fut inauguré sur la Aeschenplatz en 1995: il s'agit d'un bâtiment de Mario Botta. Son volume est énorme, plus grand que celui de la cathédrale de Paris-Evry, ce qui en fait la plus grande construction de Botta du côté nord des Alpes. L'architecture contemporaine suisse favorise plutôt la simplicité et une ascèse formelle; il n'est donc pas surprenant que l'édifice de l'architecte du Tessin provoqua une réaction de controverse. Il a cependant de grandes qualités urbaines.

In 1995, the new Basle headquarters of the UBS (Union Bank of Switzerland) was inaugurated on the Aeschenplatz: a building by Mario Botta. The cubical volume is greater than that of the cathedral in Paris-Evry, and hence Botta's largest European building north of the Alps. In Swiss contemporary architecture circles, which tend towards simplicity and a formal asceticism, the building by the architect from the Ticino canton has sparked controversy from the beginning. It displays, however, great urban architectural qualities.

Selten hat ein neuer Bau Basels Gemüter so bewegt wie Mario Bottas grösstes Haus der Schweiz ausserhalb des Tessins. Die mächtige Rotunde am Aeschenplatz wurde im Herbst 1995 eingeweiht. Steht man in der Sternengasse und mit dem Rücken zur Elisabethenkirche, sieht man das mächtige Rund in einem Ausschnitt, der die Strasse so konsequent abschneidet wie Richard Serras mächtige Stahlwand in der Fussgängerzone Kassels während der documenta 8 (1987). Ein ähnlicher Blick ist (oder war) auch aus einer kleinen Seitengasse auf das Kolosseum in Rom möglich. In diesem Punkt, dem massiven, unverrückbaren Auftreten, dass nie zu vergehen scheint, sondern die Ewigkeit im Blick hat, in diesem Punkt liegt Mario Bottas Pracht und Provokation. Denn die Fassaden des 1943 in Mendrisio (Tessin) geborenen Architekten sind mit der strengen horizontalen Gliederung der Steinfassaden und den schmalen eingeschnittenen Fenstern so wehrhaft wie Wohnhäuser der Hochrenaissance in praktisch allen oberitalienischen Städten, der Toskana, Umbriens und Roms. Wir haben in unseren Breiten ein zu verkrampftes Verhältnis zur Architektur von Mittelalter und früher Neuzeit. Wer je die wunderschöne gotische Fassade mit den schmalen Lanzettfenstern in der Altstadt von Girona sah und dann den Umbau durch die Architektenkammer dieser nordostspanischen Provinz erlebte (sie hat hier ihre Geschäftsstelle), empfindet die Enge, mit der in Mitteleuropa in architektonischen Dingen meist gedacht wird.

Die kräftige Architektursprache der südlichen Landschaft brachte Botta nun für den Sitz Nordwestschweiz der UBS (Bankgesellschaft) über die Alpen in die deutschsprachige Schweiz. Bottas bisher grösster cisalpiner Bau in Europa, der im Volumen die in Paris-Evry fertiggestellte Kathedrale übertrifft, liegt an der Ecke St. Jakobs-Strasse/Aeschengraben auf einem der exponiertesten inner-städtischen Grundstücke am Rheinknie. Die Parzelle am Aeschenplatz liegt auch prominenter als jene an der Schwarzwaldbrücke, wo Botta das Tinguely-Museum baute (Kultur, Nr.38).

Das Grundstück am Aeschenplatz lag über zehn Jahre lang brach. Und wer am Aeschenplatz auf die Strassenbahn Richtung Schweizer Bahnhof wartete, hatte eine trostlose Reihe von umgenutzten Villen der Jahrhundertwende vor Augen. Statt eines urbanen Platzes sah man nur den Himmel. Der Bauherr und Mario Botta betrieben zunächst einmal Stadtreparatur.

Mit einer 28 Meter hohen Fassade hat die Ecke nun ein unverkennbares Gesicht erhalten. Man spürt gleich, dass hier eine Architektur der Unverrückbarkeit steht. Wenn man, vom Bahnhof kommend, den Aeschengraben hinunterläuft, ist der Bau von Botta auf der rechten Seite nur das markante Ende einer Blickachse. Hier bemühte man sich verzweifelt Homogenität zu schaffen, aber die „Bank für Internationalen Zahlungsausgleich", der Bau des Hilton und die Häuser der Basler Versicherung sind Dokumente einer überhitzten Nachkriegsbaukultur, wo die Ökonomie zu stark das Primat hatte. Dies ist bei Botta nicht der Fall. Das Haus ist das Ergebnis eines künstlerischen Konzeptes.

Durch eine Art Zufall erhielt das neue Haus auf der anderen Seite des Platzes ein Pendant. Denn der Glasturm und die gemauerte Fassade des Pax-Versicherungsneubaues von Bürgin, Nissen und

Architekt
Mario Botta Architetto
Via Ciani 16
6904 Lugano

Projektmanagement, Bauleitung:
ARGE Mario Botta und Burckhardt+Partner AG
Via Ciani 16, 6904 Lugano
Peter Merianstrasse 34, 4002 Basel

Sonderfachleute
Statik: Bauingenieure Gruner AG, Basel;
Jauslin+Stebler, Muttenz
HLKK: Planungsbüro Aicher-De Martin Zweng AG, Luzern
Elektro: Planungsbüro Hefti-Hess-Martignoni, Aarau
Sanitär: Planungsbüro Haldemann, Basel

Termine
Wettbewerb: Juni 1986
Baueingabe: Februar 1989
Baubeginn: Juli 1990
Fertistellung: Oktober 1995

Der 28 Meter hohe, geschlossene Lichthof der Schalterhalle mit den intelligent und sinnlich gemalten, perspektivischen Kreisen von Felice Varini.

Le patio enfermé, d'une hauteur de 28 mètres avec cercles perspectives, peints de façon intélligente et sensuelle par Felice Varini.

The 28-metre-high enclosed light well in the atrium with perspective circles, intelligently and sensually painted by Felice Varini.

Wentzlaff (Verwalten & Produzieren, Nr.31) geben eine elegante Antwort auf Bottas verschwenderisches Selbstbewusstsein.

„Hängende Steine. Hat schon mal jemand hängende Steine gesehen", war der pointierte Kommentar eines renommierten Basler Architekten im Blick auf Bottas eigenwillige Portalsituation am Haupteingang. Die Öffnung verjüngt sich hier in Form einer negativen Treppe, ist tief eingeschnitten und an der Fläche der Innenhaut verglast. Die gezackte Form ist nicht sachlich, sondern verspielt gelöst. Und da Steine Bauelemente von grosser Erdanziehung sind, legt sie der bauend denkende Architekt aufeinander und hängt sie nicht wie Lampen auf. Die Fassade am Aeschenplatz musste in einer Stadt zum Schreckgespenst werden, deren architektonische Kultur von einer materialschönen Kargheit und einer virtuosen Form mit intensiver Nutzungsorientierung geprägt wird. Und man darf nicht vergessen: Mario Botta ist der bekannteste Architekt in der Schweiz und international ein Star. Aber die Basler Szene mit ihren in Fachkreisen weltbekannten Akteuren baut und plant in München und Berlin, in London und in den USA gerade die Zukunft.

Schaut man auf das Tinguely-Museum, so beginnt sich Botta in die Situation einzuschalten und seinen bewusst individuellen, aber selten kontextuellen Stil zu überdenken, der seinen Bauten ihre Uniform gibt. Die Fassade wie die ganze Gebäudeform sind direkt am Rhein wesentlich ruhiger ausgefallen. Sein omnipotentes Kreismotiv findet man nur bei der Oberlicht-Konstruktion.

Doch am Rhein konnte sich Botta zum Fluss hin öffnen. Am wohl meistbefahrenen Platz der Stadt musste er ein Haus als Schutz bauen. Mit dem neuen Bau erhält der Platz erstmals ein Element wirklicher Urbanität. Der Vorplatz, den man pflasterte, ist mit Linden bepflanzt und schafft eine Boulevard-Situation. Die langweilige Temperaturmessung und Datumsangabe des „Turmhauses" auf der anderen Strassenseite müsste jetzt nur noch mit dem Display „Es lebe die Stadt" ersetzt werden. Und der Bau Bottas hat auch unbestreitbare städtebauliche Qualitäten an der Rückfront. Das architektonische Erlebnis entstand in der Schalterhalle des Parterres, wo ein Lichthof über sieben Etagen den Tag von oben einfallen lässt. Der Künstler Felice Varini hat hier über die abgetreppten Geschossmauern zwei Kreissegmente gemalt, die für den Betrachter in einem einzigen Standort in ihrer eleganten Geometrie sichtbar sind.

Die Erregung und Anteilnahme, die der Bau Bottas hervorrief, war 1989, als die Generaldirektion des Schweizerischen Bankvereins am Aeschenplatz eingeweiht wurde, nicht einmal in Ansätzen zu spüren. Allein die Debatte über Botta und die Stadt war das Zeichen einer wachen architektonischen Kultur.

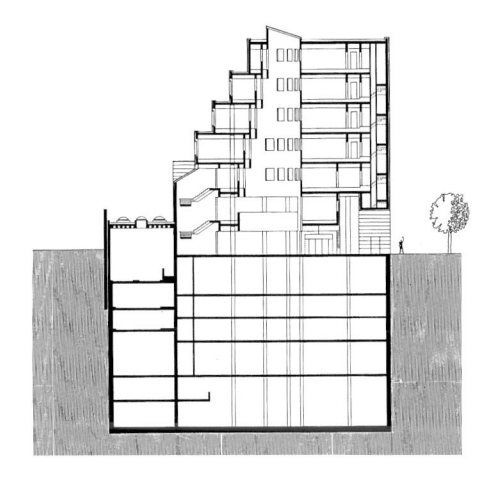

Grundriss des Parterres (unten), des 2. Obergeschosses (Mitte) und Ost-West-Schnitt (oben).

Plan du rez-de-chaussée (en bas), du deuxième étage (centre) et section est-ouest (en haut).

Floor plan of ground floor (bottom), of second floor (middle) and east-west section (top).

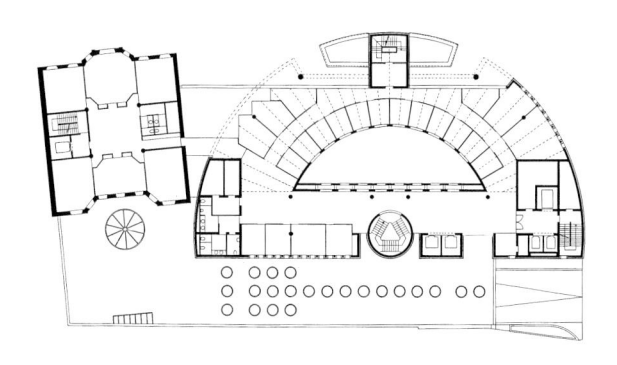

Steht man in der Henric Petri-Strasse schneidet Bottas Rotunde die beidseitige Häuserflucht visuell so hermetisch ab, wie dies das Kolosseum in Rom in einer analogen Situation tut (oder tat).

À partir de la Henric Petri-Strasse, la rotonde de Botta arrête visuellement la ligne des bâtiments, semblable au Colosseum à Rome.

Seen from Henric Petri-Strasse, Botta's rotunda visually terminates the line of buildings, functioning as the Colosseum does in Rome.

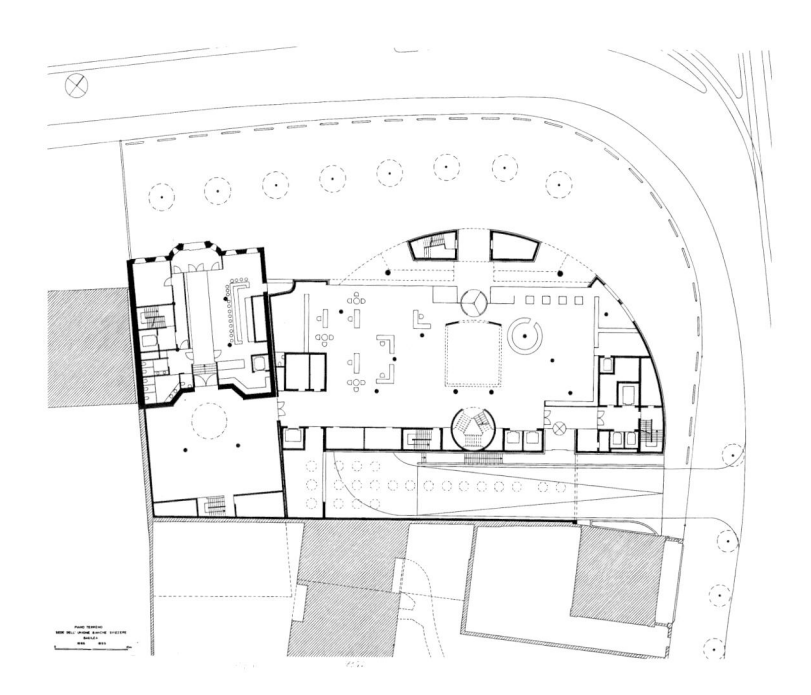

Die Fassade am Aeschenplatz.

La façade sur la Aeschenplatz.

The façade on Aeschenplatz.

Monumentales architektonisches Zeichen: Die fensterlose Rundung an der Ecke Aeschengraben / St. Jakobs-Strasse (links) und die Rückfassade (rechts).

Un élément architectural monumental: la courbure sans fenêtres au coin de la Aeschengraben et St. Jakobs-Strasse (à gauche); la façade arrière (à droite).

A monumental architectural mark: the windowless curvature at the corner of Aeschengraben and St. Jakobs-Strasse (left); rear façade (right).

Projekt
Neubau Basellandschaftliche Kantonalbank
Hauptstrasse 75-77
4127 Birsfelden

Bauherr
Hauptgebäude:
Basellandschaftliche Kantonalbank, 4410 Liestal
Nebengebäude:
Peter Leuenberger, 4127 Birsfelden

Haus mit zwei Gesichtern

La Banque Cantonale de Bâle-Campagne commissionna un immeuble avec des bureaux et des magasins pour sa filiale à Birsfelden. Confrontés à un site difficile, les architectes Bürgin, Nissen et Wentzlaff décidèrent de planifier une maison à double face. Le bâtiment est à la fois classiquement moderne et anarchique. Les deux façades sont jointes à un angle de 90 degrés et, présentant un choix de matériaux diamétralement opposés, elles expriment par conséquent une philosophie de design correspondant. L'édifice enracine la place voisine un peu quelconque.

The Cantonal Bank of Baselland has had a new office building erected in Birsfelden, with retail shops and office rooms for its subsidiary. Architects Bürgin, Nissen and Wentzlaff were confronted with a challenging site and planned a building with two very different faces. The building is both classically modern and anarchic at the same time. Here is a crosswise juxtaposition of two façade fronts built with utterly different materials and, correspondingly, expressing different design philosophies. The new building anchors the otherwise random quality of the adjacent square.

Früher stand hier das Restaurant „Ochsen". Nun steht in Birsfelden ein Haus, das auf der Seite des Zentrumsplatzes eine Fassade aus emailliertem Glas in dunklem Blau hat. Aus der blauen Fläche schauen schlanke, hohe Rechtecke. Dies sind die Fenster. Sie machen den Kundenraum der Basellandschaftlichen Kantonalbank (dem Bauherrn) im Parterre enorm hell, und sie geben den Büros in den beiden oberen Etagen grosszügiges Tageslicht.

Auf der Seite von Platz und Kirchenmattweg wirkt das neue Haus aus dem Büro Bürgin, Nissen und Wentzlaff wie ein Exotikum. An der Ecke von Haupt- und Schulstrasse sucht der Bau den Dialog mit der Basler Vorortsituation und findet diesen nicht. Denn zu konsequent ist sein Selbstbewusstsein und zu beliebig, ja zuweilen hilflos, seine gebaute Umgebung. Auch wenn Hermann Baurs wichtige Bruderklausenkirche (1959) von der Front an der Hauptstrasse direkt - aber etwas entfernt - zu sehen ist.

Birsfelden hat für sein Zentrum ein rares Zonenreglement. Das Erdgeschoss der Häuser darf hier grösser sein als die Obergeschosse. Eine Nutzungsmöglichkeit, die auch die Bank zur Bedingung machte, als sie zu einem Studienauftrag für das neue Haus einlud. Bürgin, Nissen und Wentzlaff lösten dies durch einen weiteren Baukörper, den sie eingeschossig auf den Platz legten und durch eine offene Glaspassage mit dem Hauptbau verbanden. Neben den Kundenbereichen in Parterre und Soussol (Tiefgarage von der Schulstrasse) wird das Geldinstitut noch Büroräume beziehen und den Rest fremdvermieten.

Man könnte das Gestaltungsprinzip des Baues klassisch-modern und anarchisch-durchdacht nennen. Ein Prinzip, das an der Fassade abgelesen werden kann. Das grosse, übereck geführte Fenster an der Haupt- und Schulstrasse scheint die Tektonik des Hauses so aufzulösen und die Konstruktion so leicht zu machen, wie dies Walter Gropius und Adolf Meyer bei ihrer Fagus-Fabrik (1910/11) in der Nähe von Hannover gelang. Die beiden Fensterbänder nehmen dieses Motiv rhythmisch auf, was auf die gebaute Umgebung wesentlich beruhigend wirkt. Die geschlossenen Flächen sind mit gegossenen Betonplatten verkleidet, die dem Strassenraum ein klares Gesicht geben - eine Art Stadtreparatur im Stil der klassischen Moderne. Zum Platz und seinen nicht nachvollziehbaren, gestalterischen Kriterien (die es für die Nachkriegszeit überall in Westeuropa gibt) haben Bürgin, Nissen, Wentzlaff eine Aussenhaut von anarchistischer Klarheit geschaffen. Die Fassade wird auch hier über Eck geführt, aber nur an den Schnittstellen mit dem klassisch-modernen Winkel sind die Fensterachsen über die Geschosse synchron. Dazwischen verschieben sie sich scheinbar ohne Regel. Daniel Wentzlaff erzählt dazu den schönen Vergleich mit einem Jazzstück, wo die Instrumente gemeinsam beginnen, sich bis zur Disharmonie entfernen und am Ende wieder zusammen finden. Die blaue Fassade in Birsfelden reagiert auf den ausfransenden Charakter des Platzes und folgt dennoch der metrischen und additiven Ordnung einer Bürohausplanung, die im Blick auf die Nutzung und Unterteilung in verschieden grosse Räume flexibel sein muss. Die Anarchie hat ein verstecktes Ordnungsprinzip. Da die Längsseite hier zudem abgeknickt ist, wurde der Grundriss zu einem

Architekt
Bürgin Nissen Wentzlaff
Architekten
St. Alban-Vorstadt 80
4052 Basel

Sonderfachleute
Fassadenplaner:
Emmer Pfenninger Partner, 4142 Münchenstein
Statik: Jauslin und Stebler Ingenieure AG, Muttenz
HLK: Waldhauser Haustechnik, Münchenstein

Termine
Studienauftrag: Herbst 1993
Baubeginn: Juni 1994
Fertigstellung: Mai 1996

Zwei Baukörper, zwei Fassaden: Das neue Haus von Bürgin, Nissen und Wentzlaff im Blick von der Hauptstrasse in Birsfelden.

Deux bâtiments, deux façades: le nouveau complexe de Bürgin, Nissen et Wentzlaff vue de la rue principale à Birsfelden.

Two building fabrics, two façades: the new complex by Bürgin, Nissen and Wentzlaff as seen from the main thoroughfare in Birsfelden.

Der Grundriss zwischen Schulstrasse (unten) und Zentrumsplatz (oben) mit den beiden Fassaden im Aufriss (unten im Plan).

Plan entre la Schulstrasse (en bas) et la Zentrumsplatz (en haut) et perspective verticale des deux façades (au bas du plan).

Floor plan between Schulstrasse (bottom) and Zentrumsplatz (top) and vertical sections of both façades (bottom in plan).

SUEDFASSADE   OSTFASSADE

NORDFASSADE   WESTFASSADE

Der lange Korridor in den Obergeschossen (links). Im Nordwesten öffnen sich die beiden Baukörper zum Platz (unten).

Le long corridor des étages supérieurs (à gauche). Sur le côté nord-ouest, les bâtiments s'ouvrent vers la place (en bas).

The long hallway in the upper floors (left). On the north-west side both buildings open to the square (below).

Fünfeck. Die Fassade scheint nun länger, dynamisiert den Baukörper und gibt dem Ort einen wohltuenden Halt.

Mit dem neuen Haus von Bürgin, Nissen und Wentzlaff entsteht in Birsfelden zwar immer noch kein Zentrumsplatz, der diesen Namen verdient hätte. Aber es ist ein wegweisender Schritt gemacht. Ein durchdachtes „Kunst-am-Bau-Programm" von Claudio Magoni, René Pulfer, Enrique Fontanilles und Jürg Stäuble kreist um die Themen „Zeit", „Geld" und die „Bewegung des Fliessens".

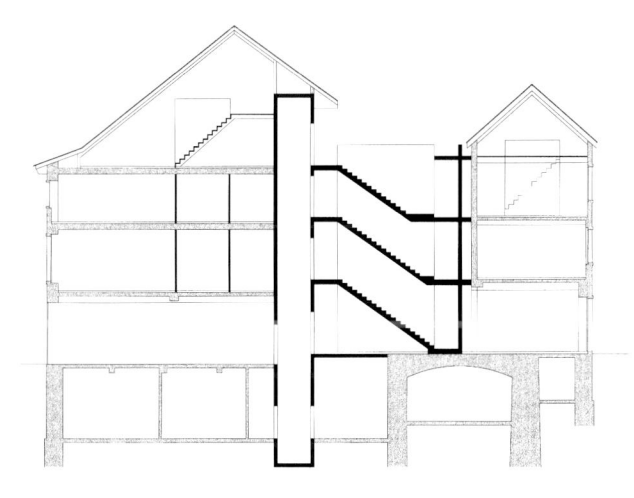

Schnitt vom Spalenberg (links) zum Leonhardsgraben; Grundrisse des Erd- (unten) sowie des 1. Obergeschosses (ganz unten).

Section du Spalenberg (à gauche) au Leonhardsgraben; plans du rez-de-chaussée (au centre) et du premier étage (en bas).

Cross-section from Spalenberg (left) to Leonhardsgraben; floor plans of ground floor (middle) and first floor (bottom).

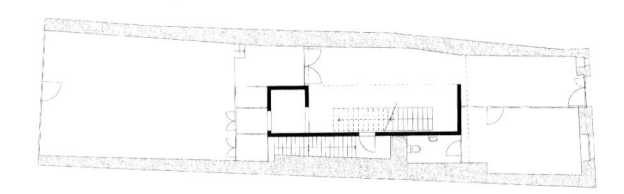

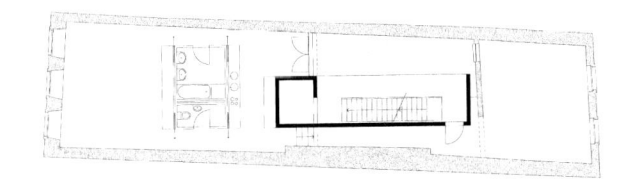

Eine Philosophie der Transparenz: Die Fassade am Spalenberg bei Nacht.

Une philosophie de la transparence: la façade sur le Spalenberg pendant la nuit.

A philosophy of transparency: the façade on Spalenberg at night.

Projekt
Jean Tinguely Museum
Grenzacherstrasse 214a
4002 Basel

Bauherr
F. Hoffmann-La Roche AG, Basel

Die Würde des Ortes

Entre la grand-route et un immeuble de bureaux se trouvent un petit parc, qui porte le nom de Solitude, et le musée de Mario Botta, dédié à l'artiste Jean Tinguely, situés à la hauteur de Hoffmann-La Roche. L'architecte a recours à un mur arrière sans fenêtres afin de mettre le musée à l'abri du bruit et de protéger le parc contre les émanations des voitures circulant tout près. Du côté sud, le musée s'ouvre sur le Rhin et, du côté est, sur le parc. Botta, qui a toujours privilégié les gestes amples, a créé un édifice aux proportions généreuses autour d'une salle centrale de 1 800 m², dont tous les axes de communication sont linéaires, tout comme ceux visibles à l'œil nu. Devant la façade qui se trouve du côté du Rhin, l'architecte a installé une passerelle fermée, qui donne aux visiteurs l'impression que la rivière s'étale à leurs pieds.

A small park called Solitude and Mario Botta's museum dedicated to the artist Jean Tinguely are located between a highway and office buildings by Hoffmann-La Roche. The architect uses a windowless rear wall to shield the museum against noise and to protect the park from traffic emissions. The museum opens towards the Rhine on the south side and towards the park to the east. Botta, enamoured as always by gestures of opulence, has created a generously proportioned building around a central hall of 1800 square metres, in which all communicating and visual axes are linear. In front of the Rhine façade, the architect has placed a closed footbridge, which lays the river at one's feet.

Wer die Solitude-Promenade am Rhein entlanggeht, macht entlang des Firmengeländes von Hoffmann-La Roche und dem anschliessenden kleinen Park einen Spaziergang durch die Architekturgeschichte. Auf Otto Rudolf Salvisbergs filigranen Direktionstrakt mit der eleganten Jurakalk-Fassade (1935/36), die von Hans Poelzigs Travertin-Bau für die IG Farben in Frankfurt am Main (1928-30) inspiriert zu sein scheint, folgt Roland Rohns blockhaftes Ensemble (1965-70), welches das Serielle betont und doch die Gefahr der Langeweile durch eine geschickte Rhythmisierung des grossen Baukörpers unterläuft. 1996 wurde im Solitudepark ein 1846 bezogenes Sommerhaus mit einem Restaurantpavillon aus den fünfziger Jahren von Morger & Degelo zu einer Kindertagesstätte für Mitarbeiter der Firma umgenutzt. Und gleich daneben - und fast gleichzeitig - das Jean Tinguely Museum von Mario Botta eingeweiht. Zwischen dem Umbau von Morger & Degelo und dem Neubau von Botta stehen noch zwei weitere Häuser aus dem 19. Jahrhundert, an deren Genese der Architekt Johann Jacob Stehlin d.Ä. beteiligt war. Wo einst ein Billardraum war, ist heute die Bibliothek des Museums. Das andere Haus dient der Verwaltung.

Die „Solitude", ein Wort aus dem aristokratischen Lebensgefühl des 18. Jahrhunderts, das häufig einsam gelegenen Lustschlössern des Hochadels den Namen gab, hatte ihre Unschuld in Basel spätestens mit der Rheinbrücke der Autobahn verloren. Mario Botta hat die vierspurige Strasse mit der 15 Meter hohen Mauer der Museumsrückwand nun auf den Hinterhof verwiesen. Diese Fassade hat keine Fenster. Eine freundliche Geste ist bestenfalls der rötliche Sandstein aus dem Elsass, mit dem das ganze Museum verkleidet ist. Auch nach Norden zur Grenzacherstrasse, wo der Eingang liegt, sorgen wenig Glas und eine Portalwand für eine Verminderung des Lärms und für eine Abwehr seiner chemischen Emissionen. Mit grossen Glaspartien öffnet sich das Haus dagegen nach Süden zum Rhein und nach Westen zum Park. Mario Botta hat so diesem Ort seine Würde wiedergegeben. Hier wurde ein Stück Stadt repariert.

Der Architekt, der für sein verschwenderisches Selbstbewusstsein bekannt ist, hat sich zwischen der Grenzacherstrasse und dem Rhein auffallend zurückgehalten, auch wenn er sein baumeisterliches Naturell keineswegs leugnet. Botta ist verliebt in die Geste der Opulenz, und der neue Museumsbau bot dafür eine fast ideale Voraussetzung. 1800 Quadratmeter hat der grosse Ausstellungssaal, der an der Seite des Parks völlig verglast ist. Von hier führt eine Rampe zur eingezogenen Galerie, die dem Flaneur das Panorama des Rheins zu Füssen legt und an einem sonnigen Tag eine via triumphalis ist. Das üppige Raumangebot wird auf der Seite der Autobahn durch lange Ausstellungssäle im Unter- und Obergeschoss ergänzt. Im fensterlosen Soussol können selbst hochempfindliche Zeichnungen und Aquarelle gezeigt werden. Über dem Vestibül des Eingangs liegt ein freundlicher Vortragssaal mit aufwendigster Projektionstechnik. Über eine Treppe erreicht man das Café-Restaurant mit Rheinblick, das mit „Jeannot" den Kosenamen des Künstlers trägt.

Bottas Konzeption kam zugute, dass der Raum für Verwaltung und Wissenschaft in den benachbarten Altbauten schon existierte. Das Museum wirkt so nirgends eng. Die Lauf- und Blickachsen sind grosszügig. Das Parkett in Eiche

Architekt
Mario Botta Architetto
Via Ciani 16
6904 Lugano

Projektmanagement, Bauleitung
Georg Steiner, GSG Baucontrol AG
Grenzacherstrasse 30
4002 Basel

Die Fassade zum Rhein mit der verglasten Rampe, die dem Flaneur ein Flusspanorama zu Füssen legt.

Façade vue du Rhin, avec passerelle vitrée qui situe la rive aux pieds de tous ceux qui s'y promènent.

Façade seen from the Rhine, with the glazed ramp laying the river at the feet of those walking through it.

Sonderfachleute
Statik: WGG Ingenieure, Basel
Klima: Planungsbüro BKP Bures, Basel
Sanitär: Planungsbüro Bogenschütz AG, Basel
Elektro: Planungsbüro Kriegel + Schaffner, Basel
Fassadentechniker: Schwer + Partner, Basel
Akustik: Büro Lienhard, Basel
Beleuchtung: Planungsbüro EAG, Basel

Termine
Projekt: Mai 1993
Baubeginn: Oktober 1994
Fertigstellung: Oktober 1996

Situationsplan der Rheinpartie in Basel mit dem linken (unten) und dem rechten Ufer (oben). Das Museum Mario Bottas liegt an der Schwarzwaldbrücke (ganz rechts) und die Kubatur ist durch den schwarz ausgemalten Grundriss erkennbar.

Plan d'emplacement des quartiers au bord du Rhin à Bâle qui comprend la rive gauche (en bas) et la rive droite (en haut). Le musée de Mario Botta à l'entrée du pont; le volume du bâtiment est indiqué en noir.

Site plan of Rhine sections in Basle with left (below) and right shores (above). Mario Botta's museum at one end of the Schwarzwald bridge (extreme right of site plan); the volume of the building is marked out in solid black.

Grundriss des 1. Untergeschosses (oben) und West-Ost- Schnitt (unten).

Plan du souterrain (en haut) et section est-ouest (en bas).

Floor plan of first floor below ground (top) and east-west section (bottom).

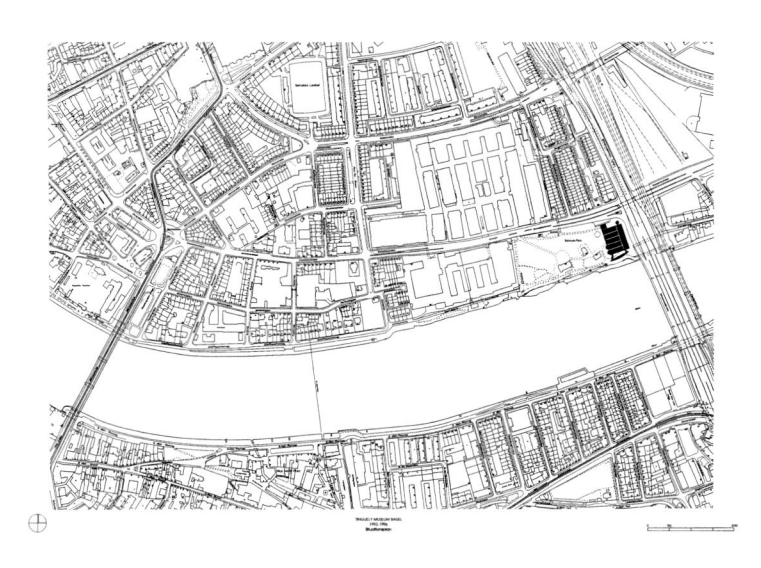

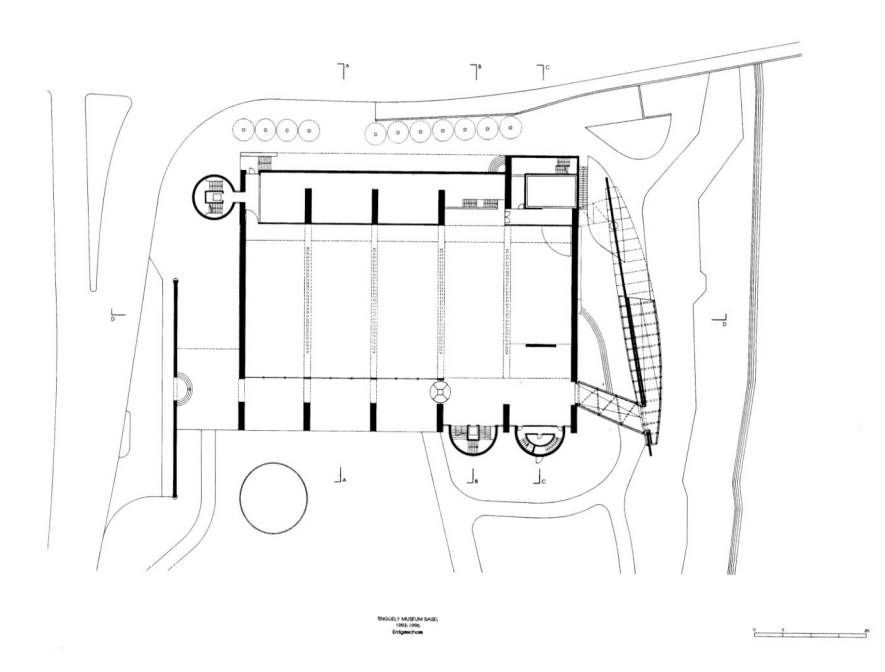

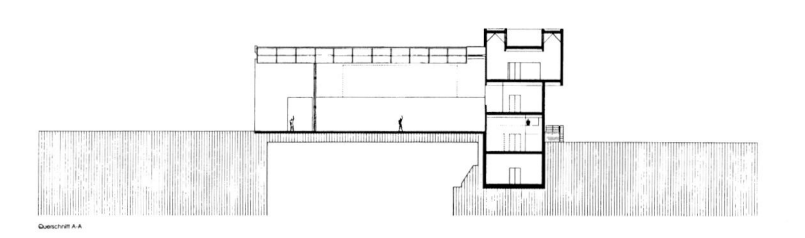

Die fensterlose Fassade zur Autobahn (oben). Das Museum im Blick vom anderen Rheinufer und der Badeanstalt „Breite" (Freizeit und Sport, Nr.26).

La façade sans fenêtres donnant sur l'autoroute (en haut). Le musée vue de l'autre côté du Rhin et la piscine Breite. (*Freizeit und Sport*, No. 26).

The windowless façade on the highway front (top). The museum seen from the other side of the Rhine and the Breite bathing station. (*Freizeit und Sport*, No. 26)

und Lärche hat er Grau lasiert und damit den edlen Eindruck der Räume ein wenig der Maschinenästhetik des Künstlers genähert.

Vor allem beim sichtbaren Metall wird deutlich, dass Botta mitunter die Form nicht aus der Funktion, sondern aus Freude und übermütigem Lebensgefühl schöpft. Das war in Europa schon einmal im Zeitalter des Manierismus zwischen der kühlen Renaissance und der Pracht des Barock der Fall. Dem Wort „Solitude" erweist Bottas Bau auch so eine stille Reverenz.

Der grosse, stützenfreie Ausstellungssaal mit 1800 Quadratmetern (oben) und die Fassade zum Park (rechtes Bild).

Le grand hall d'exposition avec 1800 m² d'espace de superficie (en haut) et façade du côté du parc (page en face).

The large, open exhibition hall with 1800-square-metre floor space (above) and the façade on the park side (facing page).

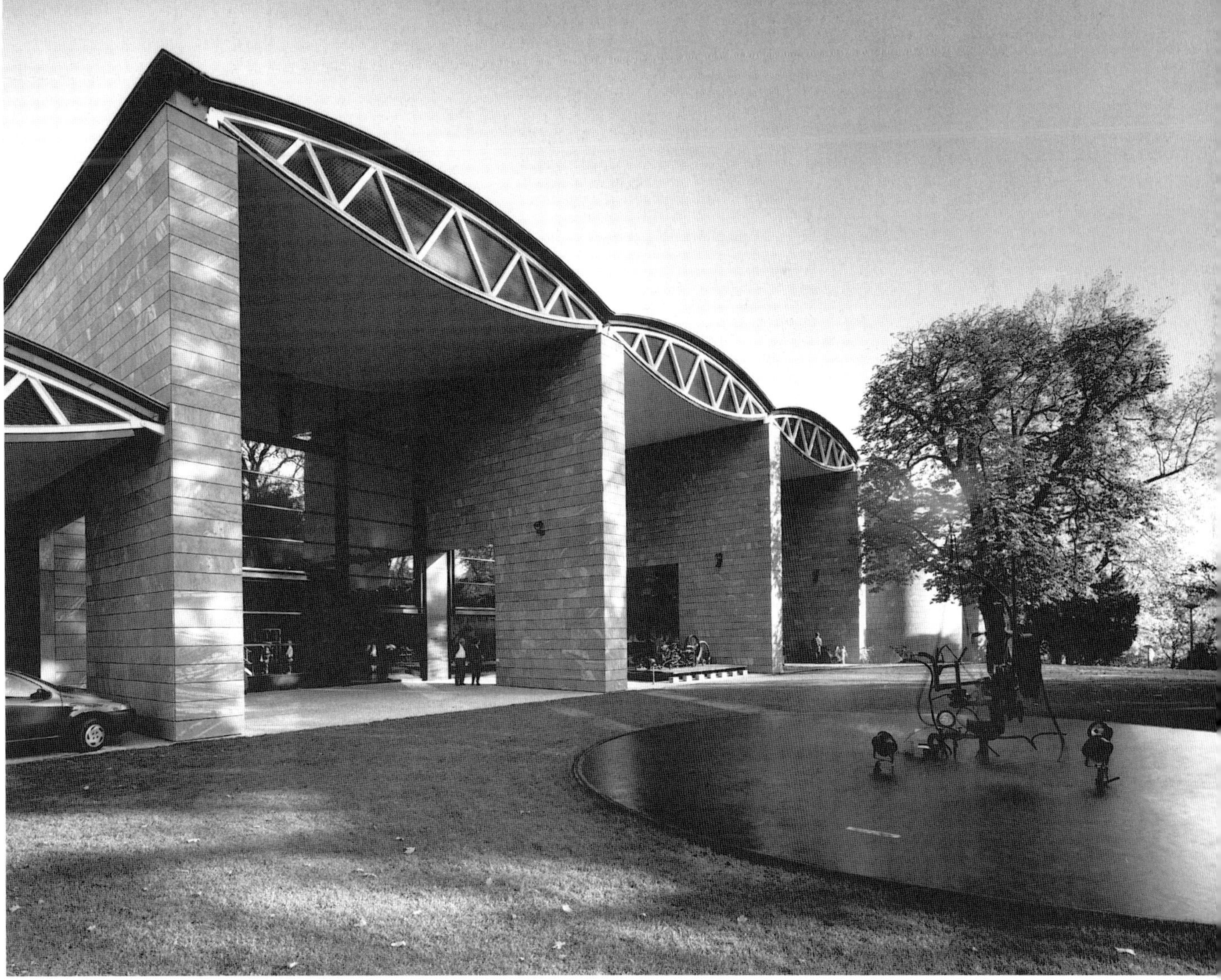

Projekt
Fondation Beyeler
Baselstrasse 77
4125 Riehen

Bauherr
Fondation Beyeler, Basel

Der Weg ins 20. und der Blick ins 19. Jahrhundert

Renzo Piano créa un musée élégant, lumineux, et presque transparent pour l'impressionnante collection d'art de la Fondation Beyeler. Ce nouveau musée du côté nord de Bâle se joint à la liste des musées d'art du vingtième siècle renommés dans le monde entier: le Rijksmuseum à Otterlo (Henry van de Velde), le Humblebæk à Seeland (Jøgen Bo et Vilhelm Wohlert), le Guggenheim à New York (Frank Lloyd Wright), et la Neue Nationalgalerie à Berlin (Ludwig Mies van der Rohe). L'ouverture du musée en Octobre 1997 présentera au public la plus grande collection d'art du vingtième siècle au monde, en combinaison avec celle du Kunstmuseum.

An elegant, bright, nearly transparent museum by Renzo Piano houses the impressive collection of the Beyeler Foundation. This new museum in north Basle joins the ranks of other famous museums of twentieth-century art around the world: the Rijksmuseum in Otterlo (Henry van de Velde), the Humblebæk in Seeland (Jøgen Bo and Vilhelm Wohlert), the Guggenheim in New York (Frank Lloyd Wright), and the Neue Nationalgalerie in Berlin (Ludwig Mies van der Rohe). The opening of this museum in October of 1997 will mark the public presentation of the world's largest collection of twentieth-century art (together with the Kunstmuseum collection).

In Riehen gibt es einen Weg ins 20. Jahrhundert. Er führt von einer kleinen Hügelkuppe an der Baselstrasse auf eine leicht abgesenkte Ausstellungsebene. Er wirkt beim Laufen etwas gewölbt. Kindern könnte man erzählen, dass so ähnlich der Mann im Mond spazierengeht, wenn nachts am Himmel eine ganz flache Sichel sichtbar ist, er mit seinen Samtpantoffeln auf der Innenseite sein Reich inspiziert und den Erdenmenschen beim Schlafen zusieht.

Am Ende des Weges in Riehen gibt es eine monumentale Eingangspforte aus Glas, dann einen gleich hohen Korridor (5,8 Meter) mit gedämpftem Licht und nach etwa 18-20 Metern einen ersten Oberlichtsaal. Und dann steht man mitten im 20. Jahrhundert, weil die Kunst, die hier bald die makellos weissen Wände beleben wird, zu einer Privatsammlung gehört, die aller Wahrscheinlichkeit nach (für die bildende Kunst des 20. Jahrhunderts) die schönste und bedeutendste der Welt ist. Ernst und Hildy Beyeler haben sie in über 50-jähriger Galerien- und Kunsthandelstätigkeit aufgebaut. Und wenn die Preziosen aus Sydney zurück sind, wo sie 1996/97 das australische Publikum bestaunen konnte (nach Madrid, „Centro de Arte Reina Sofia", 1989 und Berlin, „Neue Nationalgalerie", 1993) hat ihnen Renzo Piano ein edles und würdevolles, helles und transparentes Haus gebaut. Berühmte Museen von berühmten Architekten wie in Otterlo (Henry van de Velde „Rijksmuseum Kröller-Müller", 1936-38), auf der dänischen Hauptinsel Seeland (Jøgen Bo und Vilhelm Wohlert „Louisiana-Kunstgalerie Humblebæk", 1958), in New York (Frank Lloyd Wright „Salomon R. Guggenheim Museum", 1956-59) oder in Berlin (Ludwig Mies van de Rohe „Neue Nationalgalerie", 1962-68) haben in Riehen einen architekturgeschichtlichen Nachfolger gefunden. Denn Piano legt den imposanten Baukörper mit einer Länge von 124 Metern (im Westen) wie ein gestrandetes Schiff in das zur Wiese (einem rechtsrheinischen Nebenfluss) leicht abfallende Terrain. Damit deutet der Architekt sanft an, dass unser Jahrhundert zu Ende geht und weist diskret auf den analogen Sachverhalt in der Sammlungstätigkeit der Bauherrin: der Fondation Beyeler, hin.

Allein am Werk des Weltstars aus Genua, der 120 Architekten beschäftigt und dessen Pariser Büro den Bau verantwortlich plante, lässt sich die Mutation der westlichen Ästhetik bei der Museumsarchitektur während der letzten 25 Jahre ablesen. Das „Centre National d'Art et de Culture Georges Pompidou" in Paris (1971-77), das Piano mit Richard Rogers entwarf, atmet noch den technizistischen Geist der Nachkriegskultur und baute das geflügelte Wort „C'est beaux, c'est grand, c'est francais" in Glas und Metall. Pianos Museum für die „De Menil-Collection" in Houston (1988) war formal schon wesentlich ruhiger, was sich allein im Herz des privaten Museums, der „Rothko-Chapell", zeigt. Für die Sammlung Beyeler hat das Moment des Sakralen nun überall Gültigkeit: bei der monumentalen Eingangssituation, den grosszügigen, durch eine filigrane Oberlichtkonstruktion nobel ausgeleuchteten Sälen, bei der durchgehenden Verglasung des Baues auf der Seite einer grossen Naturwiese (in Richtung des Flusses Wiese), beim Parkett aus Eiche und bei den eleganten Falttüren über die gesamte Raumhöhe des Innenraumes. Wo der Mensch auf dem Holzboden laufen kann, kann auch der Blick fast ohne Hindernis auf der Decke wandeln. Diese völlige Gleichwertigkeit von Boden und Decke kann man als

Architekt
Renzo Piano
Building Workshop Architectes
34, rue des Archives
F-75004 Paris

Bauleitung:
Burckhardt & Partner, Basel
C. Burger & Partner, Basel

Tragwerksplanung
OVE Arup & Partners
Building Enginering
13 Fitzroy Street
London W1P 6 BQ

Termine
Vorprojekt: 1991
Baubeginn: 1993
Bezug: Herbst 1997

Der grosse Wandelgang auf der
Seite des Flusses „Wiese".

La grande galerie du côté de la rive
"Wiese".

The large galleria overlooking
the Wiese River.

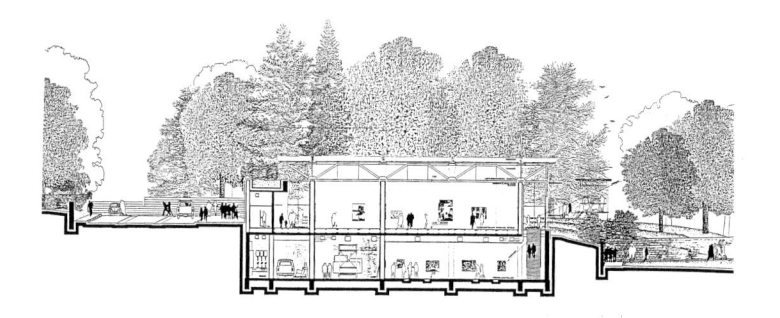

Die Konstruktion an der Baslerstrasse (oben), die verglaste Front des Museums an der grünen Wiese (rechte Seite, oben) sowie der Blick in die Ausstellungssäle (rechte Seite, unten).

La construction sur la Baselstrasse (en haut), la façade vitrée du musée en direction du pré (page d'en face, en haut) et une vue des salles d'exposition (page d'en face, en bas).

The construction on Baselstrasse (above); the view into the exhibition rooms (facing page, below); and the glazed front of the museum on the meadow (facing page, above).

Metapher für das Demokratieverständnis dieses Jahrhunderts begreifen, dem die Kunst der Moderne fast sklavisch verbunden war. Ob hier bald grosse Bilder von Pablo Picasso oder Max Ernst, von Joan Miró, Henri Matisse oder Fernand Léger oder solche von Antoni Tàpies und Marc Rothko, Robert Rauschenberg, Francis Bacon oder Anselm Kiefer hängen, in der diskreten, räumlich intim wirkenden Architektur werden selbst kleine Papierarbeiten von Alberto Giacometti oder Paul Klee ihre Würde nicht verlieren.

Das Museum Renzo Pianos steht in Riehen neben einem Landgut aus dem Zeitalter des Barock, und es setzt sich von anderen architektonischen Haltungen leicht indigniert ab. Vom Variantenspiel Hans Holleins beim „Museum Abteiberg" (1972- 82) in Mönchengladbach etwa, aber auch vom Formenspiel James Stirlings und Michael Wilfords bei der „Staatsgalerie Stuttgart" (1977-83). Auch die wilden Schachtelungen, die Frank O. Gehrys neues Guggenheim Museum im baskischen Bilbao (wird auch im Herbst 1997 eröffnet) prägen, können Piano nicht interessieren. Die Ästhetik des Italieners liegt eher in der Nähe zu Alvaro Sizas „Centro Galego de Arte Contemporánea" im nordspanischen Santiago de Compostella (1994) oder Norman Fosters „Carré d'Art" im südfranzösischen Nîmes (1993). In seiner Eleganz und Lichthaltigkeit ist es Richard Meiers neuem Museum für Gegenwartskunst in Barcelona (1987-95) verwandt. Ein Museum wie jenes für Ernst-Ludwig Kirchner in Davos (Gigon & Guyer, 1989-92) oder die „Sammlung Goetz" in München (Herzog & de Meuron, 1989-92) ist in der Materialwahl härter und in der räumlichen Dimension ungleich bescheidener. Aber dies entspricht auch der elementar einfachen Baukunst am Ende dieses Jahrhunderts. Und Herzog & de Meurons „Tate Gallery" in London wird vielleicht die Ästhetik im Museumsbau des kommenden Jahrhunderts prägen.

Aber Renzo Pianos neues Museum in Riehen ist das Kunstmuseum des 20. Jahrhunderts. Wenn man das Museum betritt, hat man an der Ecke mit dem ersten Ausstellungssaal einen Blick in der gesamten Raumhöhe auf eine Wiese, auf der bald ein Blumenmeer blüht (im März 1997 sprachen die Politiker einen Kredit für eine neue Gestaltung des Naturraumes um das neue Museum aus). Dann sieht man vom Innenraum aus einen Gartenausschnitt, wie er auf Bildern des Romantikers Carl Blechen oder des Pleinairisten Edouard Manet gemalt wurde. In Riehen steht man dann mitten im 20. Jahrhundert - und geniesst zugleich den Blick in das Jahrhundert zuvor.

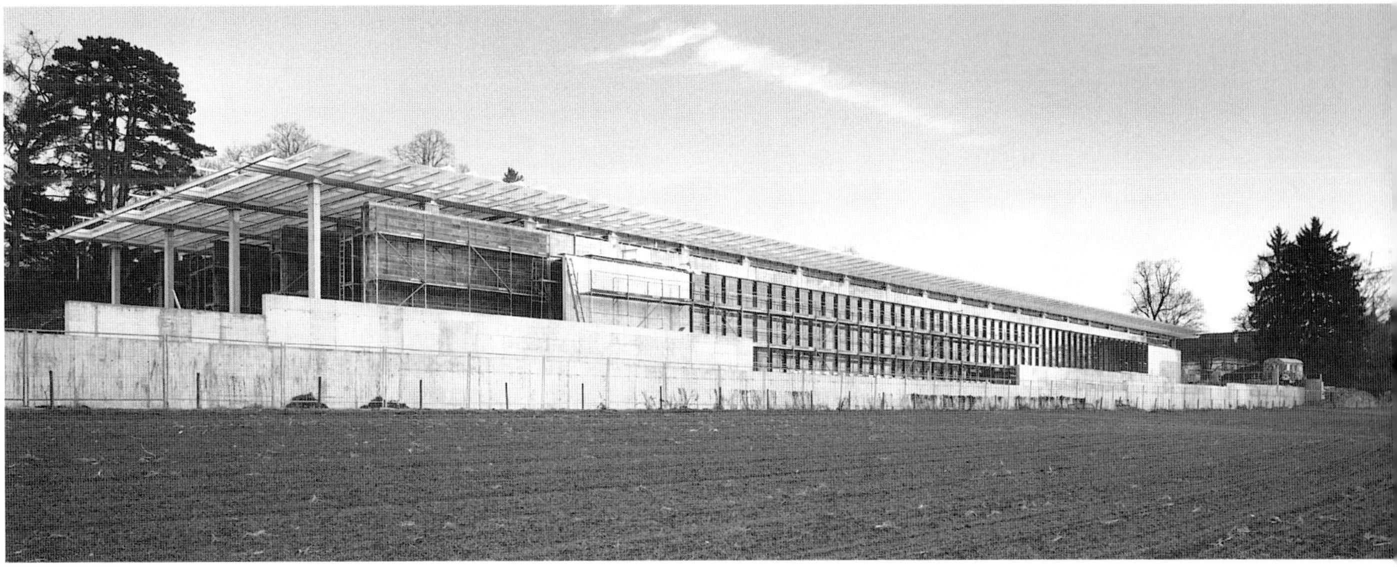

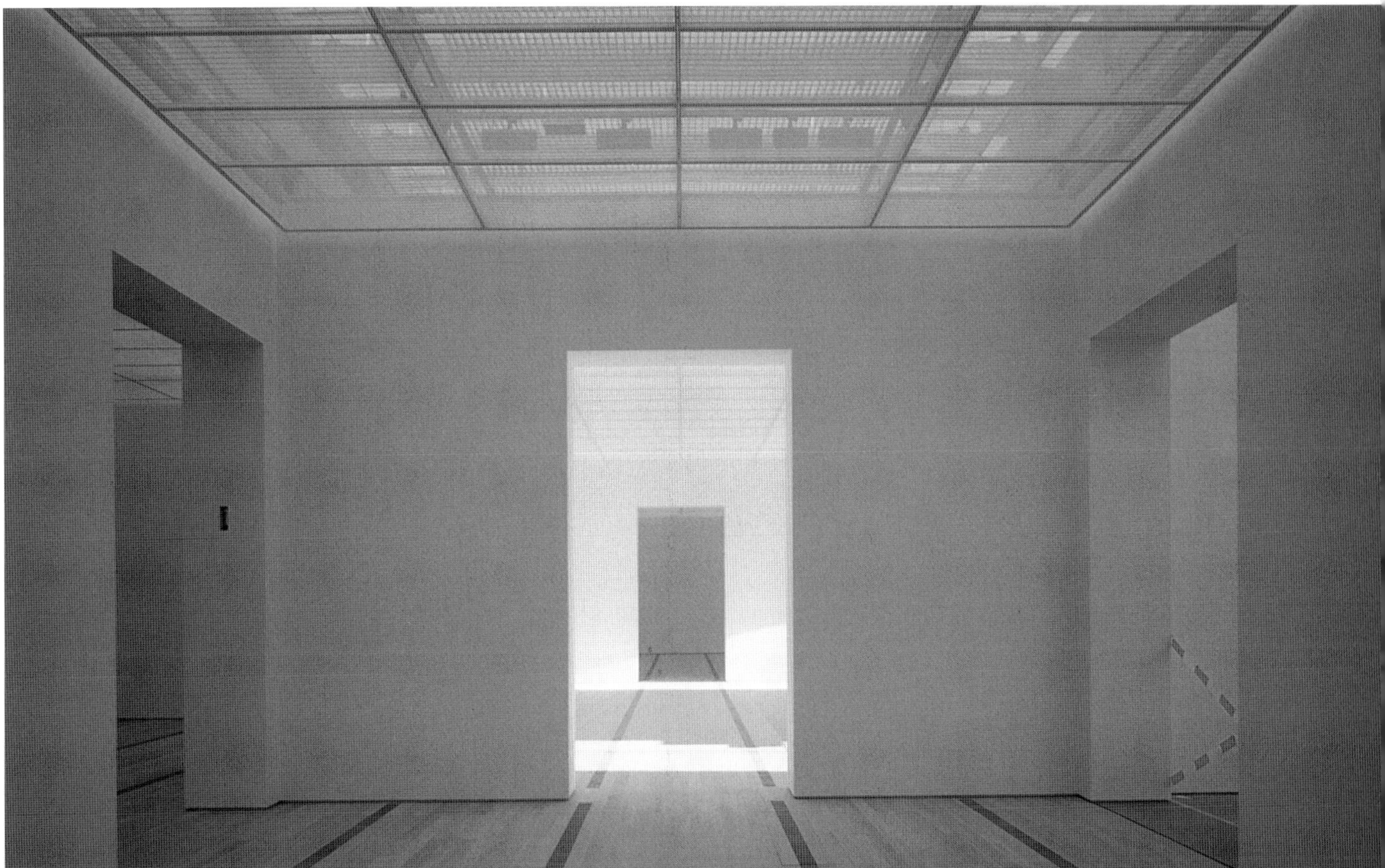

Ausblick

Das imposante Dach
216 Wilfrid und Katharina Steib

Im magischen Quadrat
220 Richard Meier

Boulevard über den Rhein
224 Architekten- und Ingenieurkonsortium

Schulkomplex der Innerstadt
230 Burckhardt & Partner

Schaufenster zur Stadt
232 Theo Hotz

Transparente Wissenschaft
236 Herzog & de Meuron

Räume hinter Lichtrastern
240 Ernst Spycher

Die kühle Eleganz
244 Giraudi & Wettstein mit Cruz & Ortiz

Das Haus im Kern
248 Urs Gramelsbacher

Kleines Kulturzentrum
252 Rolf Brüderlin

Urban und Human
256 Silvia Gmür

Ästhetische Qualität, unternehmerische Weitsicht
260 Vischer AG; 3 F Architecture - D. Dietschy; Von Busse, Blees, Kampmann+Partner

Projekt
Bürgerhaus auf dem Burghof
Herrenstrasse 5
79539 Lörrach

Bauherr
Stadt Lörrach

Das imposante Dach

Le Burghof, un grand bâtiment public pour les événements culturels, est actuellement en construction au centre de Lörrach. Les architectes Wilfrid et Katharina Steib créèrent un toit d'une longueur imposante de 84 mètres. Les salles peuvent être regroupées, offrant ainsi 900 places. Du côté de la rue passagère, la façade en briques garde le bâtiment relativement fermé. Par contre, de l'autre côté, de grandes baies vitrées s'ouvrent sur une zone piétonnière et une place ombragée, qui mènent vers l'historique Basler Strasse.

The Burghof is a major public building for cultural events currently under construction in downtown Lörrach. Architects Wilfrid and Katharina Steib created flexible floor plans and an integrated design that will accommodate up to 900 spectators. Facing a busy street, the brick façade keeps the building relatively closed. On the other side, large glazed sections open the building to a pedestrian zone, which leads to a treed square in the direction of historic Basler Strasse.

Die kommunalen Spitzen stritten lange, ob das neue Gesellschaftshaus der Stadt Lörrach nun „Bürgerhaus", „Stadthaus" oder mit „Der Burghof" den historischen Namen der Parzelle tragen soll. Doch im September 1996 begann der Bau und man entschloss sich für den „Burghof".

Der neue „Burghof" ist ein grosses Versammlungs- (Kulturveranstaltungen, Bankette, Feste), Theater- (Oper, Schauspiel), Kongress- oder Ausstellungshaus in Lörrach von Wilfrid und Katharina Steib. Die grosse Kreisstadt am Oberrhein lässt sich zwischen Weinbrenner- und Basler Strasse (in Osten und Westen) einen mutigen Repräsentationsbau errichten. Zur vielbefahrenen Weinbrennerstrasse wird die Fassade aus aufgemauertem dunkelrotbraunem Klinkerstein bestehen. Auf der Seite in Richtung der Fussgängerzone wird sich das Haus mit grossen Glaspartien zu einem kleinen Platz hin öffnen, der mit Bäumen bepflanzt werden soll und in heissen Sommern ein kühler Aussenraum für die Besucher wird.

Das Haus ist flexibel geplant und trägt damit seiner vielfältigen Nutzung Rechnung. Ein grosser Saal fasst 506, ein kleineres Pendant 270 Personen. Beide können für Grossveranstaltungen mit Sitzen auf der Galerie integral genutzt werden und bieten dann fast 900 Menschen Platz. Das Vestibül im Norden kann für Bankette ebenfalls beigezogen werden. Die Bestuhlung mit Tischen ist für 740 Personen ausreichend. Das Foyer ist zudem ein Ort, der die Bar aufnimmt und der als Ausstellungsfläche genutzt werden kann.

Imposant ist das Dach, dessen grösste Länge mit 84 Metern eine Weitläufigkeit besitzt, wie sie die kleinstädtische Struktur Lörrachs sonst selten bietet. Das auf beide Seiten sanft geneigte Satteldach, das die leicht trapezförmige Kubatur des neuen „Stadthauses" abschliesst, soll mit walzblankem Kupferblech versehen werden. Das neuartige Material oxidiert fast nicht und wird deshalb eine matte aber keine grünliche Patina erhalten. Mit dem Café „Alt Stazione" (Grenze, Verkehr & Zentrum, Nr.5) erhält der nördliche Stadtraum am Oberrhein durch das Büro von Wilfrid und Katharina Steib einen weiteren zukunftsweisenden Akzent. Und die vorgesehene Plastik im Aussenraum von Bruce Nauman kann selbst Basel nicht vorweisen.

Architekt
Wilfrid und Katharina Steib
Architekten BSA/SIA
Leimenstrasse 47
4051 Basel

Tragwerksplanung
Cyrill Burger & Partner
Ingenieure SIA / ASIC, Basel

Termine
Eingeladener Wettbewerb:
Juli 1993
Baubeginn: September 1996
Bezug geplant:
Spätsommer 1998

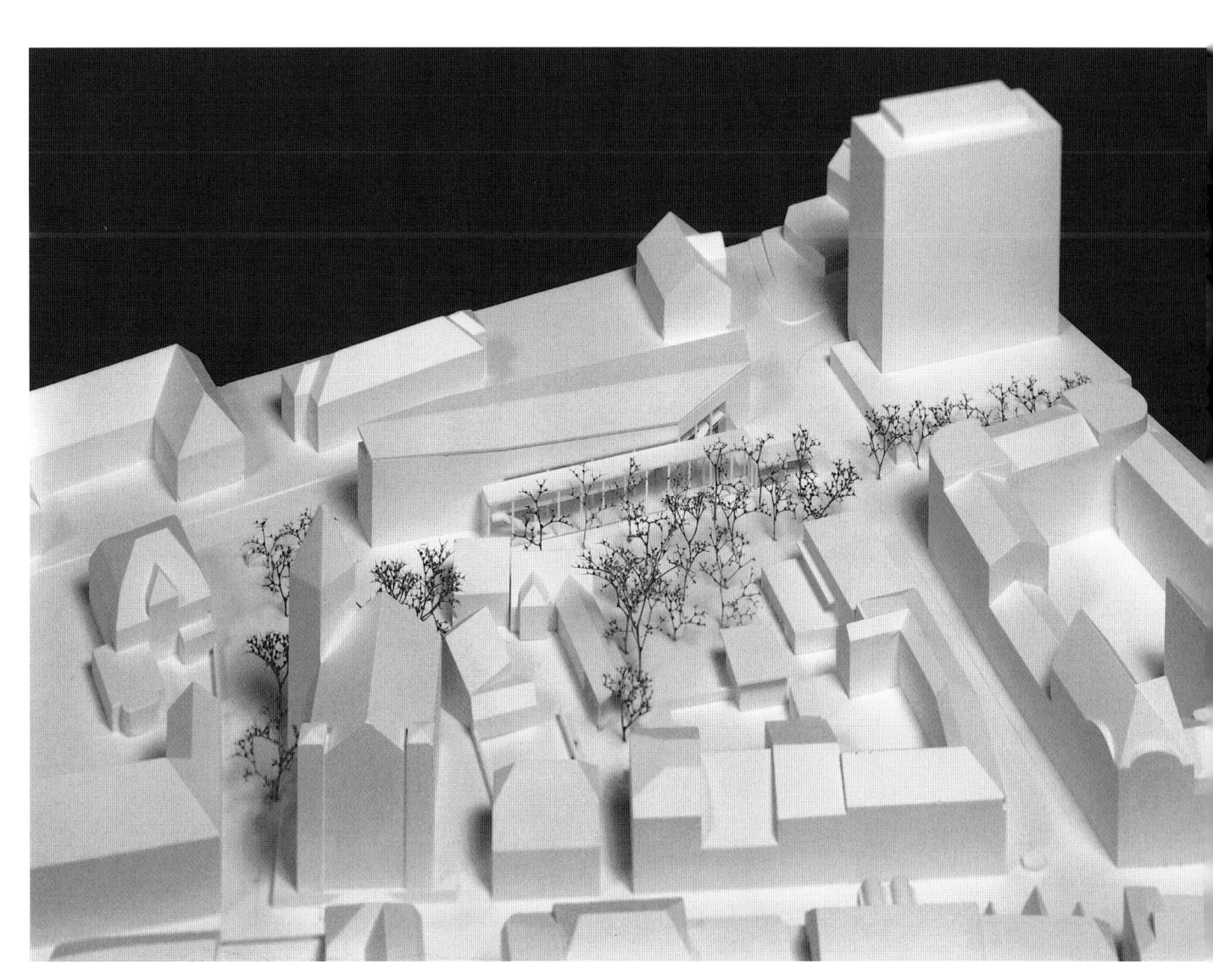

Das Stadthaus „Der Burghof" im Modell
(oben Mitte), von der Basler Strasse aus gesehen.

Le nouveau Burghof en modèle
(en haut, au centre), à partir de la Basler Strasse.

The new Burghof in a model (top centre),
seen from Basler Strasse.

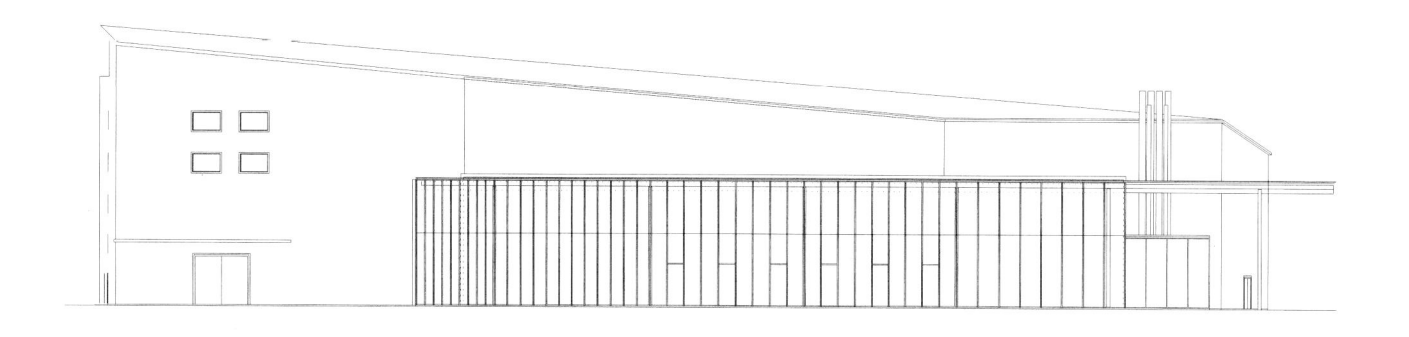

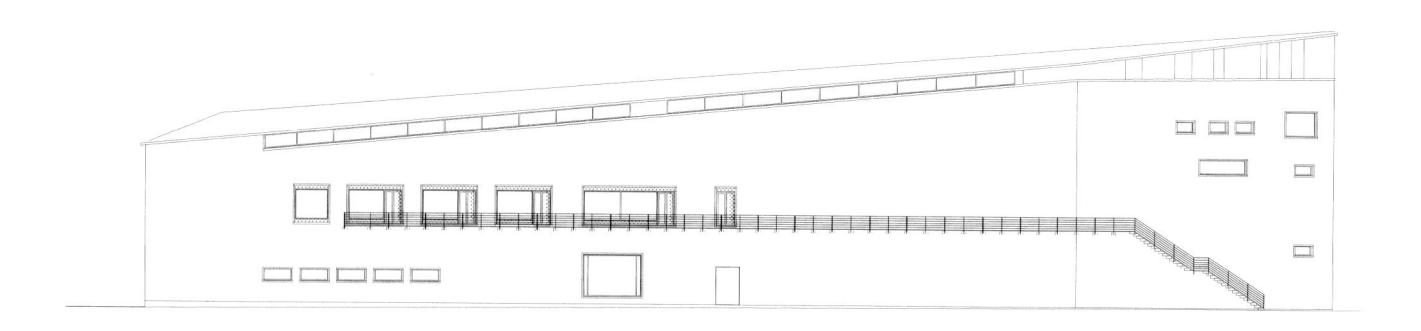

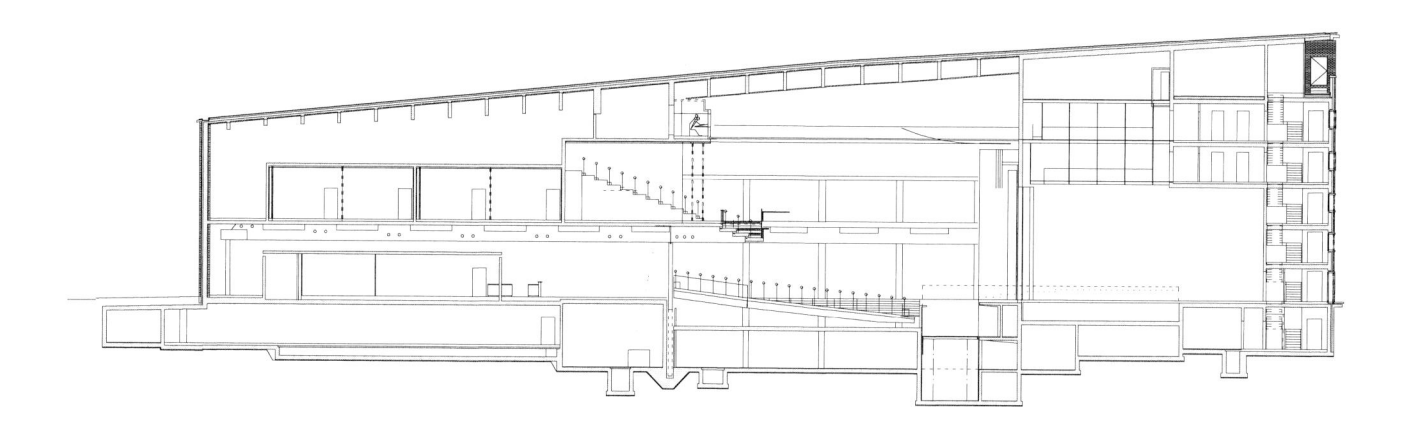

Die Fassade auf der Seite des Platzes (oben) und jene zur Weinbrennerstrasse (Mitte) mit dem Nord-Süd-Schnitt (unten).

Deux façades du bâtiment: donnant sur la place (en haut) et sur la Weinbrennerstrasse (au centre); section nord-sud (en bas).

Two façades of the building: facing the open square (top) and overlooking Weinbrennerstrasse (middle); north-south section (bottom).

Die plastische Arbeit von Bruce Nauman im Modell. Rechts die Eingänge des Foyers auf der Platzseite.

Maquette de la sculpture de Bruce Nauman. À droite, modèle des entrées au vestibule de la place.

Model of Bruce Nauman's sculpture. Right, in maquette, lobby entrances from the square.

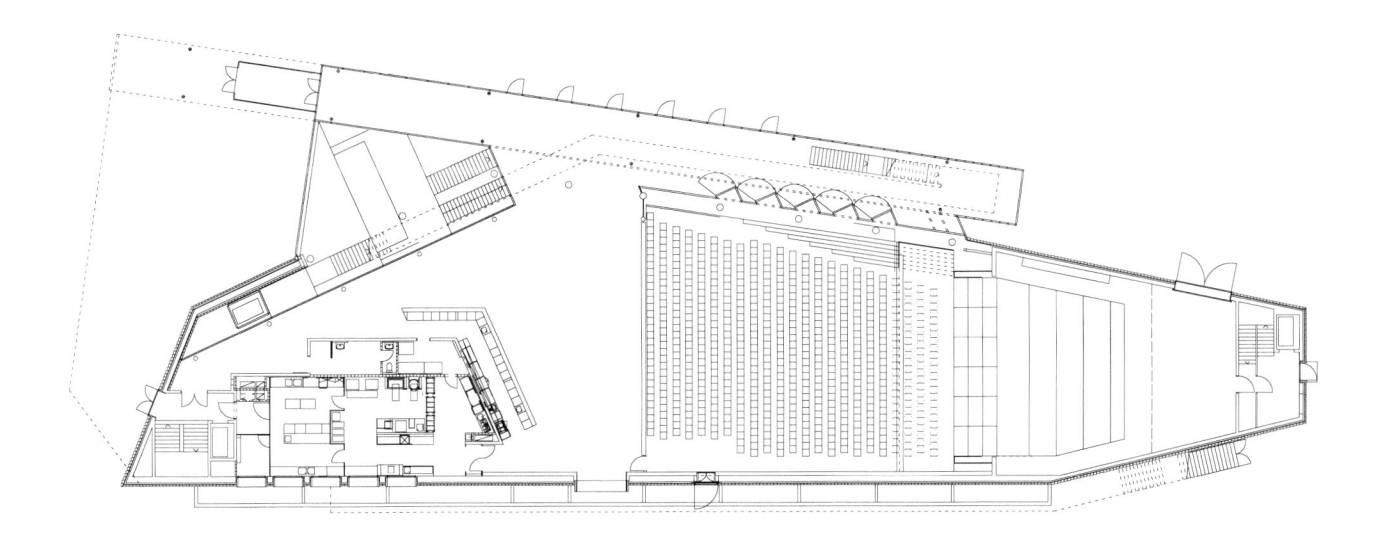

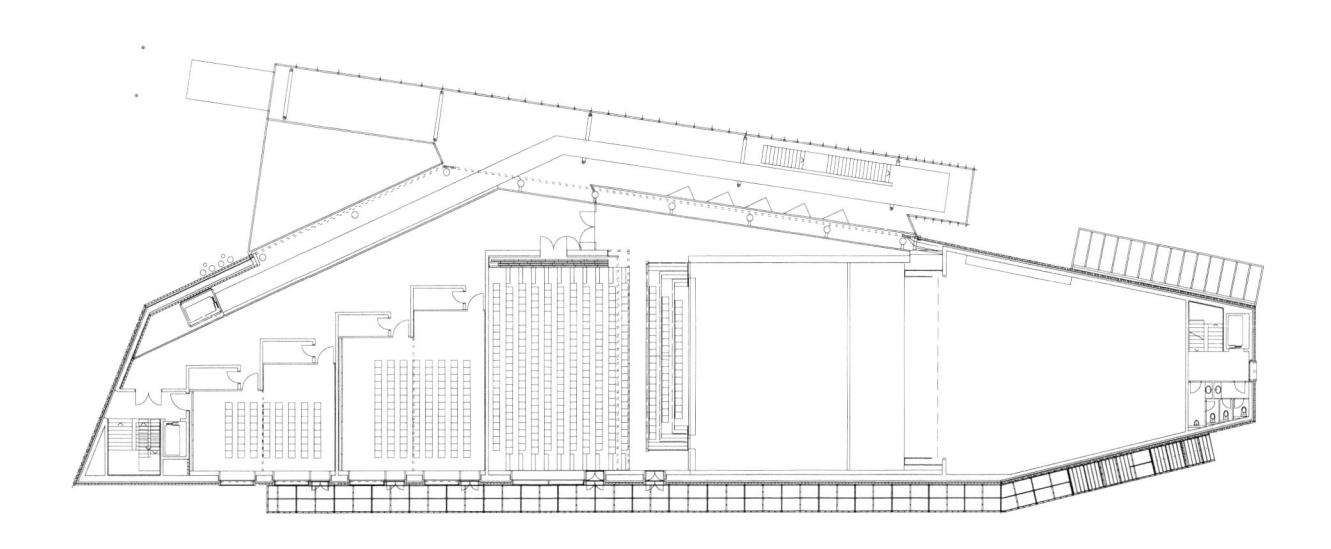

Die Grundrisse des Erd- (oben) und des Obergeschosses (unten).

Plan du rez-de-chaussée (en haut) et premier étage (en bas).

Floor plan of ground floor (top) and upper floor (bottom).

Projekt
Geschäftshaus Euregio
Innere Margarethenstrasse 26
4051 Basel

Bauherr
Credit Suisse, Zürich

Im magischen Quadrat

Le premier bâtiment de Richard Meier en Suisse est actuellement en construction à l'entrée d'un pont sur une place pleine de signification architecturale. En 1994, Diener & Diener construisirent un centre d'éducation professionnelle pour une banque, parallèle à la Viaduktstrasse. De l'autre côté de la vallée du Birsig, les deux principaux points de repère architecturaux sont un lotissement (ouvert en 1915) et une maison dans le Style International (1934; voir aussi *Lernen & Bildung*, No. 14). L'Euregio de Meier a 35 000 m² de superficie utilisable et onze étages, dont six sont souterrains. La tour de l'escalier extérieur s'élève à 45 mètres de hauteur.

Richard Meier's first building in Switzerland is currently under construction at the head of a bridge in an architecturally significant sector of the town. In 1994 Diener & Diener built a training centre for a major bank, parallel to Viaduktstrasse. On the other side of the Birsig valley, the two main architectural co-ordinates are a residential complex (opened in 1915) and a house in the International Style (1934; see also *Lernen & Bildung*, No. 14). Meier's Euregio covers 35 000 square metres of floor space and has a total of eleven storeys (of which six are underground), with a height in the open stairwells of 45 metres.

Im Vergleich mit den USA, meinte Richard Meier anlässlich des Richtfestes (im deutschschweizer Dialekt „Uffrychti"), ginge ein baulicher Vorgang in der Schweiz zwar dreimal langsamer, aber dafür würde alles richtig und im Sinne des Architekten ausgeführt. Der bauleitende Architekt aus dem Büro in New York erzählt, dass ihn die Kollegen nach den allmonatlichen Besuchen ungläubig anschauten, wenn er sagte, dass alles nach Plan und zufriedenstellend verlaufe. Eine Baupraxis wie jene der Eidgenossenschaft, so abermals Richard Meier, habe er auch in Deutschland, Spanien oder sonstwo in Europa nicht erlebt, wo der Stararchitekt während der letzten 20 Jahre baute.

Für die fünf oberirdischen mit den insgesamt sechs unterirdischen Geschossen an der Viaduktstrasse wurde der Rohbau in nur 14 Monaten errichtet. Bei 35 000 Quadratmetern Nutzfläche und einem 50-prozentigen Anteil für Büros und Verkaufsläden ein imposantes Volumen. Richard Meier entwickelte das Haus aus drei Zonen: dem kreisförmigen Eckbau an der Kreuzung mit der Inneren Margarethenstrasse, dessen Verlängerung mit einem rechteckigen Volumen in Richtung des Talhangs mit dem Birsig und einem trapezoiden Annex im „Hinterhof". Mit dieser Kubatur sucht und findet das Büro aus New York den Dialog mit der neuen Staatsanwaltschaft (Verwalten & Produzieren, Nr. 32) und den angrenzenden Wohnhäusern. Der dritte Baukörper hat zwei Geschosse weniger, liegt abgetreppt im Hang zur Innerstadt und bietet mit seinem Terrassendach einen Panoramablick auf die Türme des Münsters, die beiden Kuppeln der grossen Synagoge und unzählige andere Punkte mehr.

Richard Meier wird auch am Oberrhein von seiner bewährten Ästhetik nicht abweichen. Die Fassade, die vor das Gussbetongerüst gehängt wird, soll aus Glas in Halterungen aus weissem Aluminiumblech bestehen. Im Innern dominiert grauer Granit alle Böden in den Erschliessungsbereichen. Hier werden alle Decken und Wände verputzt und erhalten ein makelloses Weiss.

Das grosse Volumen wird in den Treppentürmen fassbar, wo man von tiefsten Punkt bis zur Decke des obersten Geschosses einen Raumschlitz von 45 Metern Länge erleben kann. Das Erdgeschoss ist mit dem ersten Untergeschoss für Verkaufsläden gedacht. Alle oberirdischen Geschosse bergen ansonsten Büroflächen, wo ab 1998 auch der Verlag dieses Buches firmieren wird. Unter der Erde befinden sich noch der Versorgungsteil und 200 Parkplätze, deren Zufahrt „ebenerdig" auf der Talseite über die Binningerstrasse möglich ist; Meier wählte hier eine analoge Lösung wie Diener & Diener (Lernen & Bildung, Nr.14). Mit der „Piazza" am Haupteingang der Viaduktstrasse zitiert das Büro aus New York schliesslich ein typisch amerikanisches Motiv, das in keiner Shopping Mall fehlen darf. Nur bietet Meiers Piazza in Basel an einer stark befahrenen Autostrasse (mit intensivem Strassenbahnverkehr) einen Ort der Ruhe und einen Schutz vor dem starken - und häufigen - Wind aus Westen, dem die lange Achse der Viaduktstrasse zu menschenunfreundlichen Geschwindigkeiten verhelfen kann.

Die Geschichte Basels meint es gut mit Richard Meier. Als das Büro Bercher & Tamm 1934 Meiers eleganten Hausnachbarn auf der Talsohle fertigstellte (1934), wurde der Architekt in Newark (New Jersey) gerade geboren, und der Wohnkomplex von Rudolf Linder am

Architekt
Richard Meier & Partners
475 Tenth Avenue
New York, NY 10018
Projektleitung: Bernhard Karpf

Sonderfachleute
Statik: Gruner AG, Ingenieur-Unternehmung, Basel
Haustechnik: Waldhauser Haustechnik, Basel
Koch Ingenieure, Zürich
Elektroplanung: Kriegel & Schaffner, Basel
Fassadenplanung: Steiner Industrie AG, Zürich
Lichtplanung: Fisher Marantz Renfro Stone,
New York

Termine
Planung: 1990 - 1993
Bauzeit: 1995 - 1998

Die neue Kubatur von Westen gesehen. Rechts der Neubau von Diener & Diener (Lernen & Bildung, Nr.14). Links unten der runde Eckbau an der Inneren Margarethenstrasse.

Le nouveau bâtiment de l'ouest. À droite, le nouvel édifice de Diener & Diener (*Lernen & Bildung*, No. 14). Le bâtiment arrondi au coin de la Innere Margarethenstrasse.

The new building seen from the west. To the right, the new building by Diener & Diener (*Lernen & Bildung*, No. 14). The round corner building at Innere Margarethenstrasse (below left).

Serielle Raster und viel Glas: die Hauptfassade (oben). West-Ost-Schnitt (rechts oben) und Grundriss des 1. Obergeschosses (rechts unten).

Des rangées et des masses de verre: la façade principale (en haut). Section est-ouest (en haut, à droite) et plan du deuxième étage (en bas, à droite).

Grid rows and lots of glass: the main façade (top). East-west section (top right) and floor plan of second floor (bottom right).

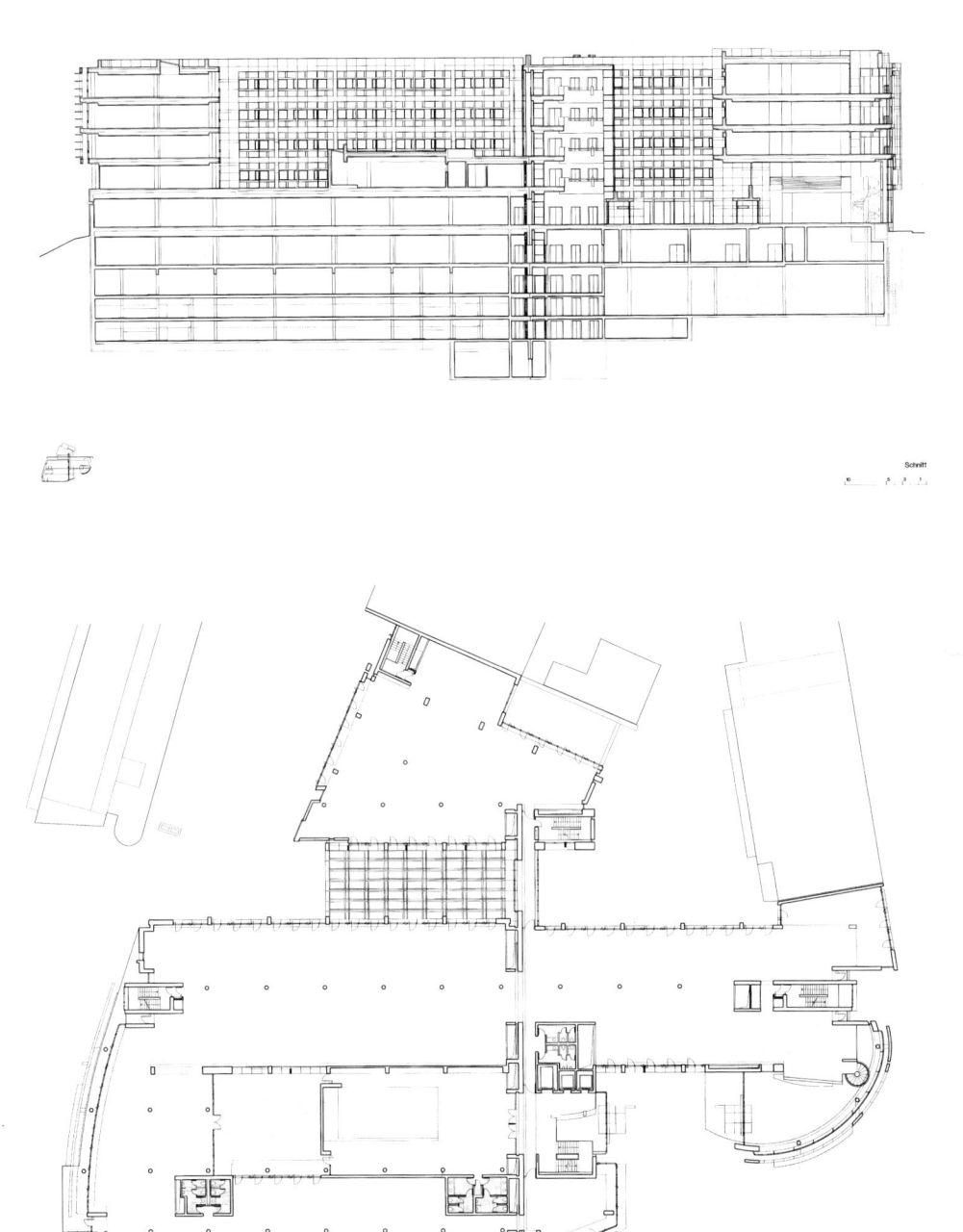

anderen Talhang ist noch 20 Jahre älter (siehe Lernen und Bildung, Nr.14). Doch Richard Meiers „Euregio" vervollständigt nun ein fast magisches Architekturquadrat, das die wichtigsten Baustile des 20. Jahrhunderts repräsentativ vertritt.

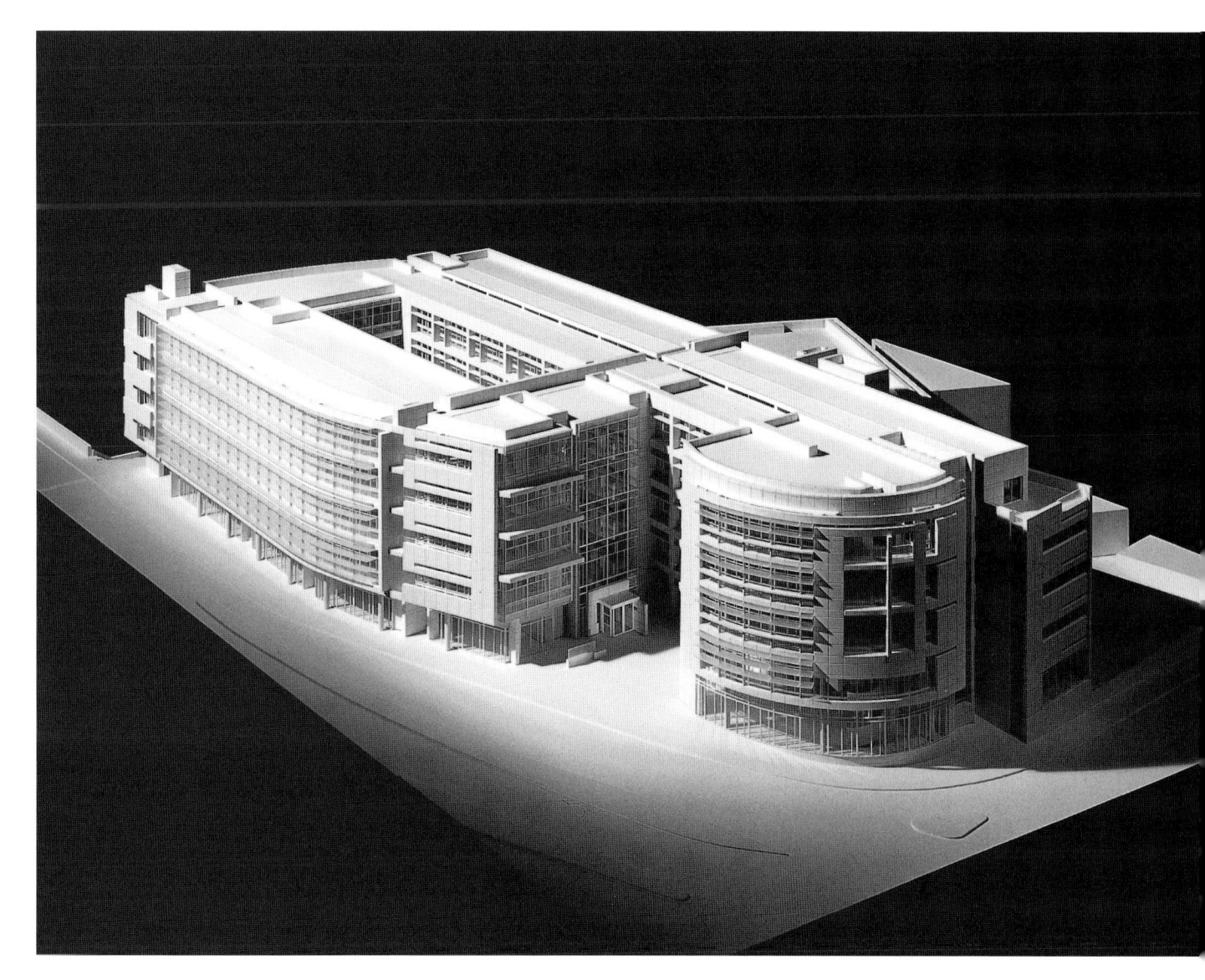

35 000 Quadratmeter Nutzfläche: „Euregio" im Modell (oben). Ganz oben die Situation des „magischen Quadrats". Vis à vis des Neubaues von Diener & Diener ist am rechten Bildrand noch die Schlotterbeck-Garage zu sehen. Sie musste abgerissen werden.

Un modèle de Euregio (en haut) avec 35 000 m^2 d'espace de superficie. Tout en haut, le "carré magique". En face du nouveau bâtiment de Diener & Diener, on peut voir le garage de Schlotterbeck, démoli par la suite.

A model of Euregio with 35 000 square metres of floor space. Top, the "magic square". Across from the new building by Diener & Diener the Schlotterbeck car park is still visible; it had to be demolished.

Projekt
Neubau Dreirosenbrücke
Nordtangente, Abschnitt 3

Bauherr
Kanton Basel-Stadt
Baudepartement
Tiefbauamt
Münsterplatz 11
4001 Basel

Boulevard über den Rhein

En consortium, des ingénieurs et les architectes Wilfrid et Katharina Steib travaillent en collaboration à la création d'un nouveau pont à deux étages sur le Rhin. Reliant les autoroutes venant de France, d'Allemagne, et de Suisse, l'élégante construction symbolise l'ouverture de la Suisse vers l'Europe du vingt-et-unième siècle. Le pont va aussi améliorer la qualité de vie et d'habitation dans les quartiers voisins de chaque côté du Rhin.

An engineering consortium and architects Wilfrid and Katharina Steib are collaborating in the creation of a two-level bridge across the Rhine. Linking motorways from France, Germany, and Switzerland, this elegant construction is symbolic of Switzerland opening towards the new Europe. The bridge will also have a positive impact on the quality of life in the neighbouring areas on both sides of the Rhine.

Die Brücke der „Nordtangente" war wie das gesamte Bauwerk ein hochexplosives Politikum. Die linken und grünen Kreise der Stadt, des Kantons, der Region und teilweise gar der Eidgenossenschaft bekämpften dieses Strassen- und Brückenbauprojekt verbissen. Eine Volksabstimmung schien ihnen zunächst Recht zu geben, doch am Ende siegte die Vernunft. Denn vom Kopf neben der Schwarzwaldallee bis zur Grenze nach Frankreich neben der Flughafenstrasse füllt die neue, unterirdische Autobahn nun eine längst überfällige Lücke im europäischen Strassensystem. Dass ökologische Fundamentalisten in der Nordwestschweiz das Projekt als urbanistisch-zerstörerisch, typisch kapitalistisch oder schlicht als Umweltzerstörung anprangerten, schadete in Tat und Wahrheit nur den anderen. Denn die Verhinderung des Projektes führte durch den Individualverkehr der Pendler zwischen Frankreich und der Schweiz in Deutschland (insbesondere in Weil am Rhein) zu einer unverhältnismässigen ökologischen Mehrbelastung. Und von den Kosten für den Steuerzahler in der Schweiz wollen wir lieber schweigen. Das kritische und „fortschrittliche" Weiterbilden der Geschichte war im Fall der „Nordtangente" gegenüber den Mitmenschen jenseits der Grenze eine reine Rücksichtslosigkeit. Und die Basler Opposition hatte etwas Regionalistisches und Provinzielles. Sie repräsentierte genau jene eidgenössische Kleinbürgerlichkeit, von der man sich - verbal - so vehement abgrenzt.

Alle wirklich offenen Menschen wollen in der Schweiz ja die europäische Integration, und die doppelstöckige Rheinbrücke, die von einem vielköpfigen Planerteam und der gestalterischen Betreuung von Wilfrid und Katharina Steib entworfen wurde, ist ein Zeichen der Öffnung. Und dies nach innen und aussen: zu den Nachbarstaaten Frankreich und Deutschland wie auch in bezug auf die eigene Stadt.

Zwischen dem Voltaplatz auf der links- und der nördlichen Horburgstrasse auf der rechtsrheinischen Seite Basels war während der letzten 20 Jahren kein menschenwürdiges Wohnen mehr möglich. Aber wenn der ganze Transitverkehr aus Personen- und Lastfahrzeugen in Tunneln unter der Erde oder über die untere Fahrbahn der neuen Rheinbrücke geführt wird, reduzieren sich der Lärm und die belastenden, chemischen Emissionen. Hier zirkuliert dann nurmehr der innerstädtische Nahverkehr aus Strassenbahnen, Bussen, Autos, Mopeds und Velos. Da die Transitspur flussaufwärts verglast ist, werden Matthäus- und St. Johann-Quartier auf beiden Rheinseiten wesentlich verkehrsberuhigt, und die kleinen Parks, die sie jeweils an der Rheinkante haben, werden zu echten Naherholungsräumen aufgewertet. Und nebenbei sei erwähnt, dass dann auch der Schulhausneubau an der Ecke Mülhauserstrasse / Voltastrasse einen Sinn ergibt, für welches das junge Nachwuchsteam Miller & Maranta 1996 einen Architekturwettbewerb gewann.

In Computersimulationen haben die Projektverfasser errechnet, dass selbst aus geringer Nähe zur Brücke (etwa von der nahen Personenfähre in der Flussmitte) der Blick auf den Kanal der unteren Fahrbahn nach Norden wieder im Blau des Himmels endet. Aus diesem Grund erhielt das siegreiche Projekt für den Wettbewerb den Namen „Durchblick". Die Wirkung des voluminösen

Planer
Bänziger+Bacchetta+Partner
ACS-Partner AG
Cyrill Burger & Partner AG
Dauner Ingenieurs Conseils SA
Wilfrid und Katharina Steib Architekten

Unternehmer
Spaltenstein Hoch+Tiefbau AG
Stamm Bauunternehmung AG
Frutiger AG
Cron Jean AG
Straumann-Hipp AG
Preiswerk+Esser AG
Geilinger AG
Giovanola Frères AG
Tuchschmid Engineering AG

Termine
Baubeginn: 1998
Fertigstellung: 2002

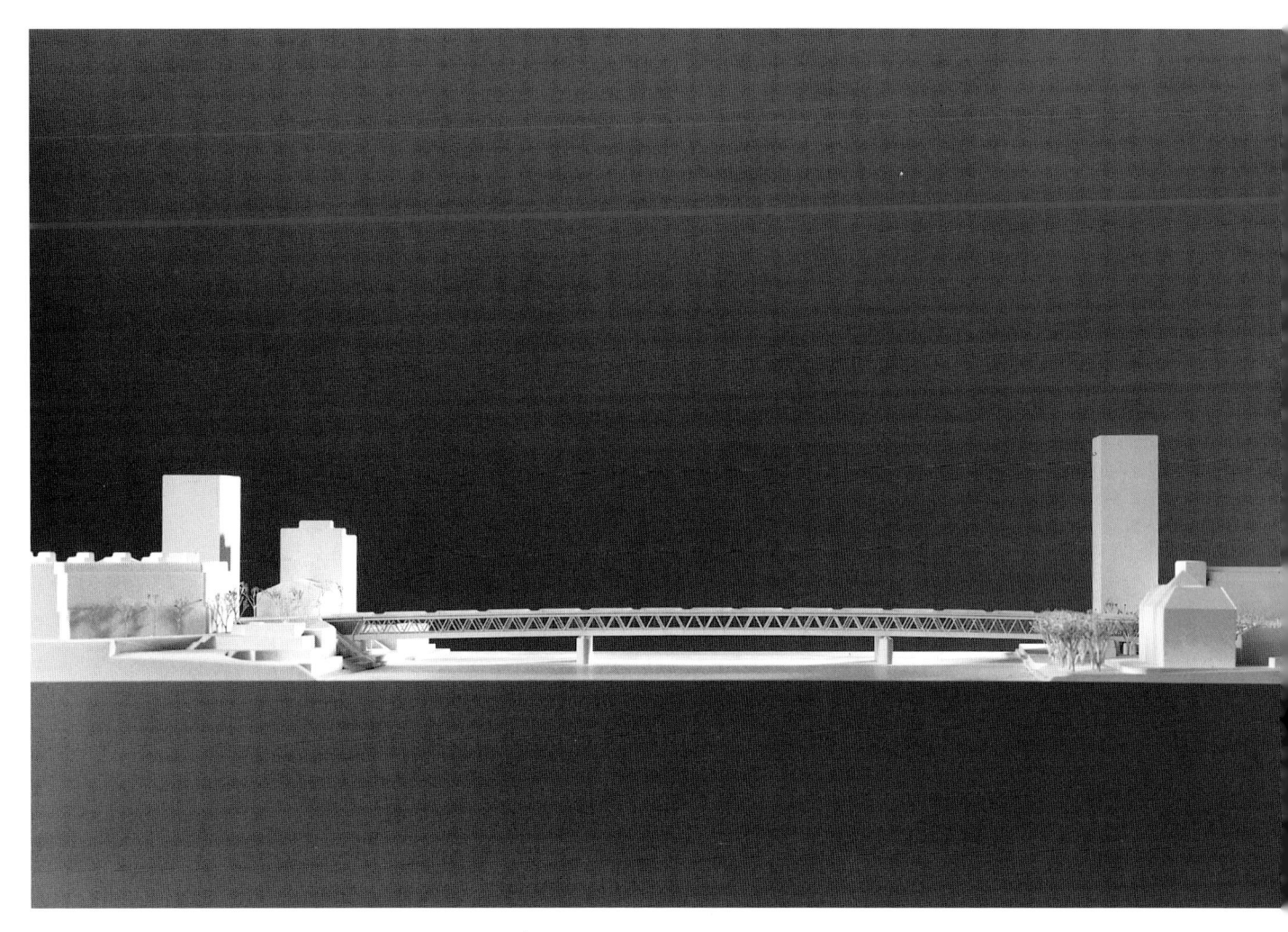

Elegant und transparent: Die doppelstöckige Rheinbrücke der Nordtangente im Blick flussabwärts.

Élégant et transparent: le pont à deux niveaux qui traverse le Rhin, liant la nouvelle grand-route vers le nord, vue en aval.

Elegant and transparent: the two-level bridge across the Rhine connecting the new highway leading north, downstream view.

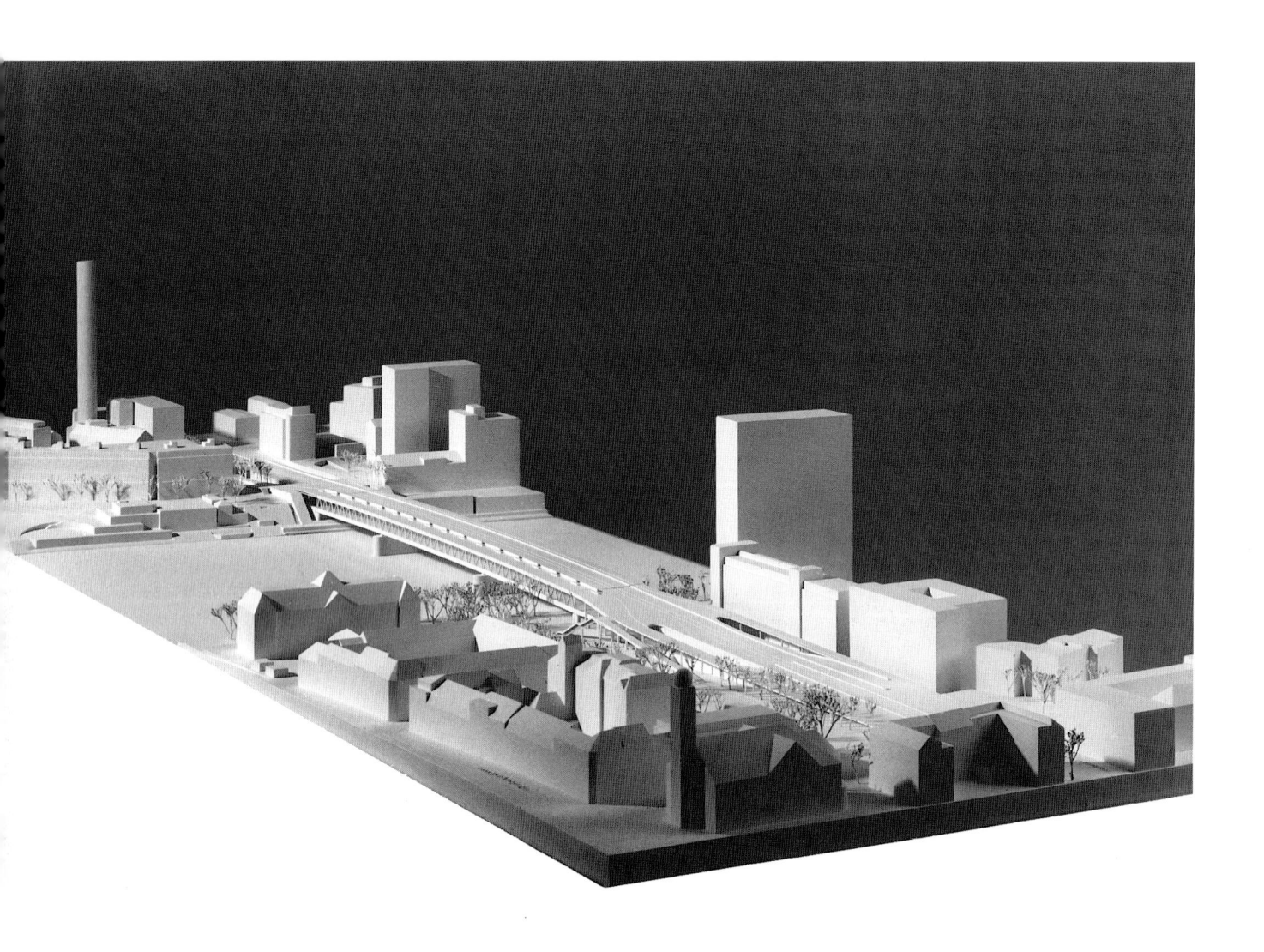

Bauwerks wird dadurch leicht und elegant. Vielleicht wird die Brücke bald sogar zu einer Flaniermeile. Denn der Fussweg auf der Südseite soll 10 Meter breit werden (bei einer Gesamtbreite des Bauwerks von 33 Metern) und dies könnte zu einer Art Boulevardsituation führen. Aber das entscheiden die Bürger, die Bürgerinnen und vielleicht auch die Gäste der Stadt.

Das Modell vom rechten Rheinufer (oben). Im Bild (rechte Seite) wird der rechtsrheinische Brückenkopf von Industriebauten und der baumbe-standenen Dreirosenanlage flankiert.

Modèle, à partir de la rive droite (en haut). Dans l'image de la page en face: les bâtiments industriels et le parc Dreirosen entourent l'entrée du pont sur la rive droite.

Model seen from right riverbank (top). On the facing page the bridge is flanked by industrial buildings and the Dreirosen park on the right side of the Rhine.

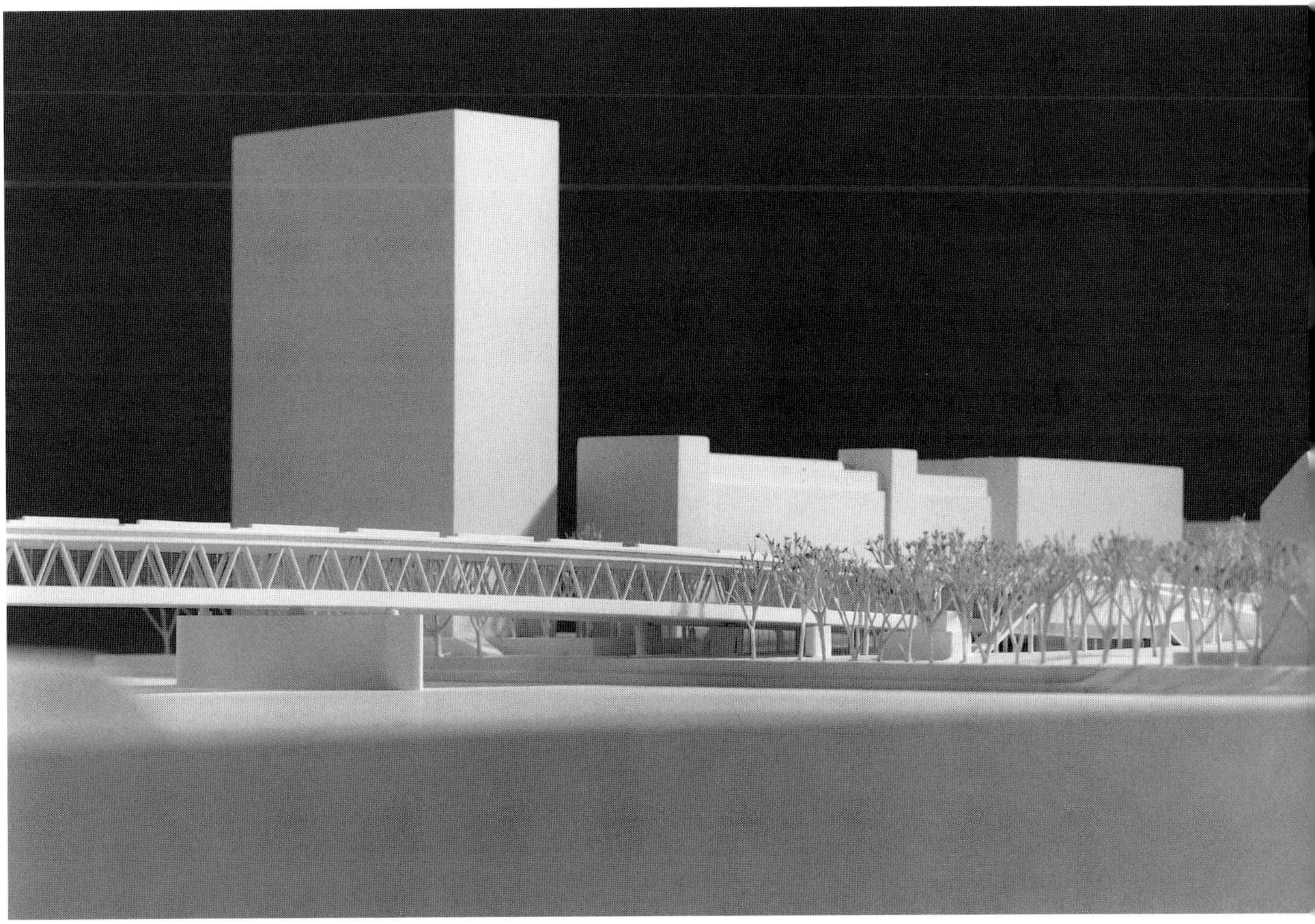

Projekt
Neubau Leonhardsschulhaus
Leonhardsstrasse 15
4051 Basel

Bauherr
Kanton Basel-Stadt
Baudepartement
Hochbau-und Planungsamt
Münsterplatz 11
4001 Basel

Schulkomplex der Innerstadt

L'équipe d'architecture "Burckhardt & Partner" est en train de construire une nouvelle école sur la Leonhardsstrasse. Avec 13 000 m² de superficie utilisable, celle-ci sera le plus grand complexe scolaire du centre-ville avec les écoles secondaires Holbein et Kohlenberg. À l'ouest, les architectes complètent l'ensemble disparate des écoles existantes en y ajoutant un bâtiment en forme de "S" et un autre bâtiment en forme de "I". La façade simple tempère un peu le cadre urbain. Une petite place fut créée devant l'entrée principale.

The architectural team of "Burckhardt & Partner" is currently building the new Leonhard school on Leonhardsstrasse. With 13 000 square metres of floor space, this will be the largest school complex in the inner city next to the Holbein and Kohlenberg secondary schools. To the west, the architects have enclosed the heterogeneous ensemble of the existing schools with one S-shaped and one I-shaped building. The simple façade has a quieting effect on the overall situation. Access to the building is now via a small open square in front of the main entrance.

Früher hiess es einmal Mädchengymnasium und ganz früher Töchterschule. Und wer in Basel als heranwachsende Frau das Privileg zur höheren Schulbildung hatte, tat dies am ehrwürdigen „Kohlenberg", denn eine Alternative gab es nicht. Um den „Affekaschte", wie er im Volksmund hiess, ranken sich ungezählte Erinnerungen, Anekdoten, ja Legenden. Auch Iris von Roten ging hier zur Schule, die 1958 mit ihrem Buch „Frauen im Laufgitter" die Schweizer Männerwelt in machistische Wallung brachte (1971 wurde dann das Frauenstimmrecht auf Bundesebene eingeführt).

Als die Gesellschaft für das Gute und Gemeinnützige (GGG) 1813 die Leitung der Basler Töchterschule übernahm, fand in Leipzig Napoleons folgenschwere Niederlage in der Völkerschlacht statt. Nach der neuen helvetischen Verfassung (1848) bezog die Schule 1857 ein Haus im Totengässlein, das Amadeus Merian umgebaut hatte. Und als Kantonsbaumeister Heinrich Reese 1884 das neue Schulhaus an der Kanonengasse fertigstellte, wanderte das Bildungsinstitut an seinen heutigen Ort. Reeses Nachfolger Theodor Hünerwadel erweiterte die Anlage zu Beginn des Jahrhunderts (1904-06) um einen mächtigen Steinbau direkt am Kohlenberg, der das innerstädtische Bild bis heute prägt und der in Form von Wandmalerei, Türfassungen, Stein- und Metallarbeiten noch am Ende des Jahrhunderts kompetente Auskunft über das hohe Ethos von Kunst und Handwerk im europäischen Jugendstil gibt. In den fünfziger Jahren erhielt das Mädchengymnasium mit dem Holbeinschulhaus von Giovanni Panozzo (1957-59) auf der anderen Seite des grossen Pausenhofes einen gymnasialen Nachbarn, der verstärkt auf mathematische und naturwissenschaftliche Fächer ausgerichtet war. Das „Holbein" ergänzte die sprachliche und musische Ausbildung, die man im Mädchengymnasium als pädagogisches Leitbild hatte. Als man in den sechziger Jahren den koedukativen Unterricht für beide Geschlechter einführte, wurde das „Mädchengymnasium" in „Gymnasium am Kohlenberg" umbenannt. Und mit dem neuen Leonhardsschulhaus von „Burckhardt & Partner" (Bezug im August 1997) beginnt wiederum eine neue Ära.

Die Architekten haben das grosse, durch eine Schulreform notwendige, Raumprogramm auf fünf oberirdische Geschosse verteilt und die neue Turnhalle völlig in den Pausenhof abgesenkt. Wie im Dreirosenschulhaus (Lernen & Bildung, Nr.19) fällt hier das Licht durch quadratische Felder aus Glasbausteinen ein. Den Haupteingang an der Leonhardsstrasse haben die Architekten an einem kleinen, offenen Platz untergebracht. Das Hauptgebäude springt hier von der Grundstücksflucht zurück, und ein zweiter, angeschobener Baukörper fasst den Raum geschickt zu einer windgeschützten „Platz-Nische". Die Durchfensterung ist sowohl horizontal wie vertikal lesbar, ein geometrischserielles Motiv, welches sowohl an der Strassenfront zur Musik-Akademie wie auf der Hofseite zu den Häusern von Reese und Hünerwadel gliedernd und durch seine Ruhe konzentrierend wirkt. Die rotbraunen Gussbetonplatten der Fassade erweisen schon heute (April 1997) im gleissenden Licht der Abendsonne gar der Stadt die Ehre, die der Farbe den Namen gab: dem mittelitalienischen Siena.

Architekt
Burckhardt & Partner AG
Architekten, Generalplaner
Peter Merian-Strasse 34
4002 Basel

Sonderfachleute
Statik: Eglin Ristic AG, Basel
Heizung, Lüftung: Herzog + Lee, Reinach
Sanitär: Sanitär Eisinger, Arlesheim
Elektro: Bernhard Merz AG, Basel
Bauphysik: Gysin + Ehrsam AG, Pratteln

Termine
Baubeginn: Dezember 1995
Bezug: August 1997
Februar 1998

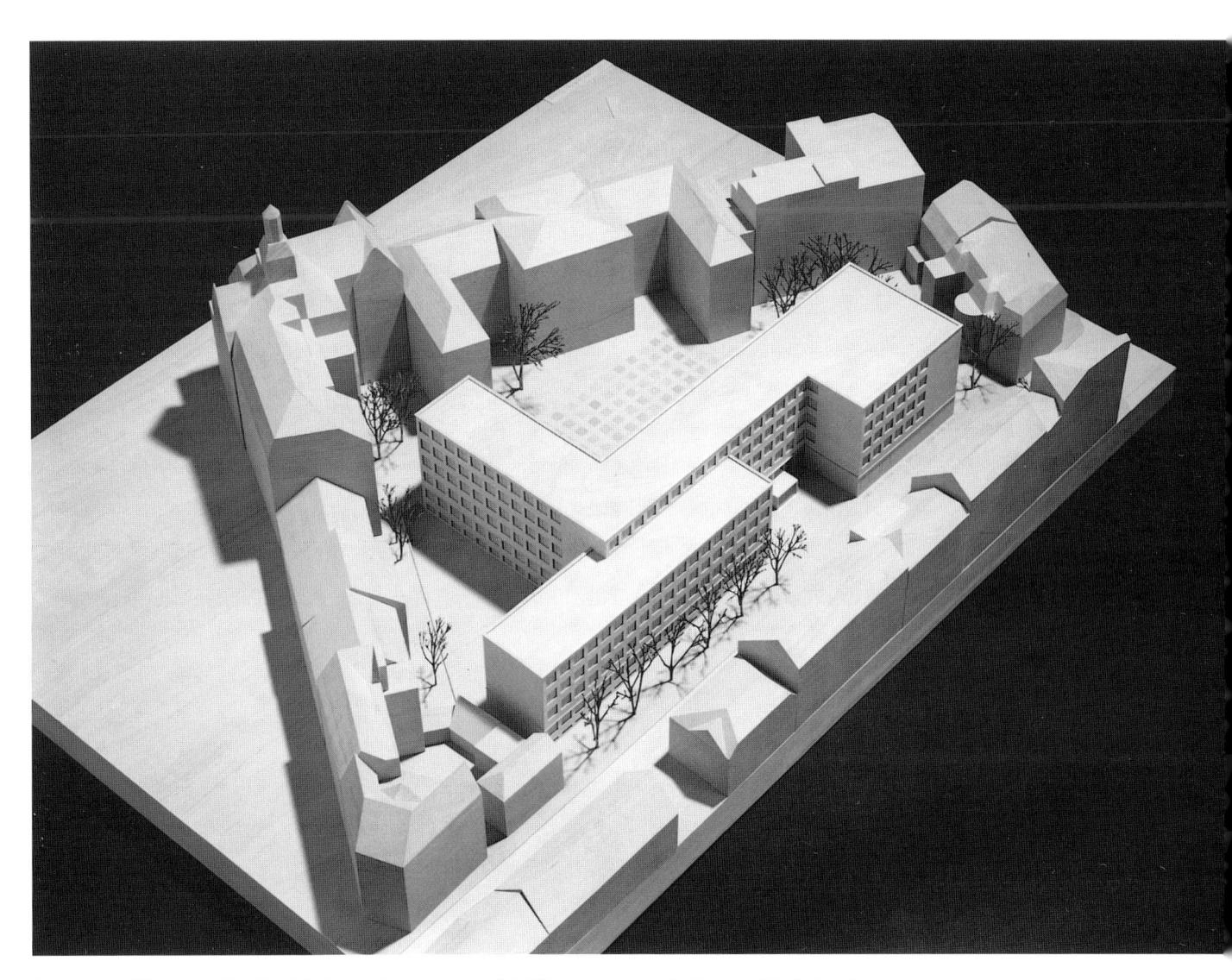

Der neue Baukörper von Burckardt & Partner im Modell, mit der Fassade zur Leonhardsstrasse. Die Schule von Heinrich Reese fasst den neuen Pausenhof (Mitte). Links oben die elegante Kubatur von Theodor Hünerwadel.

Modèle du complexe de "Burckardt & Partner" avec façade sur Leonhardsstrasse. La nouvelle école de Heinrich Reese, à cause de son emplacement, se voit dotée d'une cour. L'élégante cubature de Theodor Hünderwadel (en haut, à gauche).

Model of the new complex by "Burckardt & Partner" with façade on Leonhardsstrasse. The school building by Heinrich Reese surrounds the new school-yard (middle). The elegant cubature by Theodor Hünerwadel (top left).

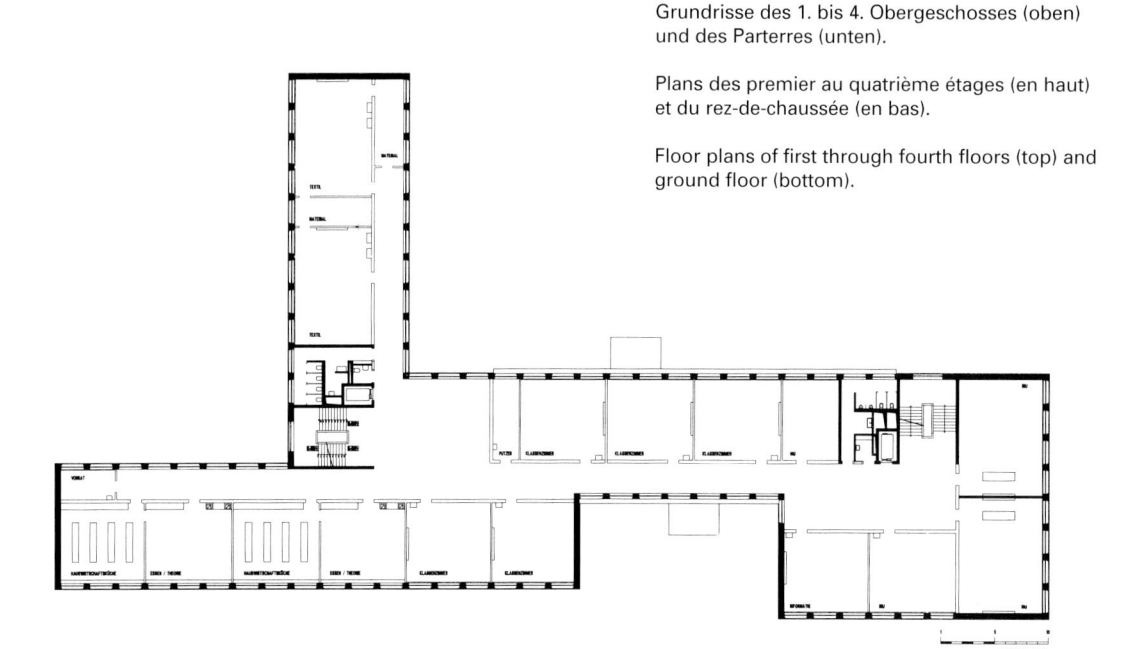

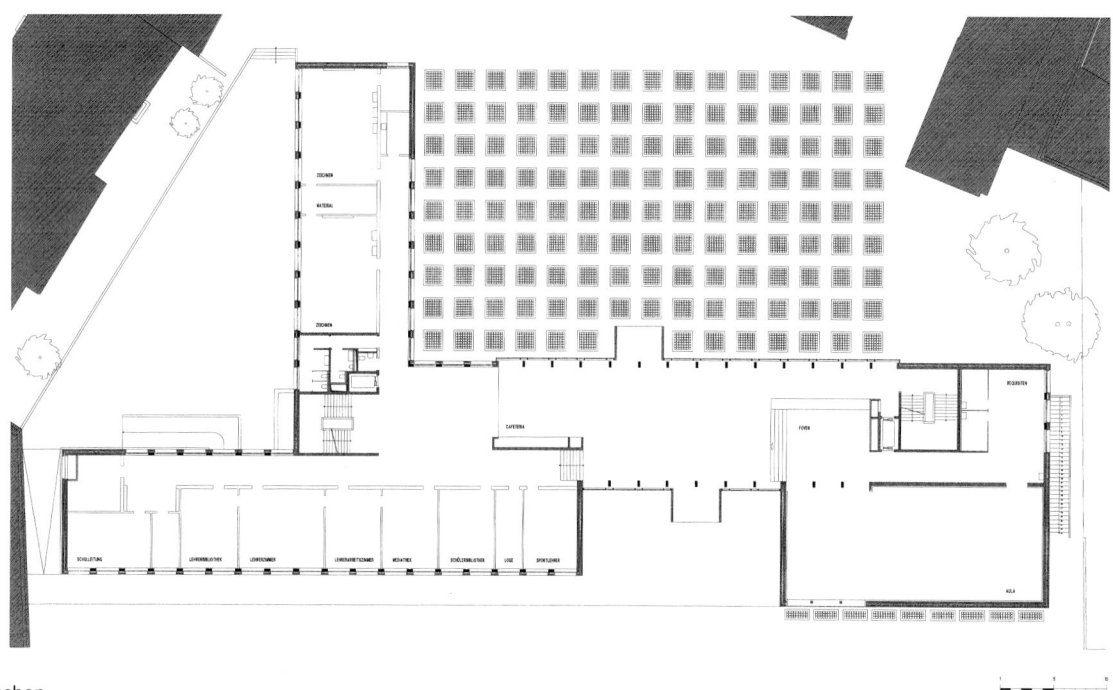

Grundrisse des 1. bis 4. Obergeschosses (oben) und des Parterres (unten).

Plans des premier au quatrième étages (en haut) et du rez-de-chaussée (en bas).

Floor plans of first through fourth floors (top) and ground floor (bottom).

Schnitte des Neubaues zwischen Leonhardsstrasse (links) und den Altbauten (nicht sichtbar) sowie durch die Sporthalle und den Ostflügel (rechte Seite).

Section entre la Leonhardsstrasse (à gauche) et les anciens bâtiments (hors champ), ainsi que le gymnase et l'aile est (page en face).

Section of building between Leonhardsstrasse (left) and the old buildings (not visible in drawing), as well as the gym and the east wing (facing page).

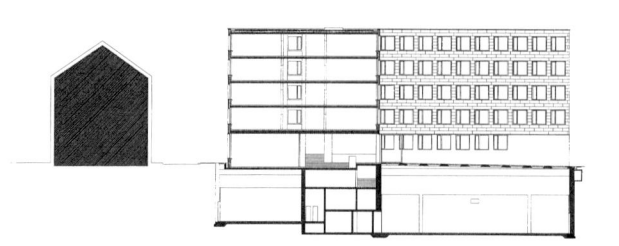

Der Pausenhof mit den Fenstern aus Glasquadern für den unterirdischen Sportsaal in der Computersimulation.

Simulation sur ordinateur de la cour de l'école avec des blocs en verre carrés qui forment les fenêtres du gymnase souterrain.

Computer simulation of school-yard with square glass-block windows for underground gym.

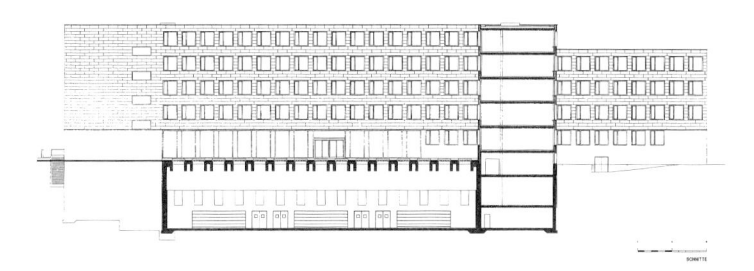

Projekt
Messe Basel
Neubau Gebäude 1
Messeplatz 1
4058 Basel

Bauherr
Messe Basel
Postfach
4021 Basel

Schaufenster zur Stadt

Pour la foire internationale de Bâle, l'architecte Theo Hotz réalisa un hall d'exposition de 200 x 100 m avec restaurant. Les façades longitudinales sont complètement vitrées. Des toits à une pente, le long du centre du bâtiment, laissent entrer la lumière. Le terrain de la foire se trouve entouré de quartiers résidentiels. Ce nouveau bâtiment permet au hall d'exposition de s'intégrer tout à fait au voisinage. Cette construction gracieuse en verre et en acier est aussi accueillante pour les exposants que pour le public.

For Basle's international fair, architect Theo Hotz will realise a 200-metre-long and 100-metre-wide exhibition hall with restaurant. Both sides of the building are completely glazed. Shed-roofs, running in a band down the centre of the building, provide daylight. The fairgrounds are surrounded by residential streets. This new building opens the site towards the city. The airy glass and steel construction is equally inviting to exhibitors and to the public.

Die Messe war immer ein Marktplatz für Handel und Gewerbe, zu dem im zweiten Viertel des 19. Jahrhunderts die wachsende Industrie stiess. In Leipzig führte man 1895 erstmals eine Mustermesse durch, weil es schlicht nicht mehr möglich war, die grösser werdenden Industrieprodukte oder gar eine ganze Erzeugerpalette auf den Messeplatz selbst zu bringen. Man brachte jetzt nur noch Muster derselben, damit industrielle Partner, Händler oder Klienten sich am „pars pro toto" einen Eindruck für ihre Entscheidung machen konnten.

Als 1923 die provisorischen Bauten der Schweizer Mustermesse in Basel abbrannten, die man anstelle des ersten Badischen Bahnhofs errichtet hatte, baute man für die Zukunft. Der Zürcher Stadtarchitekt Hermann Herter entwarf das grosse Empfangsgebäude an der Ecke des Messeplatzes mit dem Riehenring sowie einen Hallenkomplex. In den achtziger Jahren begann um die Modernisierung und einen neuen Standort der Messe Basel, wie sie heute heisst, ein jahrelanges Tauziehen. Der alte Standort siegte, und 1996 entschied man sich in einem Wettbewerb für ein Neubauprojekt des Zürcher Architekten Theo Hotz. Der Kopfbau von Hermann Herter sollte bei der Auslobung des Wettbewerbs erhalten bleiben, doch in Richtung Westen zwischen Riehenring und Isteinerstrasse wollte man ein Signal für die Zukunft des Unternehmens setzen. Theo Hotz realisiert nun eine elegante Kubatur mit 210 Metern Länge, drei Stockwerken und insgesamt 36 000 Quadratmetern Ausstellungsfläche. Die erste Etappe soll 170 Millionen Franken kosten. Rund 300 Millionen will die Messeleitung und ihre Träger unter dem Namen „Messe Basel Plus" insgesamt investieren. Die Entscheidung der Jury in Basel mag davon beeinflusst gewesen sein, dass dem Büro des Zürcher Stararchitekten mit dem Betriebsgebäude der „Städtischen Werke" in Winterthur und dem Neubau der „Eidgenössischen Materialprüfungs- und Forschungsanstalt" (EMPA) in St. Gallen (beide wurden 1996 bezogen) gerade zwei überzeugende Grossprojekte gelangen.

Die rund 100 Meter breite Halle ist auf ihren Längsseiten völlig verglast und erhält in der Mitte das Tageslicht über eine Reihe von Sheddächern. Auf beiden Seiten sorgen sechs verglaste (aber offen sichtbare) kleine Treppentürme für eine effiziente, publikums- und ausstellerfreundliche Erschliessung. Im Westen endet die neue Konstruktion in einem Restaurant, dessen Glaskubus auf Pilotis steht und elegant in den Strassenraum des Riehenrings auskragt. Nur wenige hundert Meter weiter wollen die Deutsche Bahn und die Stadt Basel grosse Gleisanlagen nach einem Masterplan überbauen, der gerade (Frühjahr 1997) in die zweite Runde gegangen ist.

Gegenüber der heute fast geschlossenen Fassade, mit der die Messehallen an den Riehenring stossen, ist das neue Projekt leicht und einladend. Das transparente Haus wird wie ein Schaufenster zur Stadt wirken. Sollte die grosse Kubatur des Nachts von innen beleuchtet sein, verändert sich die Atmosphäre eines ganzen Quartiers.

Architekt
Theo Hotz AG
Architekten + Planer
Münchhaldenstrasse 21
8008 Zürich

Sonderfachleute
Bauingenieur: Gruner AG, Basel
Ernst Basler + Partner AG, Zürich
HLKSE: Polke, Ziege, von Moos, Zürich
Grünkonzept: Roland Raderschall
Landschaftsarchitekten, Meilen

Termine
Projektwettbewerb:
August 1996
Baubeginn: Juli 1998
Bezug: Februar 1999

Das beleuchtete Modell mit der Fassade am Riehenring (oben). Grundriss (unten): Ganz rechts ist der Altbau von Hermann Herter zu sehen.

Modèle illuminé avec façade sur la Riehenring (en haut). Plan (en bas): l'ancien bâtiment de Hermann Herter à l'extrême droite de la modèle et du plan.

Illuminated model with façade on Riehenring (top). Floor plan (bottom): the original building by Hermann Herter is shown to the far right in model and plan.

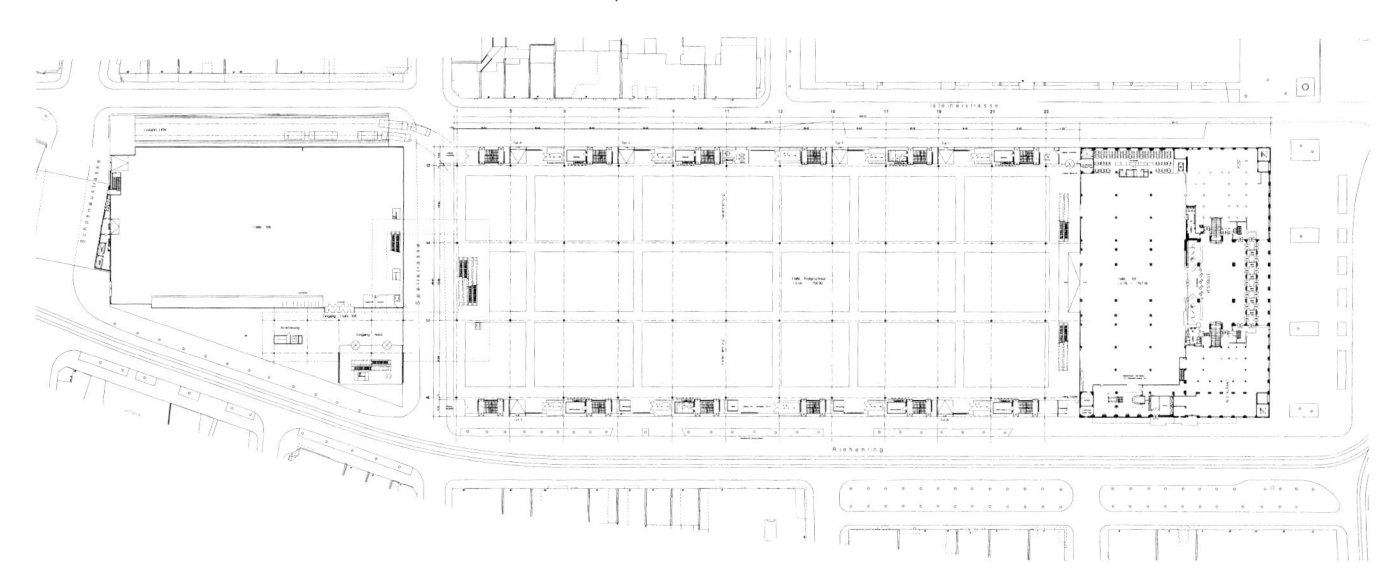

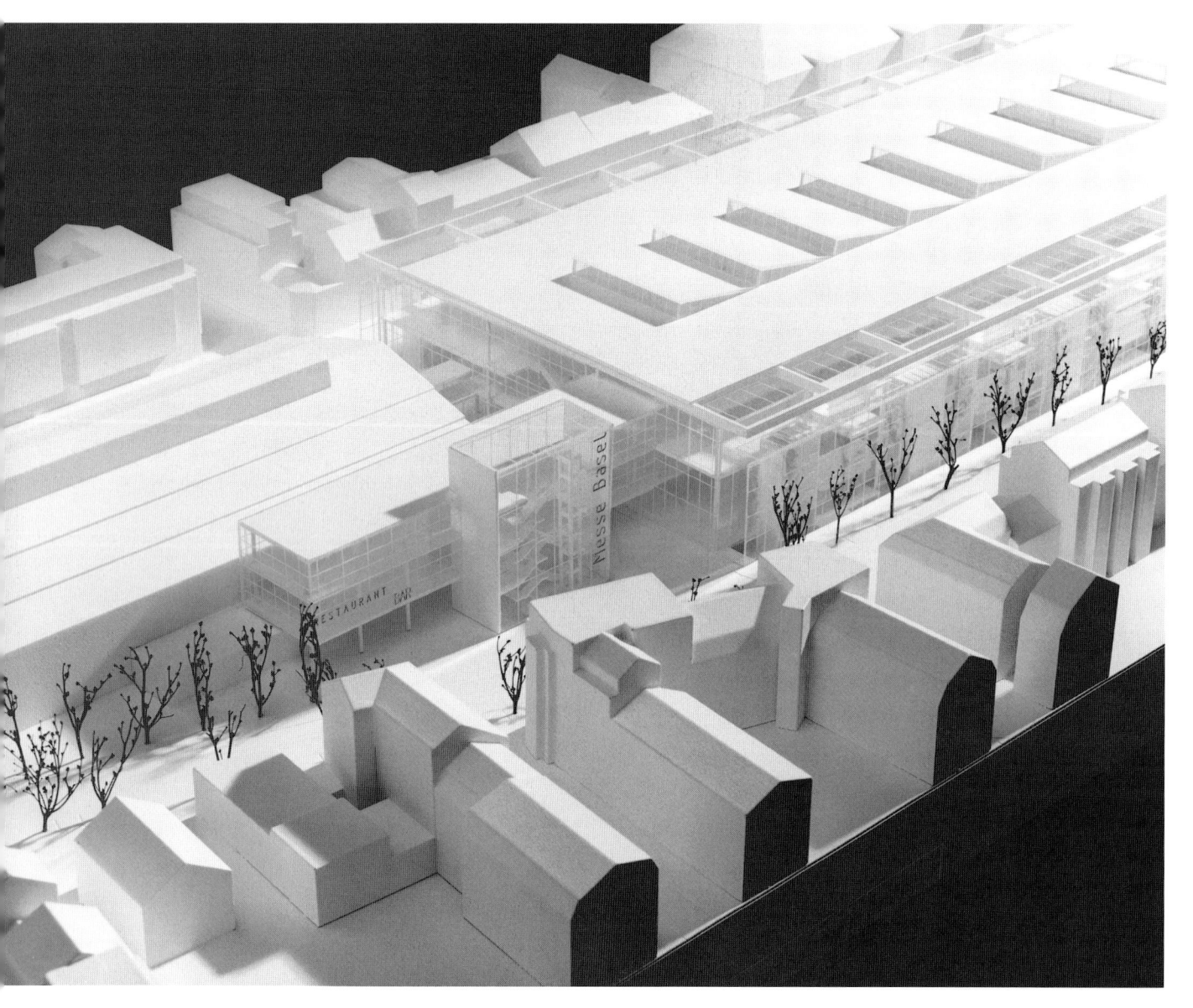

Das Restaurant steht auf Pilotis (Bild oben links) und schliesst den Neubau nach Westen zur Feldbergstrasse ab. Die Fassade am Riehenring (rechte Seite oben).

Le restaurant sur pilotis (en haut, à gauche) complète le complexe en direction de la Feldbergstrasse, à l'ouest. La façade sur le Riehenring (page en face, en haut).

The restaurant is perched on pillars (top left) and completes the complex in the direction of Feldbergstrasse to the west. The façade on Riehenring (facing page top).

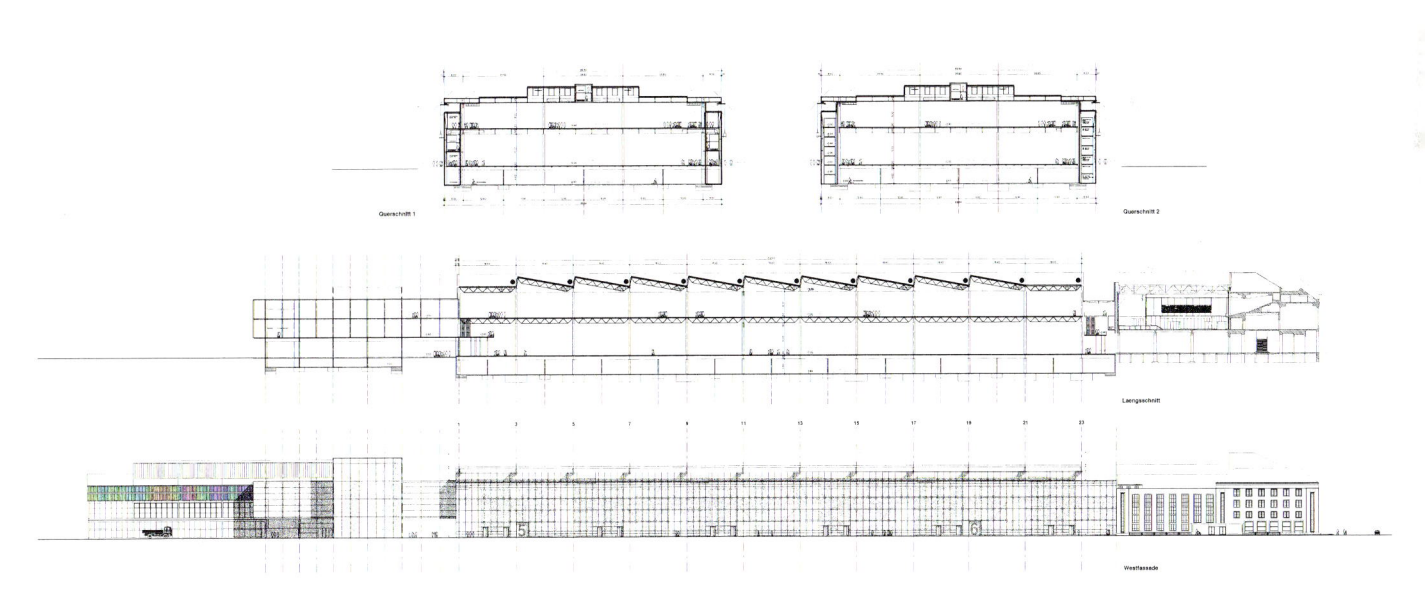

Querschnitt (ganz oben), Längsschnitt (Mitte) und Westfassade (unten).

Section (en haut), section longitudinale (au centre), et façade ouest (en bas).

Cross-section (top), longitudinal section (middle), and west façade (bottom).

Projekt
Spitalapotheke Kantonsspital Basel
Rossettiareal, Spitalstrasse 26,
Basel

Bauherr
Kanton Basel-Stadt
Baudepartement
Hochbau-und Planungsamt
Münsterplatz 11
4001 Basel

Transparente Wissenschaft

Herzog & de Meuron construisent actuellement une nouvelle pharmacie pour l'hôpital universitaire à la Spitalstrasse. Le bâtiment, qui est presque complètement vitré, forme un cube aux angles vifs autour d'une cour intérieure. Quelques édifices dans le quartier datent du Moyen Âge. Le vingt-et-unième siècle arrive!

Herzog & de Meuron are currently building a new pharmacy for the university hospital on Spitalstrasse. The almost completely glass-clad building forms a square-edged cube around an inner courtyard. Some of the built environment dates back to the Middle Ages. Now, the twenty-first century is moving in.

Basel ist ein merkwürdiger Ort. Die provinziellen Matadore wähnen sich in einer wichtigen Stadt, stammeln die Worte „Humanismus" (irgendetwas zwischen Erasmus von Rotterdam und Friedrich Nietzsche), „Chemie" (bis 1996 hatten drei chemische Weltkonzerne hier ihre Stammhäuser) oder „Fasnacht" und schmelzen dabei vor Lokalpatriotismus. Spötter nennen diese Spezies „Sauglattischte". Eine Wortbildung aus „Sau" und „glatt", womit keineswegs eine vereiste, steile Strasse gemeint ist, die wegen Rutschgefahr für Schweine und andere Haustiere nicht passierbar ist. In der deutschen Hochsprache bedeutet dies etwa „wahnsinnig" und „toll". Substantiviert könnte man die „Sauglattischte" deshalb auch „Wahnsinnigtollisten" nennen.

Aber die Stadt am Oberrhein hatte auch stets den Humus der „Meehbesseren" (der Mehr-Besseren), einer Gruppe von ökonomisch, intellektuell und ästhetisch führenden Persönlichkeiten, die sich ihrer Stadt, ihrer Familie, ihrer Bildung, ihren Freunden und ihrem Gewissen verpflichtet fühlen. Aber ansonsten Nichts und Niemandem.

Zu dieser Gruppe gehört das Büro Herzog & de Meuron, die an der Spitalstrasse zur Zeit die grösste Baustelle in ihrer Heimatstadt haben. Das international führende Architektenbüro der Stadt kümmert sich nicht um die öffentliche Meinung, die ästhetische Prahlerei des Mittelmasses oder die Ignoranz der Masse. Jacques Herzog, der „Feuerkopf" des inzwischen aus vier Partnern bestehenden Teams, würde in frustierter Erregung gerne (und natürlich nur verbal) bedeutende Architekturmonumente der Stadt abreissen, damit er und seine Kolleginnen die neue Stadt bauen können. Aber auch Herzog vergisst dabei (und weiss es dabei ganz genau), dass er zu den Eingeborenen in der Siedlung an der Wasserleitung gehört, wie es ein Freund des Schreibenden gerne formuliert, wenn er über Basel, seine eingesessenen Bürger und den Rhein spricht.

An der neuen Apotheke des Kantonsspitals (des universitären Klinikums) werden deshalb zwei Dinge deutlich: das radikal andere und die sorgfältige Einpassung in den historischen Bestand. Die Architekten sehen für ihr Haus ein rektanguläres, vielgliedriges Glashaus vor, dessen Kubatur sich selbstbewusst in die Parzelle zwischen Spitalstrasse (vis à vis des Klinikums, siehe auch Gesundheit & Alter, Nr.27) und der St. Johanns-Vorstadt schiebt. Um einen zentralen Innenhof, eine Art Atrium, ist das 39 Millionen Franken teure Bauwerk organisiert. Es wird auf einer unterirdischen Baukubatur aus den sechziger Jahren errichtet. Der fünfgeschossige Kubus ist an der Aussenhaut nahezu vollständig verglast und macht so den Prozess der Medikamente-Herstellung transparent, die darin erfolgen soll. Der Vorgang wird damit so transparent, wie es die Pharmakologie sein sollte, denn sie will uns helfen, Schmerzen zu ertragen oder chronische Gebrechen zu heilen oder „über"-lebbar zu machen.

Das neue Haus von Herzog & de Meuron wird ausgesprochen elegant, ja fast extravagant. Und dies im Blick auf die gebaute Umgebung. Denn die St. Johanns-Vorstadt, an deren westlichem Ende die Architekten auch ihr zentrales Büro haben, ist eine der ältesten Strassen Basels (sie überlebte das Erdbeben von 1356 weitgehend unbeschadet), und mit der neuen Kantonsapotheke wird in die teilweise mittelalterliche Bausubstanz nun das 21. Jahrhundert implantiert. Einen Steinwurf vom Neubau entfernt übernachtete Johann Wolfgang Goethe (noch nicht „von"

Architekt
Herzog & de Meuron Architekten AG
Rheinschanze 6
4056 Basel
Projektleitung: Mathis Tinner
Mitarbeit: Adrian Boss

Sonderfachleute
Bauleitung: GSG Basel
Statik: Walter, Mory, Meier, Ingenieurbüro Basel
Fassadenplanung: Emmer, Pfenninger und Partner, Basel

Termine
Ausführung:
Januar 1997 - Oktober 1998

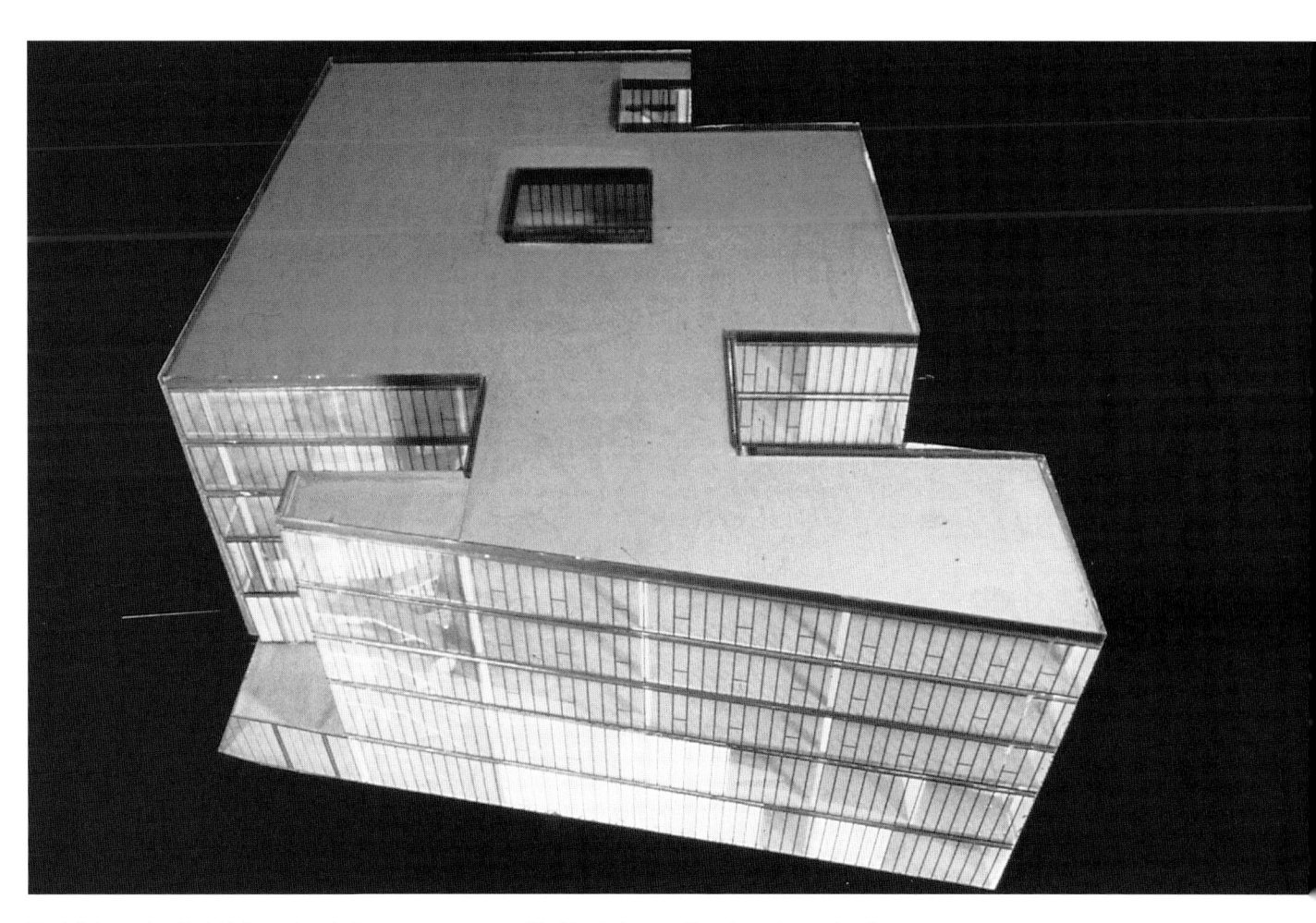

Modell der ersten Projektphase. Inzwischen wird das Haus nurmehr vier- statt fünfgeschossig.

Modèle de la première phase de construction. Depuis, on a modifié le bâtiment pour quatre étages au lieu de cinq.

Model of first project phase. In the meantime the building has been modified to four instead of five storeys.

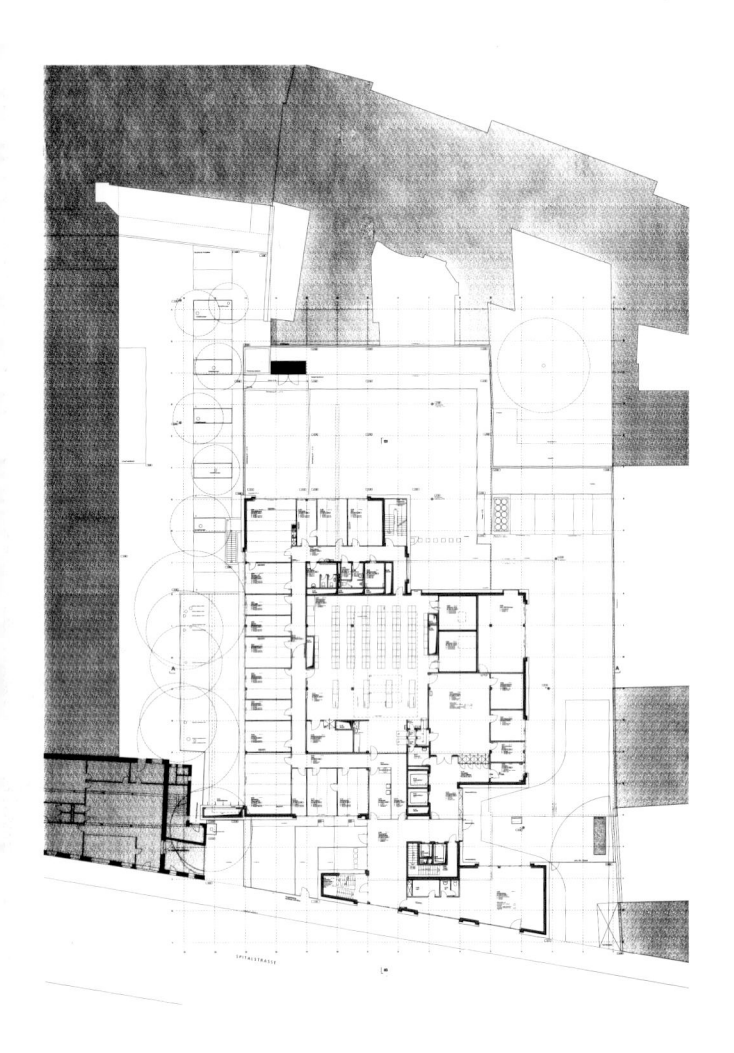

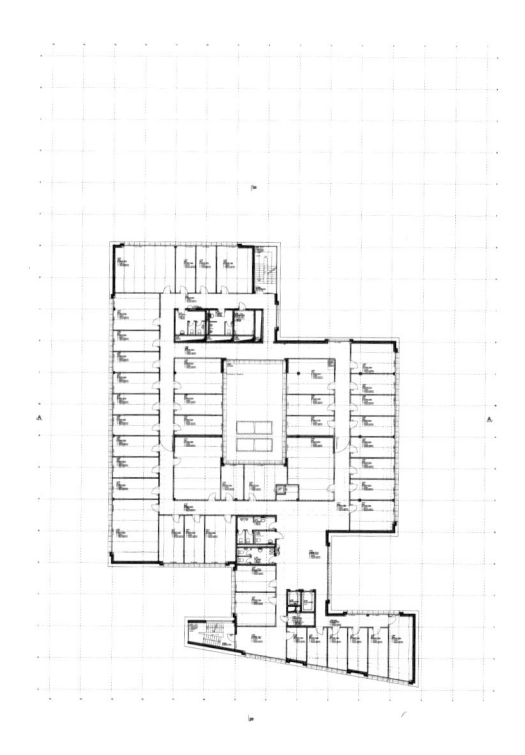

Goethe) am 17. Oktober 1779. Er soll dort an der Urfassung des „Torquato Tasso" gearbeitet haben. Das Stück beginnt mit den Sätzen: „Die Stätte, die ein guter Mensch betrat, ist eingeweiht. Nach hundert Jahren klingt sein Wort und seine Tat dem Enkel wieder". Dabei denken wir an die Aufgabe einer Apotheke und möchten aus Bertolt Brechts 1938/39 geschriebenem Schauspiel „Leben des Galilei" ergänzen: „Ich halte dafür, dass das einzige Ziel der Wissenschaft ist, die Mühsal der menschlichen Existenz zu erleichtern".

Oben: Die Situation im Modell. Die grosse Kubatur (unten) ist ein Teil des Klinikums. Pläne der zweiten und aktuellen Projektphase; links: Grundriss; rechts: 1. bis 3. Obergeschoss.

En haut: modèle du complexe entier. Le grand bâtiment (en bas) fait partie de l'hôpital. Plans pour la deuxième et la phase actuelle du projet; à gauche: plans; à droite: premier à troisième étages.

Top: model of complex overview. The large building (bottom) is part of the hospital. Plans for second and current project phase; left: floor plan; right: first to third floors.

Die Fassade an der Spitalstrasse ist leicht angewinkelt. Ansonsten ist das neue Glashaus aus rechten Winkeln konstruiert.

La façade sur la Spitalstrasse est légèrement incliné. Toutes les autres parties du nouveau bâtiment vitré sont construites à des angles droits.

The façade on Spitalstrasse is on a slight angle. All other sections of the new glass building are constructed of right angles.

Projekt
Ausbau Schulanlage „Egerten"
Handelsschule Kaufmännischer Verein Baselland
Weiermattstrasse 21
4153 Reinach

Bauherr
Bau- und Umweltdirektion
Kanton Basel-Landschaft
Hochbauamt
Rheinstrasse 29
4410 Liestal

Räume hinter Lichtrastern

L'agrandissement de l'école commerciale KV de Baselland à Reinach va doubler le volume de ce bâtiment des années cinquante. L'architecte Ernst Spycher y ajoute une architecture simple et lumineuse. L'ancien édifice exemplifie l'architecture banale de l'après-guerre et sera en partie démoli. Les travaux de conversion, d'agrandissement, et de rénovation incluent l'addition d'un atrium comme nouvelle entrée de l'école. Les nouvelles sections ont des façades vitrées ininterrompues. Une bibliothèque sera intégrée au complexe scolaire.

The KV Baselland commercial school in Reinach is being expanded to twice its current size. Ernst Spycher adds a clean, luminous architecture to the structure from the fifties. The old building is an example of nondescript post-war architecture and will be partially demolished for the transformation. The conversion, extension, and renovation work includes a new atrium as the school's main entrance. All new building sections have continuous glass façades. A further innovation is the integration of the public library into the school complex.

Dem Lesen wird es gut tun. Denn die Gemeindebibliothek fristet an der Schulanlage „Egerten" in Reinach bis heute ein Dasein im „Hinterhof". Statt in einer schmucklosen Baracke kann man die kommunale Bücherausleihe ab 1998 in neuen Räumen besuchen, die direkt an der Weiermattstrasse und damit wesentlich zentraler liegen. Und das Leseinstitut ist dann in jenem Neubau von Ernst Spycher untergebracht, mit dem die „Handelsschule KV Baselland" um mehr als das Doppelte auf 3500 Quadratmeter Nutzfläche vergrössert wird.

Zur Schulanlage aus den fünfziger Jahren legt sich der umfassende An-, Um- und Neubau quer. Und dies ganz wörtlich. Die beiden 40 Jahre alten Gebäuderiegel erhalten Zuwachs in exakten, rechten Winkeln. Denn die neuen Häuser liegen versetzt - aber parallel - zur Egertenstrasse. Damit bleibt das euklidische Grundraster der Anlage erhalten, die ein typisches Beispiel mitteleuropäischer Nachkriegsmoderne ist. Bei den bestehenden Schulhäusern orientierten sich die grossen Fensterflächen mit den linearen Baukörpern am „international Style". Das Satteldach brachte jedoch eine Spur Gemütlichkeit. Für die jetzige Baumassnahme müssen Annexe aus den siebziger Jahren abgerissen werden. Aber wer sich den heutigen Zustand in einem Lokaltermin anschaut und dies mit dem Blick auf das Modell verbindet, merkt schnell, dass ein Dialog in Sachen Formbewusstsein auch über eine Distanz von 40 Jahren möglich ist.

Spychers Neubauten umfassen zwei Gebäuderiegel für Schulräume, Lehrerzimmer und Verwaltung sowie ein „Begegnungszentrum" mit einem neuen Erschliessungsturm. Jetzt hat die Schule 14 Unterrichtsräume. Nachher wird sie über 23 verfügen. Das flache „Begegnungszentrum" als Zentrum erhält Oberlicht und wird mit seinen 400 Quadratmetern Fläche gleichzeitig das Vestibül des Eingangsbereiches.

Die Gebäudehöhen der neuen Teile sind gestaffelt; sie werden vorhandene Fassadenrhythmen aufnehmen oder mit ihrer zeitgenössischen Präsenz die Nachbarschaft neu akzentuieren. Markantester Eingriff ist auf den ersten Blick die Absenkung des Pausenhofes, der den Sockelgeschossen vollständig Tageslicht geben und die Topographie an der Weiermatt- und Egertenstrasse subtil verändern wird. Der Neubau soll hier auf Pilotis stehen, was die Situation durchlässig und leicht macht; er wird zudem ein Regendach bieten und den Zutritt der Schule einladend und repräsentativ gestalten. Auf diesem Niveau ist auch die Bibliothek zugänglich. Spycher ging bei der Gebäudeplanung von je einem geschlossenen und einem offenen Winkel aus. Der eine wird aus Beton gegossen und bildet das statische Gerüst. Der andere erhält ein Fensterraster, das, vertikal und seriell gegliedert, vor das Betondreieck gehängt ist und dieses zu einem Kubus ergänzt. Die neuen Räume können gar nicht anders als lichthaltig werden, und die Fassaden wirken durch den flachen Abschluss des Daches wie feingliedrige Glaswände.

Architekt
Ernst Spycher
Dipl. Architekt HBK/SIA
Nadelberg 12
4051 Basel
Mitarbeit: Magnus Furrer

Sonderfachleute
Statik: C. Burger & Partner AG, Basel
Heizung: R. Baumann, Reinach / BL
Lüftung: W. Gasser, Reinach / BL
Sanitär: Haldemann + Partner AG, Basel
Elektro: Schwarz + Partner AG, Reinach / BL
Fassadenplanung: Emmer Pfenninger AG, Münchenstein / BL

Termine
Eingeladener Wettbewerb: April 1992
Baubeginn: November 1996
Bezug: Oktober 1998

Das Begegnungszentrum der neuen Schule im Modell.

Modèle du grand vestibule de la nouvelle école.

Model of communication and meeting hall in the new school.

Grundriss des Erdgeschosses.

Plans du rez-de-chaussée.

Floor plan of ground floor.

Der KV-Baselland im Modell und mit Blick über den abgesenkten Pausenhof (linke Seite oben). Die vielteilige Kubatur entsteht in Reinach an der leicht schräg verlaufenden Egertenstrasse (oben).

L'école commerciale KV de Baselland en modèle et vue de la cour (en haut, à gauche). Le complexe à plusieurs sections est présentement sous construction à Reinach, le long de la Egertenstrasse (en haut).

The KV Basel-Land as model and a view of the school-yard (left, top). The multi-sectioned complex is being built in Reinach along the slightly angled Egertenstrasse (top).

Projekt
Neubau Fussgängerpasserelle Bahnhof SBB
Basel

Bauherr
Schweizerische Bundesbahnen
Sektion Hochbau Kreis II
Landenbergstrasse 35
6005 Luzern

Die kühle Eleganz

Deux équipes d'architectes, de Zurich (Giraudi & Wettstein) et de Séville (Cruz & Ortiz), collaborent actuellement à la rénovation de la gare Suisse de Bâle avec la réalisation d'une passerelle couverte, reliant tous les quais, et d'un nouveau hall de gare. Les travaux antérieurs des architectes espagnols donnent une idée de la direction du nouveau projet: la gare Santa Justa à Séville (1988-91) et le nouveau pont sur le Maas à Maastricht aux Pays-Bas (1992-95).

Two teams of architects, one from Zurich (Giraudi & Wettstein) and the other from Seville (Cruz & Ortiz) are joining forces to give Basle's main Swiss Railway Station a new image by creating a covered walk connecting all platforms and a newly designed main hall. The work completed to date by the Spanish architects is an indicator of the direction this project is likely to take: the train station Santa Justa in Seville (1988-91) and the new Maas bridge in Maastricht, The Netherlands (1992-95).

Die Empfangshalle des Schweizer Bahnhofs haben sich die Architekten aus Lugano (Giraudi & Wettstein) und Sevilla (Cruz & Ortiz) genau angeschaut: die Kundenorganisation mit den Billetschaltern, die Möblierung des Raumes durch das Reisebüro der Schweizerischen Bundesbahnen (SBB) und die stimmungsvolle, anarchische Installation „Luminator" von Jean Tinguely.

Giraudi & Wettstein gewannen mit Cruz & Ortiz 1996 den Wettbewerb für eine Passerelle über die Geleisanlagen. Die 67 Millionen Franken teure Konstruktion soll über mehr als 170 Meter Länge und rund 16 Meter Breite führen. Der Raum bis zum geschwungenen Dach wird monumentale Dimensionen erhalten und ist auf beiden Seiten völlig verglast. Zum Wohnquartier Gundeldingen, das bisher über einen Füssgängertunnel mit dem Bahnhof (und der Innerstadt) verbunden war, entsteht so eine regen- und windgeschützte Flanierstrasse.

Die Passerelle beginnt im alten Bahnhof. Hier wollen die Architekten die grosszügige Schalterhalle von Emil Faesch und Emanuel La Roche (1904-07) demöblieren, die in den achtziger Jahren zu einer Art Disneyland-Innenarchitektur verkommen ist. Tinguelys „Luminator" setzt dem gestalterischen Chaos heute die Krone auf.

Was hier einst werden soll, lässt sich am neuen Hauptbahnhof von Sevilla ablesen, den Cruz & Ortiz 1991 fertigstellten und der im darauffolgenden Jahr eine Visitenkarte der Stadt während der Weltausstellung war. Charakteristische Begriffe für das monumentale Bauwerk mit kühler Eleganz sind transparente Zonen für die Reisenden (und die Bahnangestellten), eine effiziente Führung durch intelligent geplante Wege, Rampen, Treppen, Lifte und Rolltreppen (kein Wirrwar der Piktogramme) sowie ein grossflächiger Einsatz und eine sorgfältige Kombination der Materialien.

Von der bestehenden Schalterhalle in Basel wird es unterhalb des lanzettförmigen Fensterbogens in Richtung der Geleise (und nach Süden) einen grossen Schlitz im Mauerwerk geben, der die ganze Breite der Passerelle in den Bahnhof „hereinholt". Der Personenstrom wird über grosse Treppenläufe und vier Rolltreppen vom Niveau der heutigen Billettschalter sanft nach oben geführt. Analoges erfolgt von der neuen Fussgängerbrücke auf die einzelnen Perrons. Dann ist auch der Bahnsteig der Regio-S-Bahn, der heute nur unterirdisch erreichbar ist, an nationale und internationale Züge angeschlossen.

Die Grundform der Passerelle gleicht der Brücke, die Cruz & Ortiz im niederländischen Maastricht über die Maas bauten (1992-95). Die Dachkonstruktion darüber erinnert an eine Wasserwelle, deren Bewegung durch das ansteigende Land an der Küste gebrochen wird. Die organoide Formensprache übernahmen die Teams aus Lugano und Sevilla von der Dachform und der subtilen Fensterornamentik des historischen Baus von Emil Faesch und Emanuel La Roche. Sollte der Bahnhofsvorplatz wieder ohne Baustelle sein und die Passerelle gebaut, müsste nur noch die Fassade geputzt werden und die allegorischen Frauengestalten auf beiden Seiten der grossen Uhren kämen wieder zum Vorschein.

Architekt
Cruz - Ortiz, Sevilla
Giraudi & Wettstein, Lugano

Sonderfachleute
Ingenieur: Passera Pedretti SA, Lugano
Ökonomen: Aarproject AG, Bern
Planer: Feddersen & Klostermann, Zürich

Termine
Projektwettbewerb: 1996
Baubeginn: April 1999
Fertigstellung: Mai 2001

Die neue Passerelle in der Photomontage, Ansicht von Westen. Links die alte Bahnhofshalle und ganz links die Bank für Internationalen Zahlungsausgleich im Ausschnitt.

Photomontage de la nouvelle passerelle couverte, vue de l'ouest. À gauche, la vieille gare et, plus à gauche, l'édifice de la Banque des Règlements Internationaux.

Photomontage of the new covered walkway, seen from the west. To the left, the old train station and on the far left the Bank for International Settlements.

Urban und elegant: so soll das Bauwerk nachts aussehen.

Urbain et élégant: le bâtiment pendant la nuit (modèle).

Urbane and elegant: this is how the building will appear at night.

Der Situationsplan: Die Kubaturen links und rechts am unteren Ende der Passerelle (schwarz eingezeichnet) sind Teil eines Masterplans, dessen Realisierung völlig offen ist. Offen ist auch der Bau eines schlanken Büroriegels links vom französischen Bahnhofsgebäude (am oberen Ende der Passerelle ganz links), für das Herzog & de Meuron einen Wettbewerb gewannen.

Plan d'emplacement: les cubatures à gauche et à droite au bout de la passerelle (indiquée en noir) font partie d'un plan général dont la réalisation demeure entièrement flexible. La même chose s'applique au bâtiment de bureaux allongé et mince à gauche de la gare française (en haut, au bout de la passerelle, à gauche), dont le dessin de Herzog & de Meuron emporta le prix en compétition.

Site plan: the cubatures left and right at the lower end of the walkway (marked in black) are part of a master plan whose realisation is completely open. The same applies to a slim, elongated office building to the left of the French Railway Station (top end of walkway, far left), whose design by Herzog & de Meuron won the competition.

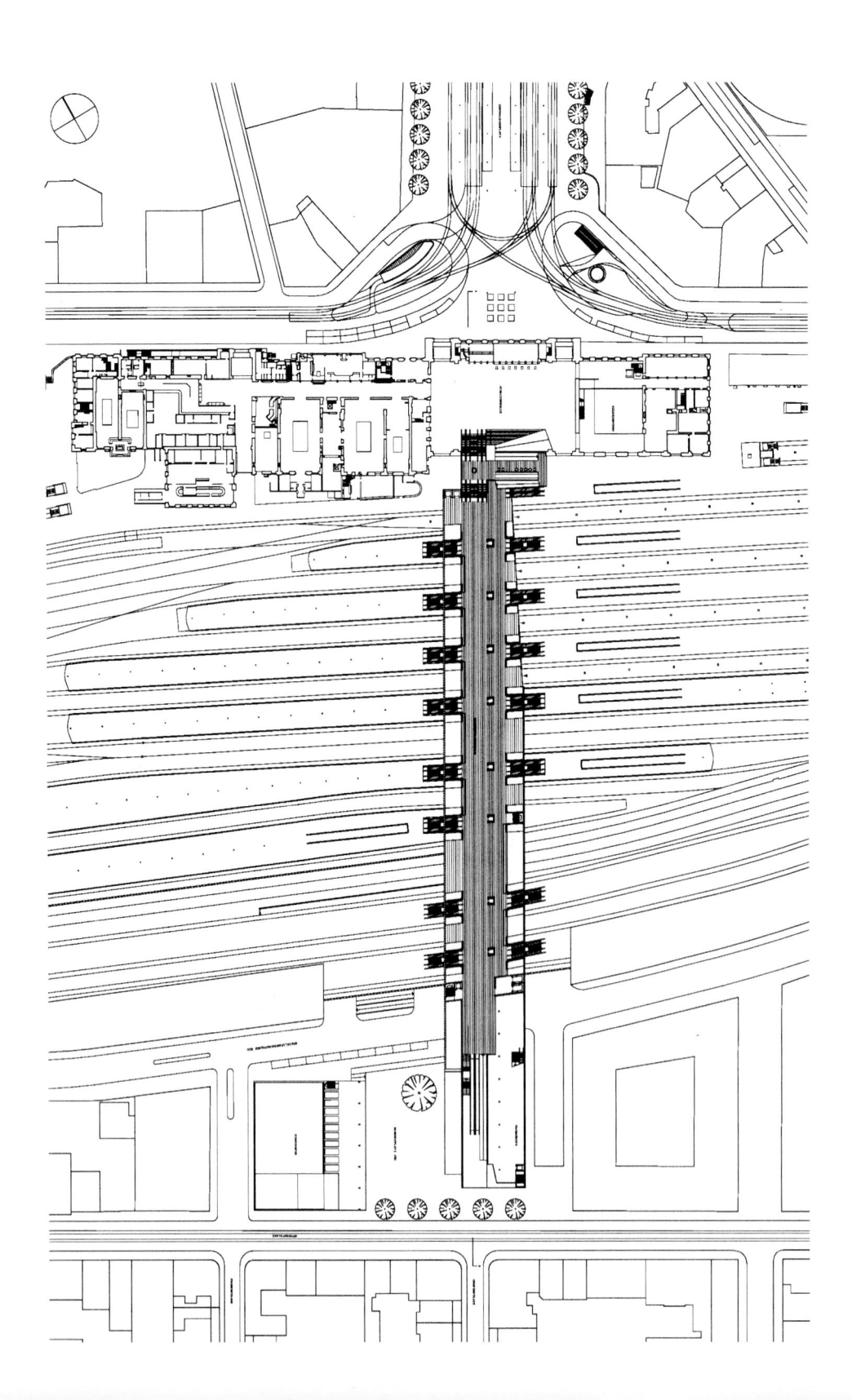

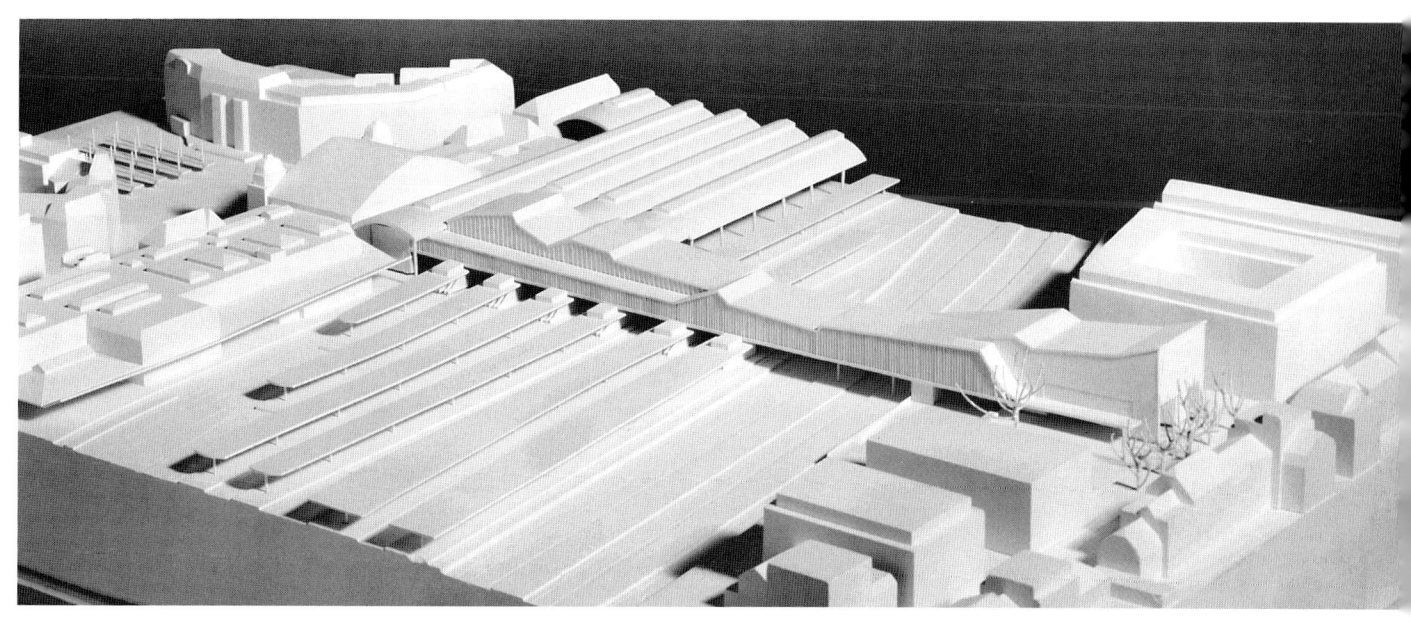

Modell des Bahnhofs mit den Neubauten (siehe dazu den Plan auf der linken Seite).

Modèle de la gare avec nouveaux bâtiments (voir aussi le plan sur la page en face).

Model of railway station with new buildings (see also plan on facing page).

Die neue Schalterhalle mit den Treppen- und Rolltreppenläufen zur Ebene der Passerelle.

Le nouveau terminus de la gare, avec les escaliers et les escalators qui relient le hall et la passerelle.

The new passenger hall with stairs and escalators to the walkway.

Projekt
Mehrfamilienhaus mit Autoeinstellhalle
St. Alban-Tal 32a
4052 Basel

Bauherr
National-Versicherungs-Gesellschaft
Steinengraben 41
4003 Basel

Das Haus im Kern

La vallée de St. Alban est un vieux quartier bâlois et fut une partie intégrale de la ville pendant les deux cents dernières années. Sur le dernier terrain vide de ce quartier, Urs Gramelsbacher va construire un complexe résidentiel intime. C'est une tâche délicate, lorsqu'on se rend compte des mille années d'histoire de ce lieu. L'emplacement, associé anciennement à une architecture monastique, fut le site des premières papeteries, suivies ensuite par d'autres bâtiments industriels. Au cours des vingt dernières années, le quartier fut largement développé, restauré, restructuré et agrandi. L'architecture de Gramelsbach sera l'ultime contribution à cette évolution.

The St. Alban valley is an old section of Basle and has been an integral part of the city for the last 200 years. On the last open plot in this area, Urs Gramelsbacher will build an intimate residential complex. This is a delicate task, when one considers the 1000-year history of the site. The location, formerly associated with monastic architecture, later featured Basle's earliest paper mills, followed by other industrial buildings. Over the past twenty years the area has undergone extensive redevelopment, restoration, restructuring, and extension. Gramelsbacher's architecture will be, in a sense, the culmination of this process.

Das Quartier St. Alban-Tal, im Volksmund „Dalbeloch" genannt, ist in der ehrwürdigen Baukultur Basels das wahrscheinlich ehrwürdigste. Hier entstand eines der frühen und zahlreichen Klöster, das heute als Wohnhaus genutzt wird. Daneben steht eine Kirche mit Architekturelementen, die über 1000 Jahre alt sind. Vom Mühlenberg, wo der Haupteingang der St. Alban-Kirche liegt, läuft man über einen Kiesweg und hat an den Mauern auf beiden Seiten die Grabsteine jener Notablen der Stadt, deren sterbliche Überreste bis zur Mitte des letzten Jahrhunderts nicht im Kreuzgang des Münsters (der Basler Kathedrale) ihren Platz fanden.

Ab den späten 1970er Jahren bauten Wilfrid und Katharina Steib hinter der St.Alban-Kirche das „Museum für Gegenwartskunst", Michael Alder baute Atelierhäuser für Künstler und restaurierte ein Arbeiterwohnhaus. Die Architekten Diener & Diener errichteten kurz darauf ein Wohn- und Atelierhaus in unverbauter Lage zum Rhein. Daneben steht noch ein Kulturmonument: ein erhaltener Teil der spätmittelalterlichen Stadtbefestigung von rund 200 Metern Länge.

In einer Art „Hinterhof", den man bisher als Autoparkplatz nutzte, wird Urs Gramelsbacher hier nun ein Haus mit 5 Wohnungen bauen. Um ein zentrales Atrium hat er die Wohnanlage, wie man den präzisen und komplexen Entwurf richtiger nennen könnte, so organisiert, dass in Sachen Mietwohnungsbau etwas sehr Rares entstehen wird. Fast fragen wir uns, ob es ein Haus mit derart durchdachten, spannungsvollen und enorm lebendigen Grundrissen überhaupt je gegeben hat (oder noch gibt).

Die 3- und 5-Zimmerwohnungen des Erdgeschosses sind von Osten her erschlossen und passen sich in die trapezoide Parzelle mit klaren, rechteckigen Grundrissen ein. Jede Wohnung erhält - ergänzend zu den Fenstern - Tageslicht über einen offenen Hof, den Gramelsbacher so geschickt plazierte, dass dieser Lichtkanal für jede Wohnung exklusiv ist. Bei den beiden 3-Zimmerwohnungen des Obergeschosses sind Lichtschlitze für den grossen Zentralraum in der Decke oder der Wand das raffinierteste Detail. Alle Wohnungen haben selbstredend Balkone oder Terrassen.

Der Architekt hat sein Haus aus mediterranen und japanischen Planungsüberlegungen heraus entwickelt: Die Kubatur nimmt das ganze Grundstück in Anspruch; die Aussenmauern stehen auf den Grenzen. Damit zitiert Gramelsbacher griechische und römische Hausformen oder das spanische und lateinamerikanische Schema um einen Patio (Innenhof). Da die Wohnungen praktisch alle nach innen und zur Mitte der Anlage orientiert sind, nimmt Gramelsbacher auch introvertierte bis meditative Aspekte japanischer Gegenwartsarchitektur auf, für die Tadao Ando während der vergangenen 20 Jahre die Massstäbe setzte.

Das neue Haus im St. Alban-Tal wird sich in der unmittelbaren Nachbarschaft von zwei Bauten Michael Alders gut einfügen. Und wenn es 1999 bezogen wird, kann man sagen, dass dieses Quartier der Stadt gebaut ist.

Architekt
Urs Gramelsbacher
Architekt BSA
St. Johanns-Vorstadt 22
4056 Basel

Tragwerksplanung
Walter Mory Meier, Bauingenieure AG, Basel

Termine
Baubeginn: Herbst 1997
Bezug: Frühling 1999

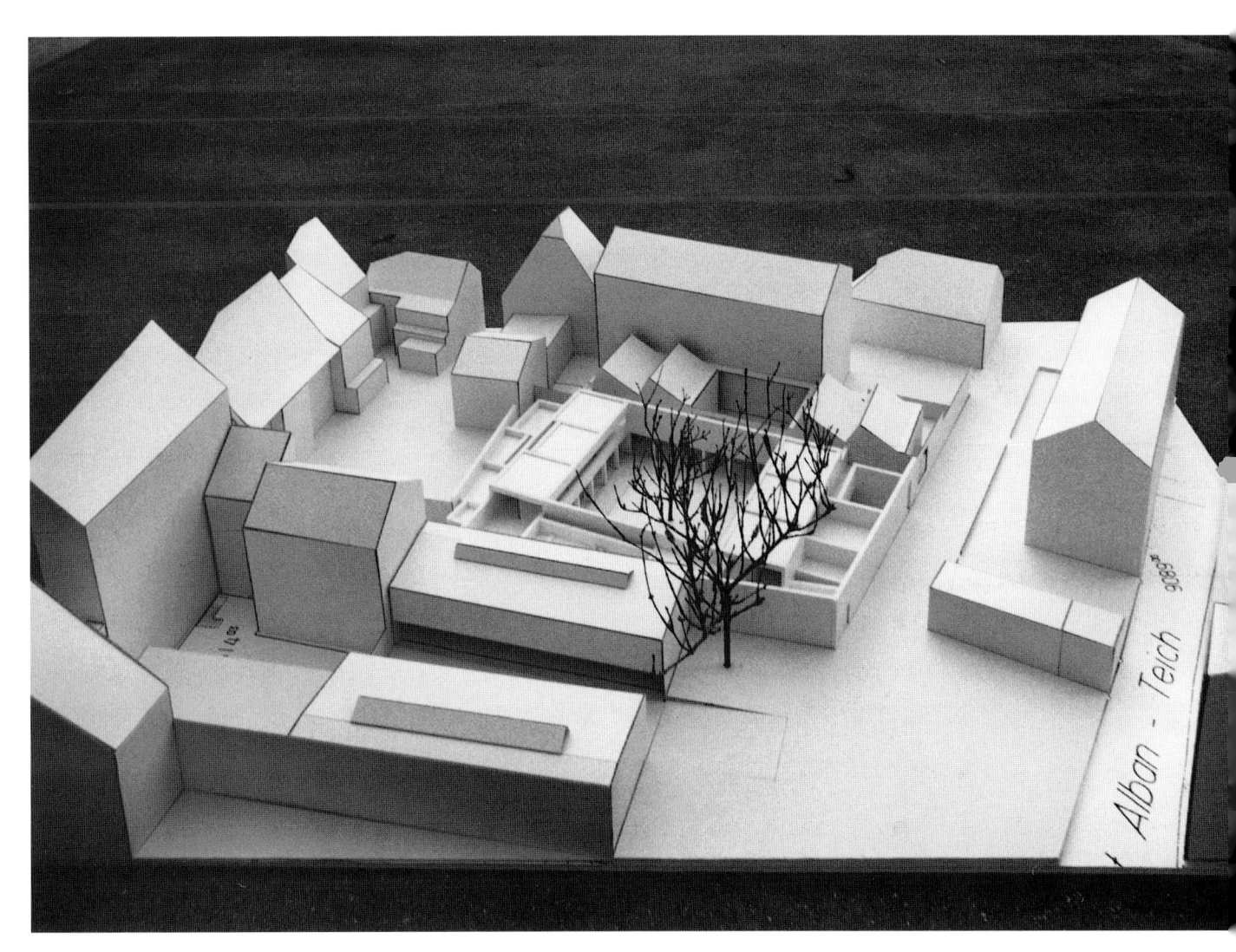

Das neue Haus in der Mitte des Modells. Die beiden Häuserriegel darunter und das Haus mit Satteldach (rechts am St. Alban-Teich) sind Architekturen von Michael Alder.

Le nouveau bâtiment au centre du modèle. Les deux édifices allongés en bas et la maison à toit aigu (à droite de l'étang St. Alban) sont de Michael Alder.

The new building at the centre of the model. The two long buildings below and the gable-roofed building (to the right on St. Alban pond) are by Michael Alder.

Die raffinierten Grundrisse der Wohnungen im Erdgeschoss (oben) haben ihre Eingänge alle an einem Erschliessungskanal (horizontal im Plan ganz oben) und liegen um das quadratische Atrium. Der Hauseingang im St. Alban-Tal ist ganz oben rechts. Unten das Obergeschoss.

Les plans des appartements au rez-de-chaussée (en haut) s'ouvrent sur un corridor d'accès pour tous (ligne horizontale en haut) et sont placés autour du hall de base en carré. Entrée principale de la vallée St. Alban en haut, à droite. En bas, plan du deuxième étage.

The unusual floor plans of the apartments on the ground floor (top) open onto one access lane for all (horizontal band along top of plan) and are placed around the square atrium. The main entrance from the St. Alban valley is shown to the far right above. Below, plan of first floor.

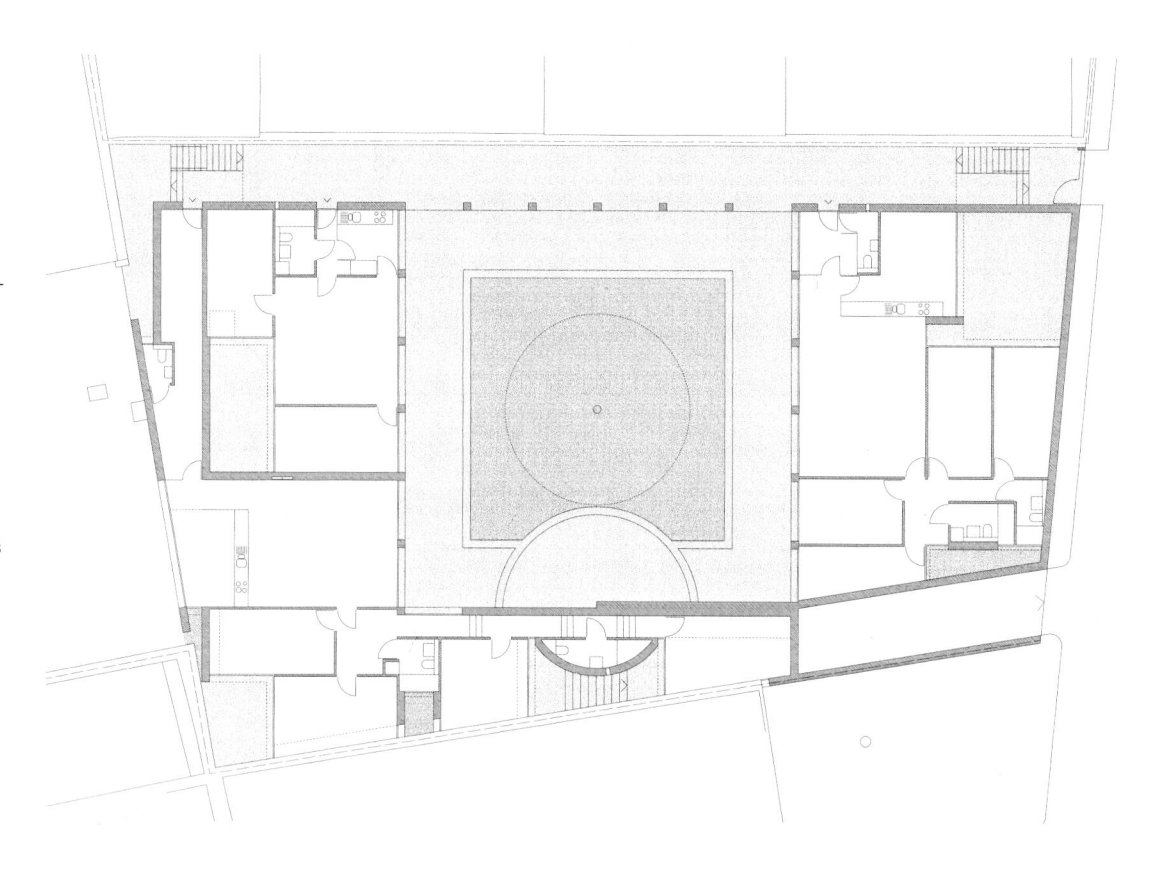

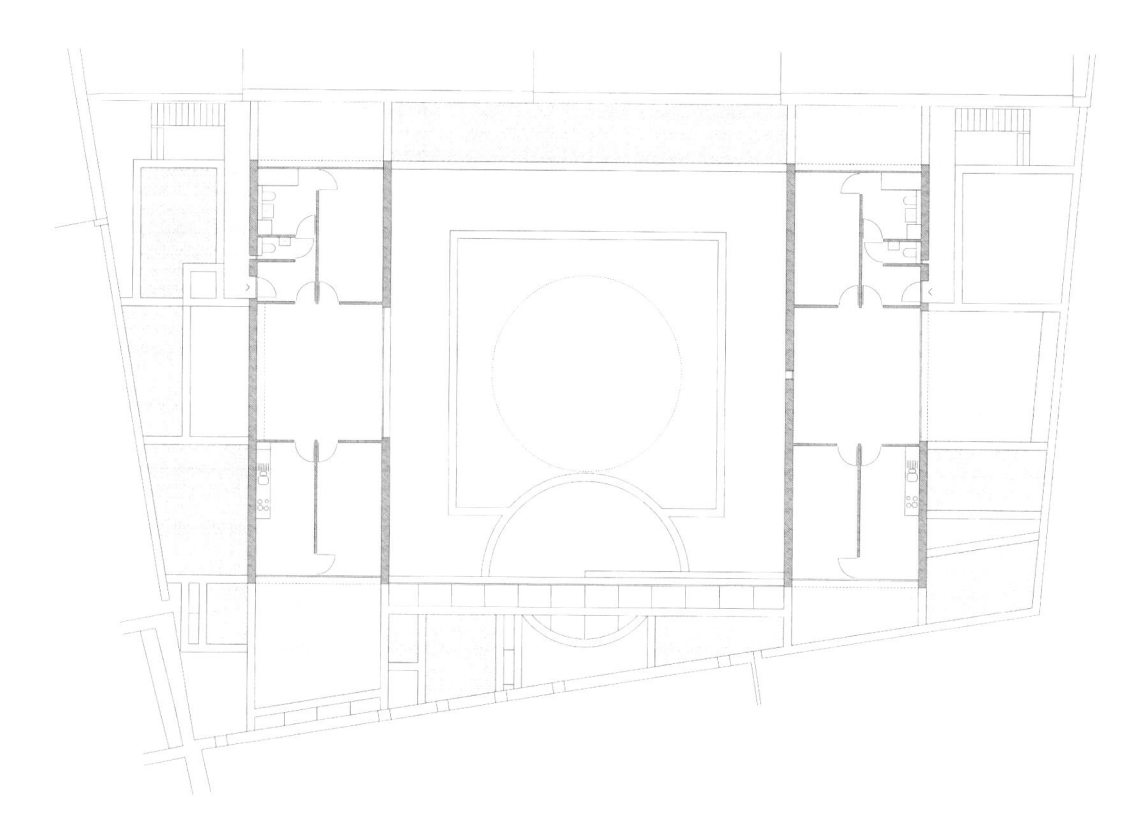

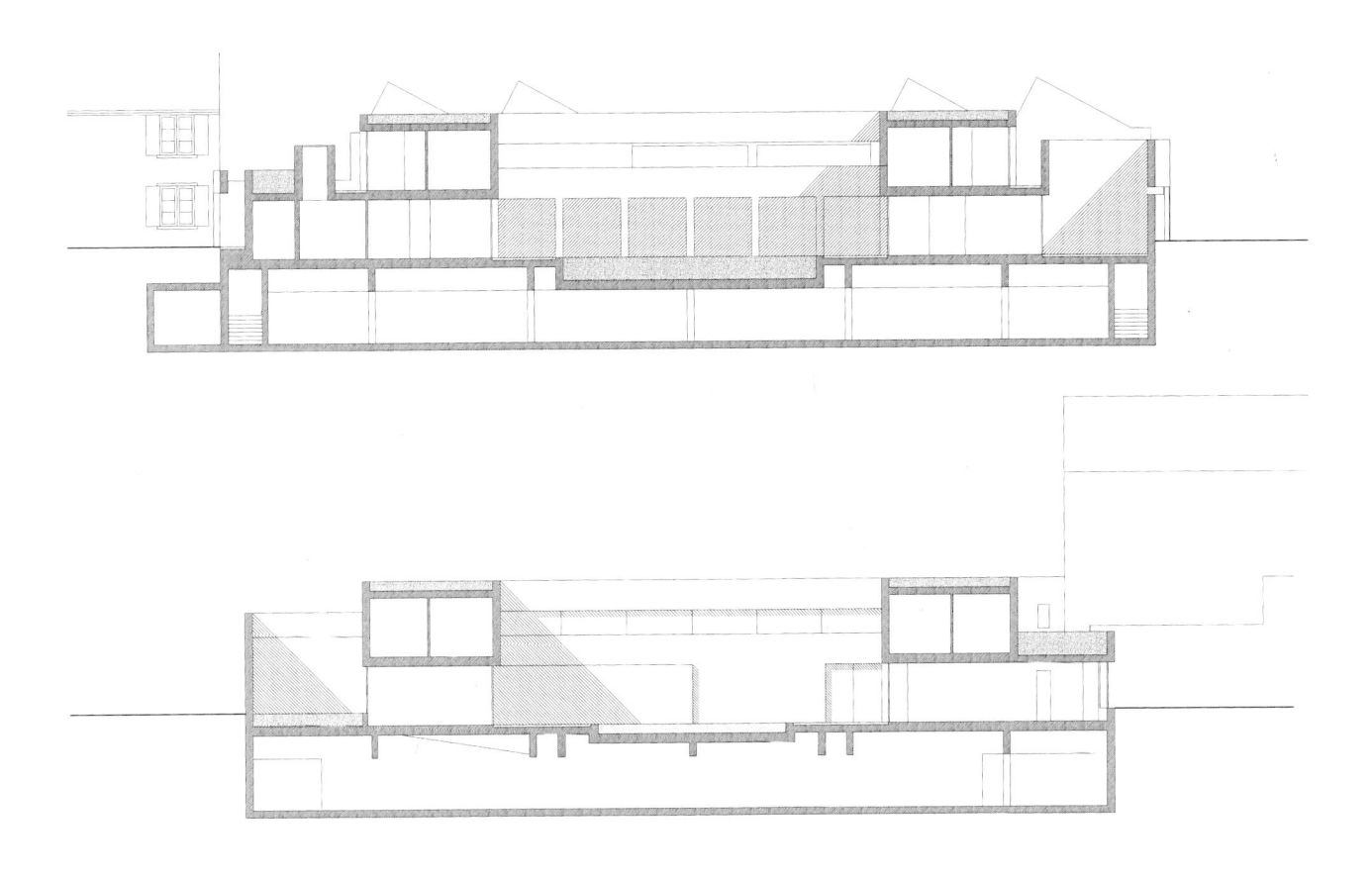

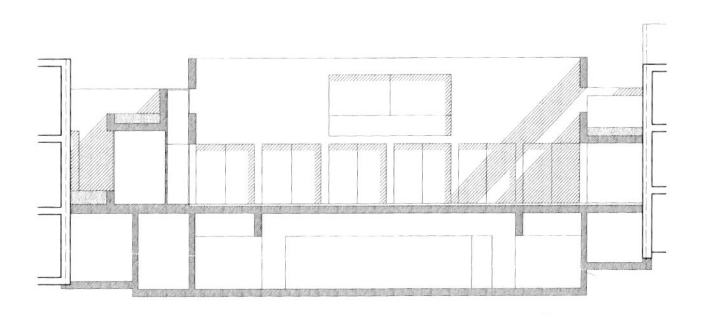

Oben und Mitte: Längsschnitte mit dem St. Alban-Tal jeweils rechts. Unten: ein Querschnitt.

En haut et au centre: sections longitudinales avec la vallée St. Alban à droite. En bas: section.

Top and middle: longitudinal sections with St. Alban valley to the right. Bottom: a cross-section.

Projekt
Kunst Raum Riehen
Umbau Ökonomiegebäude Berowergut
Baselstrasse 71
4125 Riehen

Bauherr
Gemeinde Riehen

Kleines Kulturzentrum

Près du Musée Beyeler (Kultur, No. 39), Rolf Brüderlin est en train de transformer un ancien entrepôt en centre culturel. Le centre aura plusieurs salles d'exposition, une librairie, des bureaux pour le département pédagogique du musée, et un atelier pour les artistes en résidence.

Near the new Beyeler Museum (Kultur, No. 39), Rolf Brüderlin is converting a former warehouse into a small cultural centre. In addition to a number of rooms for exhibitions, there will be a bookshop, the education department of the new museum next door, and a studio for visiting artists.

Früher arbeitete hier der Gärtner. Und dass das Basler Grossbürgertum mit seinen Bediensteten nicht zimperlich umging, zeigt ein Gesetz des 19. Jahrhunderts, welches reichen Haushalten verbot, die Angestellten sieben Mal in der Woche mit günstigem Lachs aus dem Rhein zu verköstigen. Jedenfalls soll der Gärtner der Familie La Roche, die einst den Sommersitz „Berowergut" besass, in nahen Gewächshäusern Gemüse und ähnliches gezüchtet haben, dessen Verkauf ihm die Existenz sichern half.

Gut 200 Jahre später gibt es das Herrschaftshaus immer noch, und die Gewächshäuser haben längst die Standards eines modernen Gärtnereibetriebes erhalten. Aber sonst ist alles im Umbruch. Das Hauptgebäude des Landgutes wird gerade zu einem Büro- und Empfangshaus mit Café für das Museum der Fondation Beyeler umgenutzt (Kultur, Nr. 39). Das Gärtner-, Bediensteten- und Lagerhaus baut Rolf Brüderlin zum „Kunstraum Riehen" um. Ein typisch helvetisches Understatement, denn in Tat und Wahrheit wird am nördlichen Ende der Stadt ein kleines Kulturzentrum entstehen.

Das Eckhaus an der Baslerstrasse mit dem Bachtelenweg wird ab dem kommenden Jahr auf drei Ebenen 400 Quadratmeter Ausstellungsfläche, einen Bookshop, die Abwarts (Hausmeister)-Wohnung des Beyeler-Museums und andere, kleinere Funktionen aufnehmen. Die Remisen auf der anderen Seite des Hofes (hier konnten früher die Kutschen das Grundstück befahren, und es existiert ein grosses Tor) sollen die Museumspädagogik der Fondation und ein Austauschatelier für bildende Künstler beherbergen. Die Gewächshäuser dahinter werden wie bisher von der Gemeindegärtnerei Riehen genutzt, die im Gegenzug den kleinen Park um das Museum pflegt: eine Lösung, die effizient und nützlich ist. Man erhält gewachsene Funktionen und Traditionen (das ist organisch), und man optimiert die Erhaltung und Wartung des Besitzes (das ist ökonomisch). Und so kommt im Fall des „Berowergutes" in Riehen jede Partei zu ihrem Recht und zu ihrer Zukunft.

Architekt
Rolf Brüderlin
dipl. Architekt SIA
Bettingerstrasse 3
4125 Riehen

Tragwerksplanung
Gruner AG, Ingenieur-Unternehmung, Basel

Termine
Baubeginn: Oktober 1996
Bezug: Ende 1997

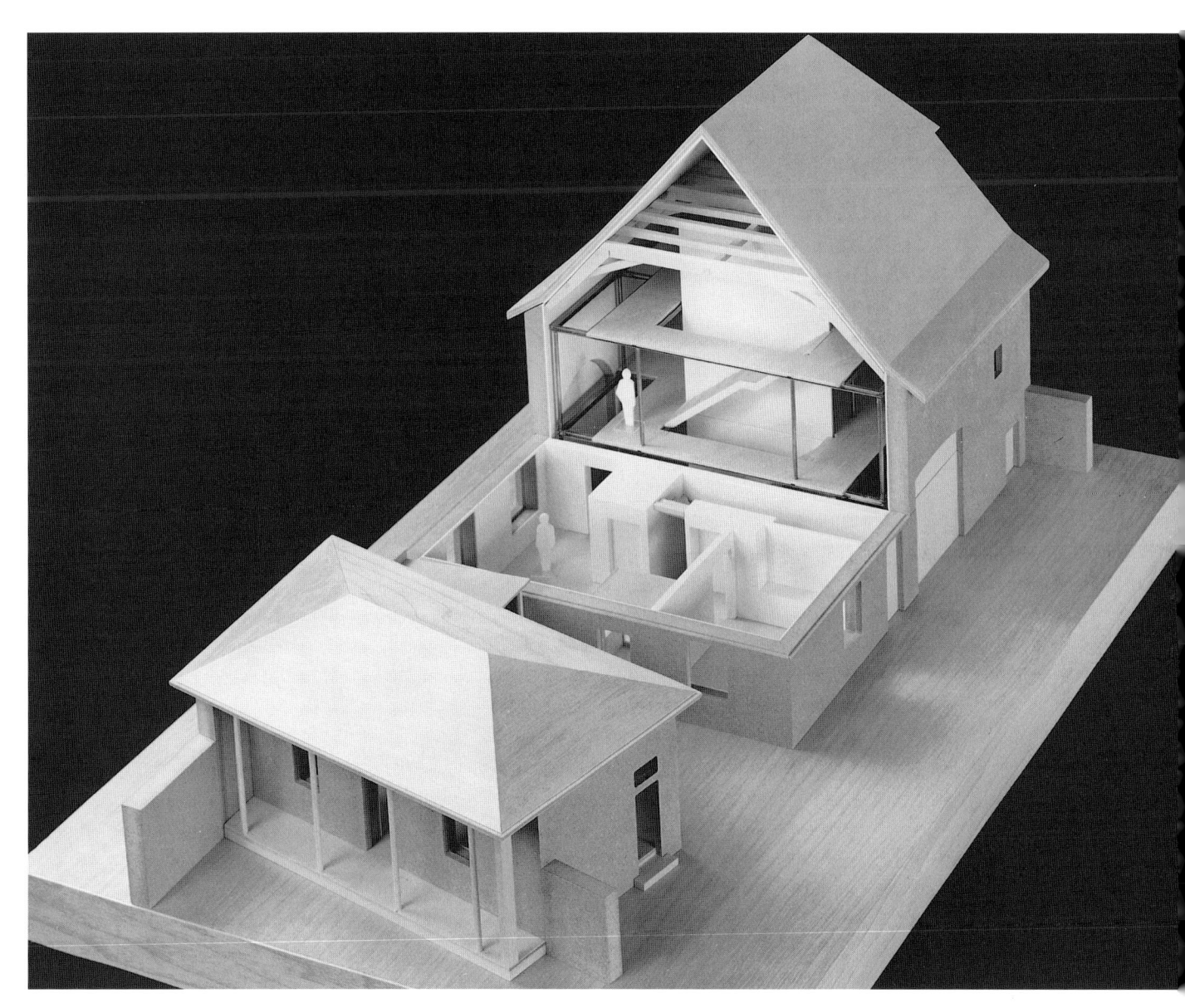

Der linke Teil des neuen Kulturzentrums zwischen der Baselstrasse (links) und dem Hof im Modell. In der aufgeschnittenen Kubatur erkennt man die drei Ausstellungsebenen (hinten) und den Bookshop (Mitte)

Modèle de la section gauche du centre culturel entre Baselstrasse (à gauche) et la cour. La face ouverte du modèle montre les trois niveaux d'exposition (en arrière-plan) et la librairie (au centre).

Model of left section of the cultural centre between Baselstrasse (left) and courtyard. The open face of the model shows the three gallery levels (rear) and the bookshop (centre).

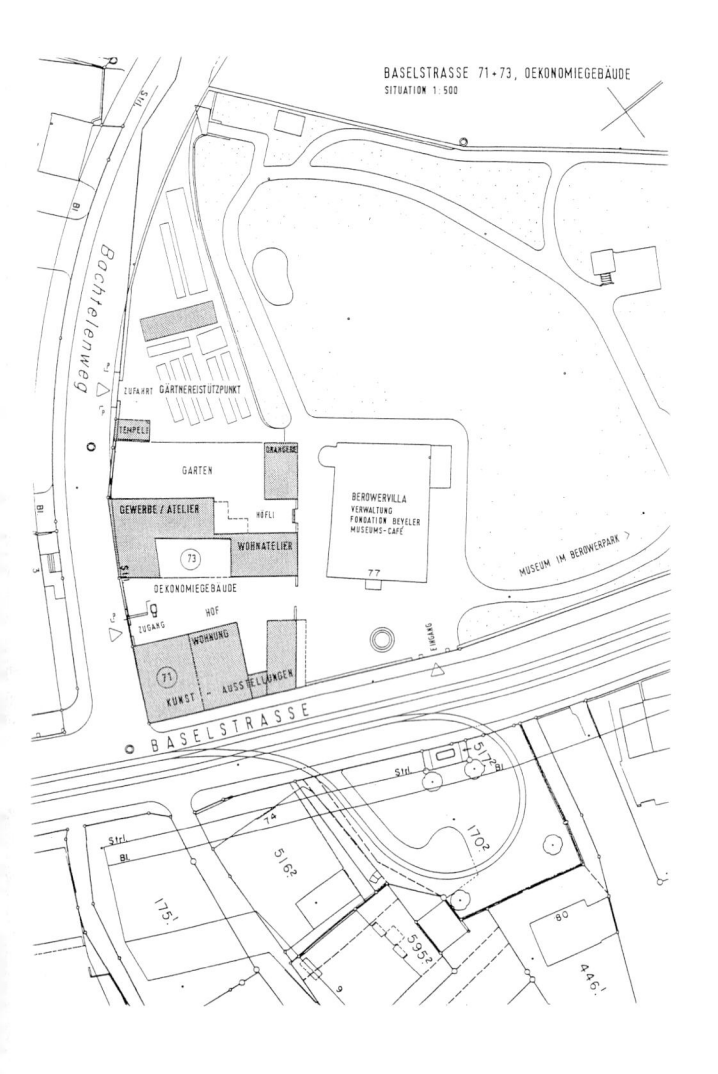

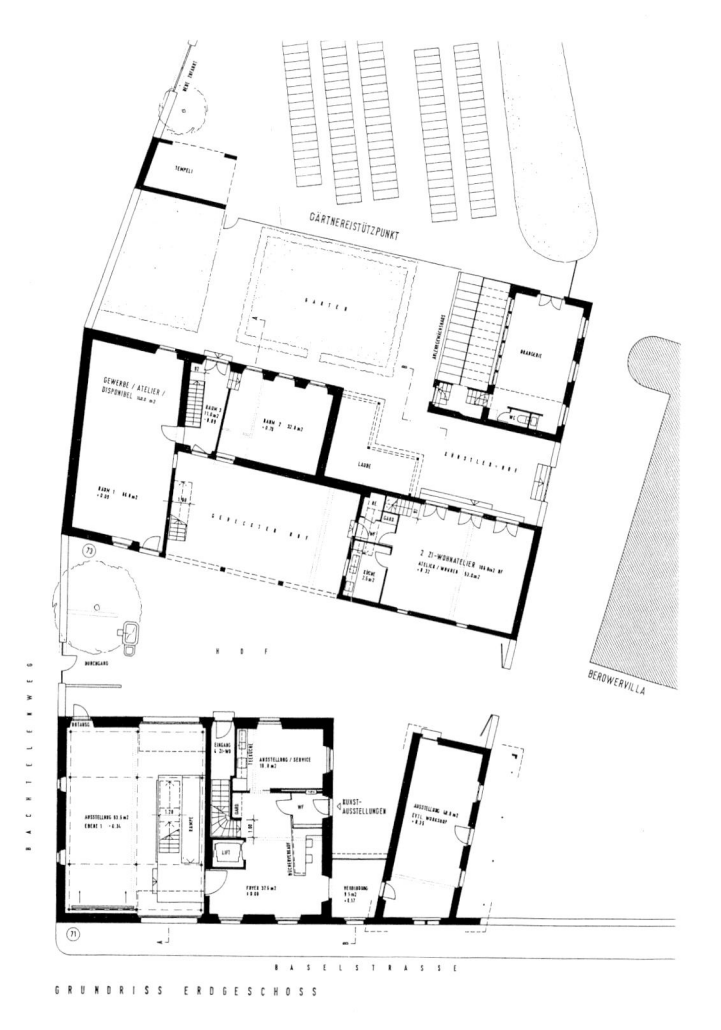

Der neue Kulturkomplex im Situationsplan. In der Mitte das Haupthaus der barocken Anlage. Rechts davon liegt das Museum (nicht eingezeichnet). An der linken, unteren Grundstückskante befindet sich das vielteilige, neue Kulturzentrum.

Plan du site du nouveau complexe culturel. Au centre, la bâtiment principal de l'ensemble baroque. À droite, le musée (hors champ). Le nouveau centre culturel multipartite se trouve en bas, à la limite gauche de la propriété.

Site plan of the new cultural complex. In the centre, the main building of the baroque ensemble. To the right, the museum (not visible). The new, multi-sectioned cultural centre is located at the bottom left edge of the site.

Grundriss des Erdgeschosses zwischen Baselstrasse (unten) und Bachtelenweg (links).

Plan du rez-de-chaussée entre Baselstrasse (en bas) et Bachtelenweg (à gauche).

Floor plan of ground level between Baselstrasse (below) and Bachtelenweg (left).

Strassenansicht vor dem Umbau.

Le bâtiment à partir de la rue, avant la rénovation.

The building seen from the street prior to renovation.

Projekt
Alterszentrum Luzernerring
Luzernerring 116 / Burgfelderstrasse 188/190
4056 Basel

Bauherr
Stiftung Eglisee-Kannenfeld
Grenzacherstrasse 64
4058 Basel

Urban und human

Au Luzernerring, Silvia Gmür crée actuellement une maison de retraite dans un lotissement coopératif (voir aussi *Wohnen, Arbeiten & Glauben*, No.9). Le bâtiment, loin de se cacher de la rue passagère, a de grandes baies vitrées et un plan intérieur où les salles communes sont bien disposées pour faciliter la communication. Pour les personnes âgées, la maison de retraite bénéficie d'un accès facile aux transports en commun. Les visiteurs apprécieront aussi sa situation centrale. L'architecture est basée sur la culture et l'urbanité.

On Luzernerring, Silvia Gmür is creating a nursing home nestled in a new complex of co-operative housing (see *Wohnen, Arbeiten & Glauben*, No. 9). The home, far from hiding from the busy street which passes by it, has large glazed surfaces and an easily readable floor plan that integrates common rooms to facilitate communication and interaction. For its elderly occupants, the location is ideally accessible by public transportation. Guests, too, will appreciate the central location. The architecture of the home bespeaks urbanity and culture.

Die Grossbaustelle zwischen dem Luzernerring und der Bungestrasse war und ist ein ästhetisches Ereignis und ein Politikum. Die Finanzierung durch die öffentliche Hand - beziehungsweise deren Bezahlungspraktiken - hatte wahrscheinlich Einfluss auf die kommunalen Wahlen 1996 (ein umstrittener Politiker wurde nicht wiedergewählt). Aber Tatsache ist auch, dass der Kanton Basel-Stadt dort einen subtantiellen Zugewinn seines Immobilienbesitzes erhält. Michael Alder errichtete dort eine vielbeachtete Wohnsiedlung (Wohnen, Arbeiten & Glauben, Nr.9). Ernst Spycher baute den intimen und freundlichen Raum einer Wohnstrasse, und Silvia Gmür setzt mit einem kommunalen Altersheim nun den Schlussstein.

Mit einem abgesenkten Eingangsgeschoss und vier oberirdischen Etagen wird der elegante Baukörper das urbane Gesicht der vierspurigen, innerstädtischen Strasse nahe der Grenze zu Frankreich prägen. Das Bauvolumen wird auch nach der Fertigstellung des Heims Reserven bieten. Denn das L-förmige Haus läuft übereck in die Burgfelderstrasse und wird dort ein Geschoss höher. Silvia Gmür nimmt so die Dachkante einer Wohnanlage von Erny, Gramelsbacher und Schnyder auf. Da sich das Grundstück am Luzernerring in Richtung Nordosten verjüngt, hat die Architektin am Kopf des langen Baukörpers ein grosses Treppenhaus plaziert. Die Fenster sind hier so streng, klar und elegant in die Aussenhaut eingepasst, dass der Blick von der J. Gauss- Strasse den spannungsvollsten Teil der Fassade zeigt.

Die Architektin hat die Gesellschafts- und Gemeinschaftsräume des neuen Hauses sinnvoll im Parterre plaziert. An der Ecksituation, wo eine Strassenbahn hält, die den Ort mit der Innerstadt und der westlichen Stadtperipherie verbindet, wird es den Eingang zu einer Aula geben. Der kleine Saal ist für Veranstaltungen aus dem Sprach- oder dem Musikbereich ebenso geeignet wie für Ausstellungen bildender Kunst. Durch den Einbezug angrenzender Gemeinschaftsräume ist die Raumgrösse zudem flexibel.

Das Altersheim am Luzernerring zeigt eine Philosophie, die ältere Menschen einbezieht, Besuche für Angehörige oder Freunde ermutigt und wegen seiner gestalterischen Disposition einem Sanatorium ähnelt. Den dort wohnenden Menschen wird kaum der Eindruck entstehen können, hier würden sie aufbewahrt, sondern das Heim sei der Ort eines temporären, jederzeit abbrechbaren Aufenthaltes. Und damit ist der Begriff Hoffnung verbunden, des wohl wichtigsten Wortes im komplexen Ideenfeld des Humanismus. Und neben dieser sozialpsychologischen Eigenschaft wird das neue Haus am Luzernerring urban: es baut die neue Stadt.

Architekt
Silvia Gmür
dipl. Architektin ETH BSA SIA
St. Johanns-Vorstadt 17
4056 Basel

Sonderfachleute
Generalunternehmer:
Karl Steiner Generalunternehmung AG, Basel
Ingenieur: Andreas Zachmann, Basel

Termine
Baubeginn: November 1994
Bezug: Juni 1997

Natur und Architektur: In den Fenstern des nordöstlichen Treppenhauses spiegelt sich ein unbelaubter Baum im Vorfrühling 1997.

Nature et architecture: les branches dénudées d'un arbre sont réfléchies dans les fenêtres de l'escalier sur le côté nord-est, printemps 1997.

Nature and architecture: the bare branches of a tree are reflected in the windows of the stairwell on the north-east side in early spring 1997.

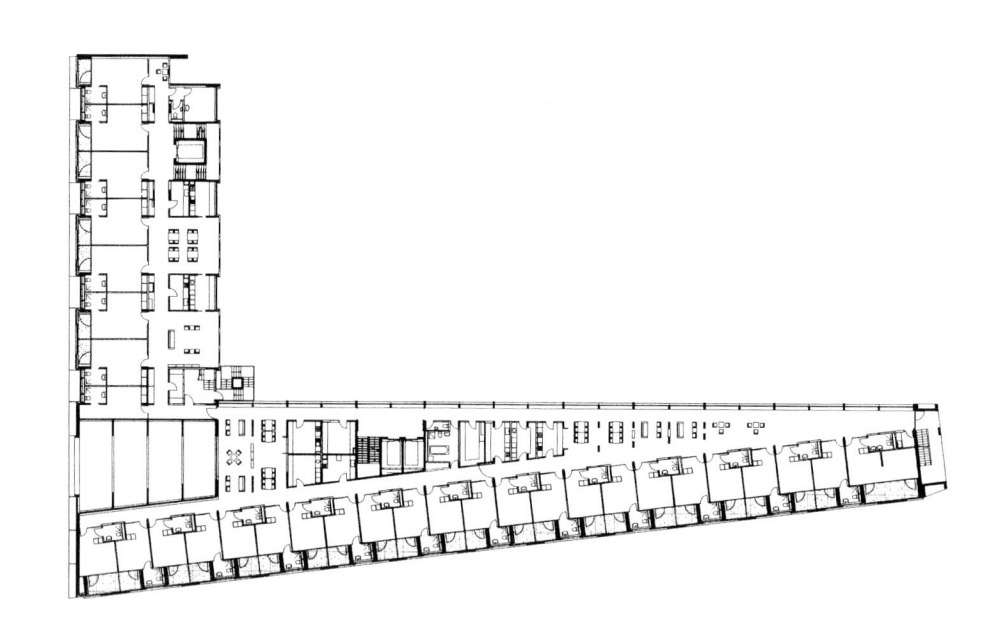

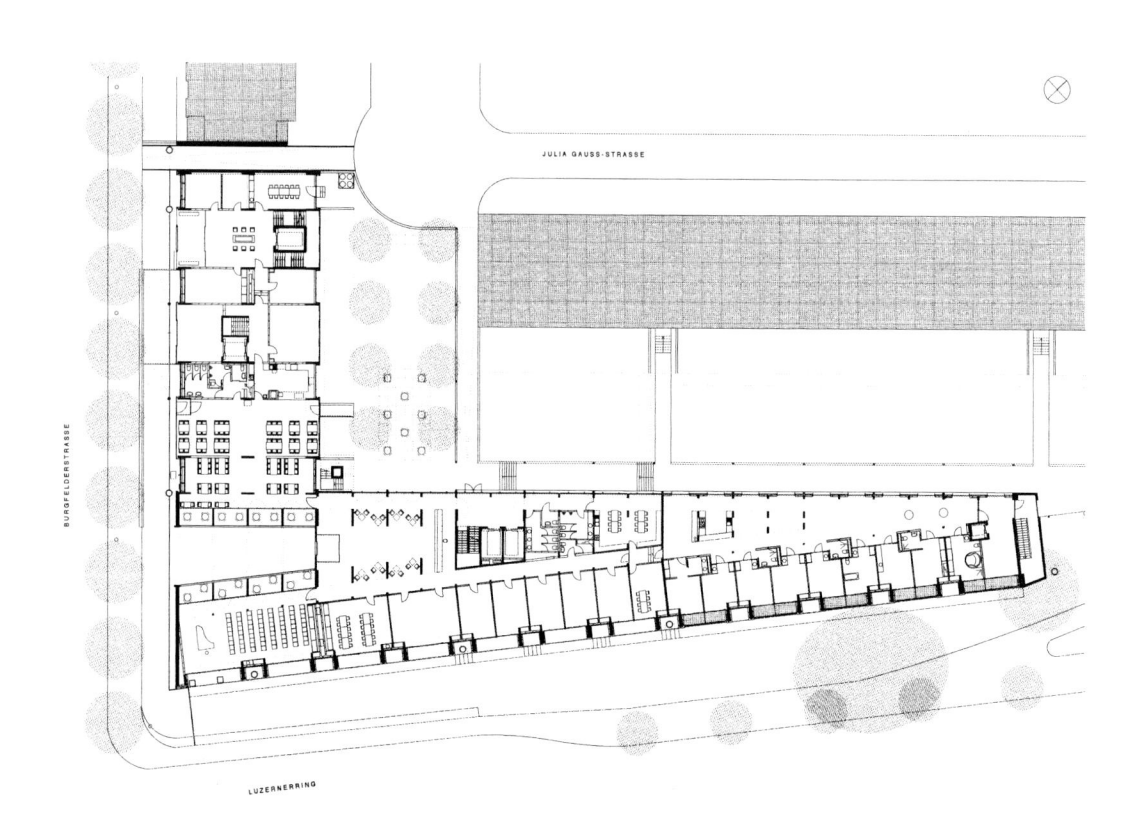

Von oben: Die Fassade am Luzernerring; darunter Grundrisse des 1. bis 3. Obergeschosses und des Parterres.

De haut en bas: façade sur le Luzernerring; plans du deuxième au quatrième étages et du rez-de-chaussée.

Top to bottom: façade on Luzernerring; floor plans of first through third floors and of ground level.

Die Fassade am Luzernerring (ganz oben) und an der Ecke Luzernerring/Burgfelderstrasse.

Façade sur le Luzernerring (tout en haut) et le coin du Luzernerring et de la Burgfelderstrasse.

Façade on Luzernerring (top) and the corner of Luzernerring and Burgfelderstrasse.

Projekt
Erweiterung Flughafen - Terminal
und Neubau Fingerdock
EuroAirport Basel - Mulhouse - Freiburg
CH-4030 Basel / F-68304 St. Louis

Bauherr
EuroAirport
Basel - Mulhouse - Freiburg
CH-4030 Basel / F-68304 St. Louis

Ästhetische Qualität, unternehmerische Weitsicht

Le nouveau terminal de l'EuroAirport Bâle-Mulhouse-Fribourg sera réalisé par une équipe d'architectes et de planificateurs: Dietschy (de Bartenheim, en France), Vischer (de Bâle, en Suisse) et Von Busse & Partner (de Munich, en Allemagne) vont collaborer pour modifier l'infrastructure de l'aéroport. Deux nouveaux terminaux vont être ajoutés, l'un du côté nord (France), et l'autre du côté sud (Suisse). Le quai sera allongé et se terminera en forme de "Y" au niveau de la piste d'atterrissage. Le quai de l'aéroport aura une capacité de vingt-trois avions.

The team of architects and planners - Dietschy (Bartenheim, France), Vischer (Basle, Switzerland), and Von Busse + Partner (Munich, Germany) - will design the new terminal of the EuroAirport Basel-Mulhouse-Freiburg and will also join forces in modifying the infrastructure of the airport. Large terminal wings will be added on the north side (France) and the south side (Switzerland). The current dock will be lengthened, ending in a Y-shape facing the landing strip. With the targeted capacity, twenty-three aeroplanes will be able to dock in Basle at any given time.

Auch in der spanischen Hauptstadt plant man die Zukunft. 1995 fertigte der Flughafen Madrids 19,7 Millionen Reisende ab. Für das Jahr 2000 wird mit 27,3 Millionen, für 2010 gar mit 44 Millionen Passagieren gerechnet.

Da ist es am Oberrhein schon viel bescheidener. Denn der „EuroAirport Basel-Mulhouse-Freiburg" muss nicht den Bedarf der Hauptstadt eines grösseren europäischen Nationalstaates decken und in der Region Basel, wo 1946 der erste binationale Flughafen der Welt entstand, hat der Faktor des Nutzens auch den Vorrang vor dem repräsentativen Glanz. Wobei der Faktor weitläufiger Eleganz fast immer eine Rolle spielte.

Und dass sich ästhetische Qualität mit unternehmerischer Weitsicht verbinden kann, zeigt das Projekt des neuen Flughafens im Stadtraum am Oberrhein. Bei einem Personenaufkommen von 2,5 Millionen Passagieren (1996) soll hier nach 1970 (dem letzten Flughafenneubau) eine Vergrösserung des Terminals von heute 32 500 Quadratmetern auf nahezu 90 000 erfolgen. Die bisherige Anlage bleibt weitgehend erhalten, wird jedoch völlig neue Strukturen erhalten. Kleinere Gebäudeteile sollen abgerissen und das bestehende Ensemble in einen langen Baukörper integriert werden. Auf jeder Schmalseite des heutiges Baus schiebt man grosse Abfertigungshallen an, die mit Shoppinggeschossen, Restaurationsbetrieben oder Räumen für andere relevante Funktionen ausgestattet werden, die das Publikum eines internationalen Flughafens erwartet.

In Spanien hat man Stars wie Richard Rogers, Santiago Calatrava, Ricardo Bofill, Frank O. Gehry oder Rem Koolhaas zu Studienprojekten für den neuen Flughafen „Madrid-Barajas" eingeladen. In einer ersten Bauphase rechnet man mit Kosten von 300 Milliarden Peseten (etwa 3 Milliarden Schweizer Franken). Den Wettbewerb für den trinationalen Flugplatz am Oberrhein gewann das Dreigestirn Vischer (Basel, Schweiz), Dietschy (Bartenheim, Frankreich) und mit Von Busse & Partner (München, Deutschland). Das Team aus Bayern plante den neuen Grossflughafen in München verantwortlich. Die Kosten für den EuroAirport werden (April 1997) auf 200-250 Millionen Schweizer Franken geschätzt.

Neben einem grosszügigen Ausbau der Personenterminals soll ein Fingerdock in Y-Form die wichtigste Neuerung des EuroAirports sein. Der heute im rechten Winkel zum Hauptbau auskragende Arm wird um mehr als das Doppelte verlängert und erhält an seinem Ende zwei leicht abgewinkelte Arme, die dem Haus auf dem Papier die Morphologie des griechischen Ypsilons geben.

23 Maschinen sollen hier künftig gleichzeitig andocken können, und Sitzplätze für 1200 Personen werden den Kunden ein angenehmes Warten oder eine bequeme Zirkulation möglich machen. Schon heute ist die Flugzeit von Basel-Mulhouse nach Lissabon oder St. Petersburg etwa gleich lang. Bei Flügen nach London und Neapel oder Prag und Berlin verhält es sich ähnlich. Und nach Mailand, Frankfurt/Main oder Paris ist der schnelle Reisezug schon heute die angenehmere (weil entweder schnellere oder komfortablere) Variante. Und wir, die wir in Basel unweit der Haustüre mit einem öffentlichen Bus in rund 10 Minuten zum Abflug-Terminal fahren, kennen uns ein wenig aus.

Architekten
Vischer AG, Architekten + Planer
Hardstrasse 10, CH-4006 Basel

3F Architecture - D. Dietschy
EuroAirport BP 92, F-68300 St. Louis

Von Busse, Blees, Kampmann & Partner
Dipl. Ing. Architekten, Linprunstrasse 49
D-80335 München

Sonderfachleute
Generalplaner:
Aegerter + Bosshardt AG, Basel

Tragwerksplanung:
Serete constructions, F-75640 Paris Cedex 13
Aegerter + Bosshardt AG, Basel

Termine
Baubeginn: Januar 1998
Fertigstellung: Dezember 2002

Die neue Abfertigungs- und Aufenthaltshalle im Nordwesten im Modell.

Model du nouveau terminus et de la salle d'attente, côté nord-est.

Model of the new main terminal on the north-west side.

West-Ost- (oben) und Nord-
Süd-Schnitt (unten).

Section est-ouest (en haut)
et section nord-sud (en bas).

East-west section (top) and
north-south section (bottom).

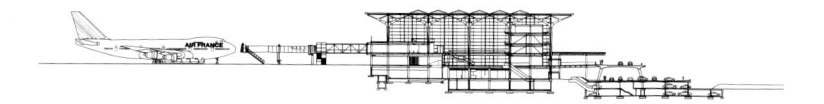

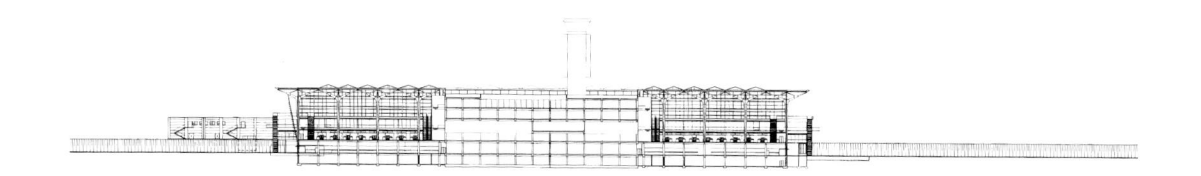

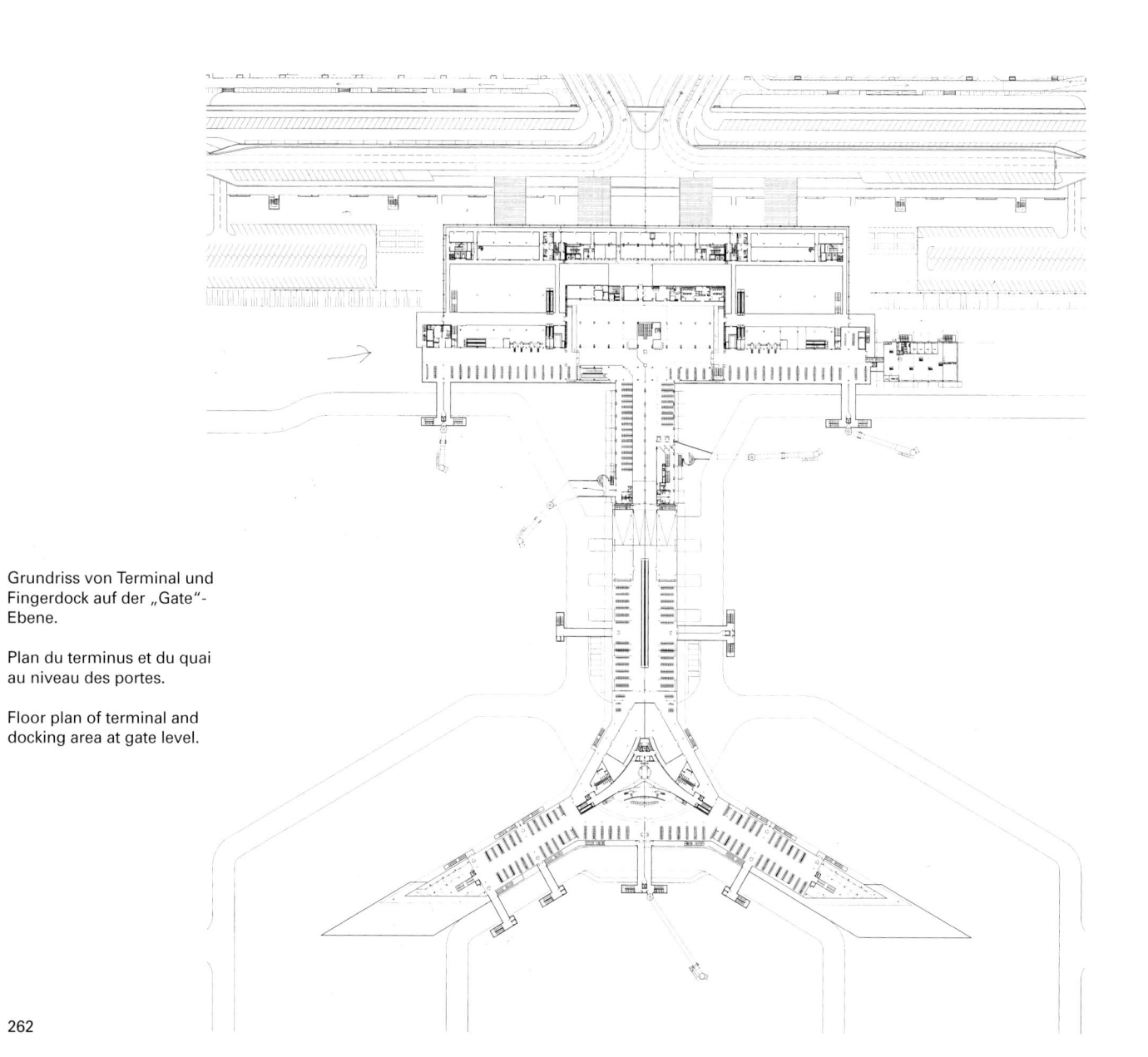

Grundriss von Terminal und
Fingerdock auf der „Gate"-
Ebene.

Plan du terminus et du quai
au niveau des portes.

Floor plan of terminal and
docking area at gate level.

Die künftige Empfangspartie beim Abflug in der Nacht (oben). 23 Flugzeuge sollen gleichzeitig am neuen Fingerdock anlegen können (unten).

Simulation sur ordinateur du terminus de départ pendant la nuit (en haut), avec une capacité de vingt-trois avions au nouveau quai.

Computer simulation of departure terminal at night (top). Twenty-three aeroplanes can dock simultaneously (below).

Anhang

266 Personenregister

268 Literatur zum Thema

270 Photonachweis

271 Impressum

Personenregister

Abt, Otto: 112
Ackermann, Mathias (Ackermann & Friedli): 116-119
ACS - Partner AG: 224-227
Alder, Michael (Alder + Partner; Ateliergemeinschaft): 16, 52-62, 134-140, 166, 248f, 256
Amerbach, Basilius: 20
Ando, Tadao: 15, 16, 44, 58, 92-95, 180, 248, 260
André, Carl: 109
Anüll, Ian: 89
Artaria, Paul (Artaria & Schmidt): 52, 112, 156
Awengen, J.J.: 24
Baader, Stefan (Fierz & Baader): 96-99
Bacon, Francis: 212
Bächli, Silvia: 89
Bänziger + Bacchetta + Partner: 224-227
Baur, Hermann: 150-156, 194
Bercher, Emil (Bercher & Tamm): 86f, 174, 177, 220
Bernoulli, Hans: 33, 120, 156
Berrel Architekten: 177
Beyeler, Ernst (Beyeler-Museum, Fondation Beyeler): 17, 30, 40, 54, 210-213, 252
Beyeler, Hildy (Beyeler-Museum, Fondation Beyeler): 17, 30, 40, 54, 210-213, 252
Binswanger, Christine: 128-133
Blaser, Werner: 15
Blechen, Carl: 212
Bo, Jøgen: 210
Bofill, Ricardo: 260
Bonatz, Paul: 15, 184
Boss, Adrian: 235-239
Botta, Mario: 17, 134, 144, 170, 184, 188-193, 204-209
Braillard, Maurice: 156
Brandenberger, F. Willi: 184
Brecht, Bertolt: 238
Brüderlin, Rolf: 120-123, 252-255
Brunner, R.: 156-159
Buchner, Daniel: 108-111
Büchi, Paul: 15, 184
Bürgin, Edi (Bürgin, Nissen, Wentzlaff): 134, 144, 170-173, 184, 188, 194-197
Burckhardt, Jacob: 10, 20, 34
Burckhardt & Partner: 228-231
Buser, Renate: 112
Calatrava, Santiago: 16, 22, 260
Callierotti, Alex: 120-123
Christ, Rudolf: 15, 184
Cruz & Ortiz: 17, 244-247
Curjel, Robert: 14
Cyrill Burger & Partner AG: 224-227
Dalla Favera, A.: 156-159
Dauner Ingenieurs Conseils SA: 224-227
De Chirico, Giorgio: 58
De Meuron, Pierre (Herzog & de Meuron): 10, 16, 17, 24-29, 100, 128-133, 212, 236-239
Degelo, Heinrich (Morger & Degelo): 48-51, 108-111, 204
Diener, Roger (Diener & Diener): 16f, 34-37, 72-77, 86-91, 104-107, 144, 156, 166, 170, 174, 184-188, 220, 248
Dietschy, D.: 260-263
Dill, Christian: 156-159
Dill, E.: 156-159
Diserens, Eric: 128-133
Eble, Theo: 112
Egli, Lukas: 108-111

Engels, Friedrich: 20
Erasmus von Rotterdam: 10, 20, 98, 236
Ernst, Max: 212
Erny, Gramelsbacher und Schnyder: 256
Fabro, Luciano: 184, 188
Faesch, Emil: 86, 244
Fasnacht, François: 20-23, 30-33
Fehlbaum, Rolf: 15, 16
Fierz, Peter (Fierz & Baader): 96-99
Fingerhuth, Carl: 15, 16
Fleury, Sylvia: 89
Fontanilles, Enrique: 197
Foster, Norman: 212
Franco, Francesco: 20
Friedli, Markus (Ackermann & Friedli): 116-119
Furrer, Magnus: 240-243
Furrer, Rolf: 20-23, 30-33
Gaberel, Rudolf: 154
Gehry, Frank O.: 15, 16, 92, 166-169, 180, 212, 260
Giacometti, Alberto: 212
Gigon, Annette (Gigon & Guyer): 212
Giraudi & Wettstein: 244-247
Gmür, Silvia: 16, 62, 150-155, 200-203, 256-259
Gramelsbacher, Urs: 78-83, 248-251, 256
Grebel, Conrad: 78
Grimshaw, Nicholas: 14-16, 180, 183
Gropius, Walter: 10, 194
Gugger, Harry: 24-29, 128
Guyer, Mike (Gigon & Guyer): 212
Hadid, Zaha M.: 15, 16, 44, 180f, 183
Haller, Bruno: 112
Haller, Fritz: 112
Handschin, Felix: 72
Hardegger, August: 108
Herter, Hermann: 232f
Herzog, Jacques (Herzog & de Meuron): 10, 16, 17, 24-29, 100, 128-133, 166, 212, 236-239, 246
Hindenlang, Charles: 112
Hofmann, Armin: 134
Hofmann, Hans: 134
Holbein d. J., Hans: 10
Hollein, Hans: 212
Hollenstein, Roman: 184
Hotz, Theo: 232-235
Hünerwadel, Theodor: 96, 228f
Judd, Donald: 26
Kämpf, Max: 112
Karpf, Bernhard: 220-223
Kawamata, Tadashi: 30
Keller, Nadja: 48-51, 108-111
Kempf, Marianne: 108-111
Kiefer, Anselm: 212
Klee, Paul: 212
Kohl, Helmut: 13
Koolhaas, Rem: 260
Kröger, K.: 156-159
Künzel, August: 156
Kurosawa, Akira: 111
La Roche, Emanuel: 86, 244
Läuger, Max: 80
Le Corbusier (Charles-Edouard Jeanneret): 15, 92, 112
Le Prestre de Vauban, Sébastien: 14
Léger, Fernand: 212
Leisinger, K.: 108
Levi, Renée: 110

Liberia, Alberto: 60
Linder, Rudolf: 86f, 220
Louis XIV: 14
Luther, Martin: 78
Magoni, Claudio: 197
Manet, Edouard: 212
Marx, Karl: 20
Matisse, Henri: 212
Mayer, Roland: 44-47
Meier, Richard: 17, 26, 77, 86f, 174, 177, 212, 220-223
Merian, Amadeus: 228
Metzger, Fritz: 96
Meyer, Adolf: 194
Meyer, Hannes: 10, 13f, 52
Meyer & Schmidlin: 38
Mies van der Rohe, Ludwig: 15, 112, 210
Miller & Maranta: 224
Miró, Joan: 212
Mitterand, François: 13
Morger, Meinrad (Morger & Degelo): 48-51, 108-111, 166, 204
Mory, Jean: 52
Moser, Karl: 14, 80, 108, 154
Moser & Roth: 156
Müller, Hanspeter: 58-62, 140-143
Müller & Rieder: 68
Mumenthaler & Meier: 156
Mutschler, E.: 68
Naegelin, Roland: 52-57, 134-139, 140
Napoleon Bonaparte: 228
Nauman, Bruce: 216, 219
Nietzsche, Friedrich: 10, 34, 236
Nissen, Timothy (Bürgin, Nissen, Wentzlaff): 134, 144, 170-173, 184, 188, 194-197
Nussbaum, Guido: 52
Nussbaumer, Albi: 108-111
Nussbaumer, Kurt: 150
Oberrauch, Paul: 156
Oldenburg, Claes: 15, 92
Oppliger, Matthias (Scheiwiller & Oppliger): 144-147
Panozzo, Giovanni: 228
Pellegrini, Heinrich: 34
Perret, Auguste: 80
Pfeifer, Günter: 38, 44-47
Piano, Renzo: 17, 30, 40, 54, 210-213
Picasso, Pablo: 184, 212
Poelzig, Hans: 204
Pontillo, Giuseppe: 120-123
Pulfer, René: 197
Raillard, A.: 68
Ratti, Remigio: 12
Rauschenberg, Robert: 212
Reese, Heinrich: 104, 228f
Remund, Bénédict: 112
Rogers, Richard: 210, 260
Rohn, Roland: 204
Rothko, Marc: 212
Pipilotti, Rist: 89
Salvisberg, Otto Rudolf: 14, 144, 184, 204
Scharoun, Hans: 112
Schaudt Architekten: 38-41
Scheiwiller, Andreas (Scheiwiller & Oppliger): 144-147
Schmidt, Georg: 52
Schmidt, Hans (Artaria & Schmidt): 52, 112, 156
Schwarz und Gutmann: 24

Senn, Otto: 116
Senn, Walter: 116
Serra, Richard: 24, 188
Siza de Vieira, Alvaro: 16, 44, 180-183, 212
Spycher, Ernst: 58, 62, 240-243, 256
Stalder, Anselm: 89
Stäuble, Jürg: 197
Stefani, Daniel: 100-103
Steger + Egender: 156
Stehlin d. Ä., Johann Jacob: 204
Steib, Katharina: 16, 40, 68-71, 160-163, 174-179, 216-219, 224-227, 248
Steib, Wilfrid: 16, 40, 68-71, 160-163, 174-179, 216-219, 224-227, 248
Steinegger & Hartmann: 120, 125
Steiner, Rudolf: 14, 48
Stiner, Peter: 30
Stirling, James: 212
Stocker, Hans: 112, 154
Suter, Peter: 77
Suter + Suter: 150, 170f
Tamm, Eugen (Bercher & Tamm): 86f, 174, 177, 220
Tàpies, Antoni: 212
Taut, Bruno: 64
Tinguely, Jean (Tinguely Museum): 134, 144, 188, 190, 204, 244
Tinner, Mathis: 236-239
Toffol + Berger: 150
Vadi, Tibère: 120, 123
Van Bruggen, Coosje: 15, 92
Van de Velde, Henry: 210
Varini, Felice: 189f
Vischer AG: 260-263
Vogel, Hannes: 163
Vogel, Petruschka: 163
Von Busse, Blees, Kampmann + Partner: 260-263
Von der Mühll, Hans: 156
Von Fenis, Burkard: 200
Von Goethe, Johann Wolfgang: 236f
Von Mutzenbecher, Werner: 96
Von Roten, Iris: 228
Von Struve, Gustav: 20, 38
Wagner, Martin: 64
Wendling, Bernard: 100-103
Wentzlaff, Daniel (Bürgin, Nissen, Wentzlaff): 134, 144, 170-173, 184, 190, 194-197
Wigger, Cordula: 144-147
Wilford, Michael: 212
Wilhelm, Barbara (Wilhelm + Partner): 64-67
Wilhelm, Fritz (Wilhelm + Partner): 64-67
Witwer, Hans: 10
Wohlert, Vilhelm: 210
Wright, Frank Lloyd: 210
Zaugg, Rémy: 10, 17
Zinkernagel, Peter: 112-115
Zophoniasson + Partner: 177
Zwimpfer + Partner: 24
Zwingli, Huldrych: 78

Literatur zum Thema

Baudepartement Basel-Stadt (Hrsg.): Neues Wohnen in der alten Stadt. Die Sanierung staatlicher Liegenschaften in der Basler Altstadt 1978-1990, Basel 1991

Baudepartement Basel-Stadt (Hrsg.): Planen und Bauen für Basel, Ausst.-Kat., Basel 1996

Birkner, Othmar und Rebsamen, Hanspeter: Basel, in: INSA - Inventar der neueren Schweizer Architektur 1850-1920, Bd. 2, hrsg. v. d. Gesellschaft für Schweizerische Kunstgeschichte, Bern 1986, S.25-242

Birkner, Othmar: Bauen und Wohnen in Basel (1850-1900), 159. Neujahrsblatt, hrsg. v. d. Gesellschaft für das Gute und Gemeinnützige, Basel 1981

ders.: Badewesen als Problem der Hygiene und des Städtebaus - Beispiel Basel, in: Unsere Kunstdenkmäler, 29, 1978, S.463-471

Blaas, Eddy und Nijkamp, Peter: Network Performance of Border Areas. New Spatial Economic Developments in the European Snowbelt (Typoskript 1992), Dept. of Economies, Free University, De Boelelaan 1105, NL-1081 Amsterdam

Blatter, Marie-Luise: Genossenschaftswohnungen in Riehen, in: Basler Magazin (Wochenendbeilage der Basler Zeitung), Nr. 8, 25.2.1995, S.14f

dies.: Roche-Jubiläum markiert auch ein Stück Architekturgeschichte, in: Basler Zeitung, Nr. 86, 12.4.1996, S.36f

Brönnimann, Rolf: Villen des Historismus in Basel, Basel, Boston, Stuttgart 1982

ders.: Basler Industriebauten 1850-1930, Basel 1990

Eppens, Hans: Baukultur im alten Basel, Basel 1974

European Science Foundation: Missing Networks in Europe (Typoskript), Strassburg 1990

Fichtner, Uwe: Grenzüberschreitende Verflechtungen und regionales Bewusstsein in der Regio, Schriften der Regio 10, Basel/Frankfurt a.M. 1988

Haefliger, Christian J.: Die Regio-S-Bahn. Ein europäisches Pilotprojekt am Rheinknie, in: Basler Stadtbuch 1990, Basel 1991, S.75-79

Herzog, Jacques; de Meuron, Pierre und Zaugg, Rémy: Eine Stadt im Werden?, in: archithese, H.6 1992, S.28-43

Huber, Dorothee: Architekturführer Basel. Die Baugeschichte der Stadt und ihrer Umgebung, hrsg. v. Architekturmuseum in Basel, Basel 1993

Stadt Lörrach (Hrsg.): Alter Markt - Sanierungsgebiet Basler Strasse in Lörrach, Lörrach 1995

Stadt Lörrach (Hrsg.): Lebensraum Stadt - aktuelle Architektur in Lörrach, Ausst.-Kat. 1995

Nijkamp, Peter und Reichmann, Shalom: Transportation Planning in a Changing World, Hants (Gower Publishing Compagny Limited) 1987

Peverelli, Diego und Kelly, Lore: Architektur - Beispielhafte Bauten in Basel und im Dreiländereck, in: CRB- Bulletin, H. 1 1995 (Januar), S.7-19

Ratti, Remigio: Théorie du Développement des Régions Frontières, Fribourg 1991

Regio Basiliensis. Basler Zeitschrift für Geographie, XVII. Jg. H.1, 1976 (Heft über „Planung" und „Planungsatlanten")

Die Region Basel und ihre Anbindung an das europäische Hochgeschwindigkeitsnetz. Schriftenreihe der Basler Handelskammer, Nr. 19, Basel 1991

Windhöfel, Lutz: Am Rheinknie werden Markenzeichen entworfen (sowie ein Gespräch mit Carl Fingerhuth und Rolf Fehlbaum), in: Die Weltwoche, Nr.22, 2.6.94

ders.: Fahrturm ohne Zukunft? Pflegefälle: Einem Industriebau in Basel droht die Zerstörung / Das Bankenwesen verdrängt ein Stück Autokultur, in: Frankfurter Allgemeine Zeitung, 22.1.90

ders.: Abriss eines Architekturdenkmals: Richard Meier baut für Basel, in: Frankfurter Allgemeine Zeitung, 25.1 94

ders.: Zum Abbruch der Schlotterbeck-Garage. Als Ersatz höchstens ein „Meier" mit Handschrift, in: Neue Zürcher Zeitung, 3.6.94

ders.: Fassaden für die Zukunft - Drei Bauten von Herzog & de Meuron, in: Basler Stadtbuch 1994, Basel 1995, S.176ff

ders.: Eine neue Museums-Generation. Die Basler Architekten Herzog & de Meuron planen die neue Tate Gallery in London, in: Basellandschaftliche Zeitung, 9.12.95

ders.: Drei Länder, eine Stadt, in: Passagen, Nr.20, 1996, S.38ff

ders.: Neubau, Erweiterung, Umnutzung - Basel realisiert ein grosses Schulbauprogramm, in: Basler Stadtbuch 1996, Basel 1997, S.179-183

ders.: Klein, aber fein - Das neue Karikatur & Cartoon Museum von Herzog & de Meuron, in: a.a.O., S.184f

Wronsky, Dieter und Blaser, Werner: Bauen vor der Stadt. Beispiel Kanton Basel-Land, Basel, Boston, Berlin 1991

Zophoniasson-Baierl, Ulrike: 100 Jahre Schulhausbau im Kanton Basel-Stadt - Ein Vergleich, in: Basler Magazin, 8.3.97, S.12f

Photonachweis

Wenn nicht anders angegeben, wurden die Photos von den entsprechenden Architekturbüros gemacht oder in Auftrag gegeben.

Abkürzungen:
l. links; r. rechts; o. oben; u. unten; m. mitte

Arazebra, Helbing & Kupferschmid: 135

Bräuning, Niggi: 114 o., 213

Bryant, Richard: 14 r., 93, 95, 167, 169, 182, 183 o.

Disch Photograph: Schutzumschlag, 73, 76

EuroAirport Basel-Mulhouse-Freiburg: Umschlaginnenseite

Fischer, Markus: 233, 234

Giese, André: 97, 99

Helbling, A. & Ineichen, T.: 53, 55, 57, 59, 61, 63

Helfenstein, Heinrich: 118, 119, 187 o.

Hessmann, Karin: 15 l.

Jecklin: 141, 143

Jedlička, Luboš: 211

Kehl, Lilli: 16 l., 17 l., 101, 102

Lichtenberg, Christian: 155

Meyer, Jörg: 217

Münchhalfen, Hans: 242, 243

Musi, Pino: 189, 192 o., 193, 205, 207 o., 208, 209

Pottle, Jock/ Esto: 222, 223 u.

Rolly, Hanspeter: 11

Schweizerischer Bankverein: 87, 223 o.

Spiluttini, Margherita: 25, 27, 28, 29, 130, 131

Stutz, Ruedi: 41

Sütterlin, A.: 14

Swissair Photo+Vermessungen AG: 13

Voegelin, Andreas F.: 21 u., 23, 31, 33, 115, 125, 151, 153, 154, 201-203, 253, 257, 259

Volkert, Johannes: 219

Walti, Ruedi: 16 r., 17 r., 49-51, 79, 80, 83, 106, 107, 109-111, 113, 114 u., 117, 123, 145, 147, 157, 158, 171, 172, 181, 183 m. und u., 195, 197, 207 u., 212, 221, 247 o., 261, 263

Windhöfel, Lutz: 37, 39, 77, 81, 103, 124, 129, 132, 133, 173, 177, 187 u., 191, 192 u.

Wyss, Kurt: 161, 163

Der Stadtplan (S. 6) wurde mit Bewilligung des Vermessungsamtes Basel-Stadt vom 18. 6. 1997 reproduziert.

Impressum

Gedruckt mit Unterstützung der Berta Hess-Cohn Stiftung, Basel.

Herausgeber und Verlag danken auch dem Lotteriefonds Basel-Landschaft und dem Lotteriefonds Basel-Stadt für die Unterstützung der Publikation.

Übersetzung der Texte ins Englische und Französische: Elizabeth Schwaiger, Toronto

Die Deutsche Bibliothek – CIP-Einheitsaufnahme

Windhöfel, Lutz:
Drei Länder, eine Stadt : neueste Bauten im grenzübergreifenden Stadtraum Basel 1992 - 1997 / Lutz Windhöfel. Ernst Spycher/Lutz Windhöfel (Hrsg.). [Übers. der Texte ins Engl. und Franz.: Elizabeth Schwaiger]. -Basel ; Boston ; Berlin : Birkhäuser, 1997
ISBN 3-7643- 5657-X

Dieses Werk ist urheberrechtlich geschützt. Die dadurch begründeten Rechte, insbesondere die der Übersetzung, des Nachdrucks, des Vortrags, der Entnahme von Abbildungen und Tabellen, der Funksendung, der Mikroverfilmung oder der Vervielfältigung auf anderen Wegen und der Speicherung in Datenverarbeitungsanlagen, bleiben, auch bei nur auszugsweiser Verwertung, vorbehalten. Eine Vervielfältigung dieses Werkes oder von Teilen dieses Werkes ist auch im Einzelfall nur in den Grenzen der gesetzlichen Bestimmungen des Urheberrechtsgesetzes in der jeweils geltenden Fassung zulässig. Sie ist grundsätzlich vergütungspflichtig. Zuwiderhandlungen unterliegen den Strafbestimmungen des Urheberrechts.

© 1997 Birkhäuser – Verlag für Architektur, Postfach 133, CH-4010 Basel, Schweiz

Gedruckt auf säurefreiem Papier, hergestellt aus chlorfrei gebleichtem Zellstoff. TCF ∞

Gestaltung: Stauffenegger + Stutz, Basel

Printed in Switzerland

ISBN 3-7643-5657-X

9 8 7 6 5 4 3 2 1